基于物联网的
生鲜农产品供应链集成系统研究

Research on Integrated System of
Fresh Agricultural Products Supply Chain Based on Internet of Things

王丽娟／著

人民邮电出版社
北京

图书在版编目（CIP）数据

基于物联网的生鲜农产品供应链集成系统研究 / 王丽娟著. -- 北京 : 人民邮电出版社, 2019.4
ISBN 978-7-115-50966-6

Ⅰ. ①基… Ⅱ. ①王… Ⅲ. ①农产品－供应链管理－计算机管理系统－研究 Ⅳ. ①F724.72-39

中国版本图书馆CIP数据核字(2019)第047754号

内 容 提 要

本书将物联网技术引入农产品供应链系统中，运用系统工程的理论与方法，采用物联网、云计算、大数据理论与技术以及 Web services 和中间件技术，建立生鲜农产品供应链物联网集成应用系统，形成“平台+应用”的整体架构，从而实现生鲜农产品生产过程智能化、物品流通数字化、经营管理网络化。

全书共分为 11 章，主要内容包括：基于物联网的生鲜农产品辅料采购监控系统、生鲜农产品智能种植监控系统、生鲜农产品批发市场收购监控系统、物流园安全管理系统、基于物联网的物流园水电监控系统、库存监控系统、生鲜农产品供应链冷链运输监控系统、生鲜农产品溯源系统、生鲜农产品决策支持系统以及生鲜农产品供应链集成系统管理平台设计等。

本书适合作为高等院校相关专业的教材，也可供政府部门、科研机构的科技工作者以及从事相关专业的管理人员参考。

◆ 著　　　王丽娟
责任编辑　李彩珊
责任印制　彭志环

◆ 人民邮电出版社出版发行　　北京市丰台区成寿寺路 11 号
邮编　100164　　电子邮件　315@ptpress.com.cn
网址　http://www.ptpress.com.cn
三河市祥达印刷包装有限公司印刷

◆ 开本：720×960　1/16
印张：19.5　　　　2019 年 4 月第 1 版
字数：382 千字　　2019 年 4 月河北第 1 次印刷

定价：119.00 元

读者服务热线：(010)81055493　印装质量热线：(010)81055316
反盗版热线：(010)81055315

前 言

物联网作为继计算机、互联网和移动通信之后的又一次信息革命性发展，是未来社会发展的重要特征之一，随着互联网技术的发展，大数据的分析处理已成为当前信息技术领域的研究热点之一。推进信息化发展，促进信息化和现代化融合，已经成为各国发展农业的重要趋势。

近年来，我国也将物联网技术引入农业领域，国内一些高校、研究机构也把物联网技术应用到涉农系统，农业农村部积极进行国家农业科技服务云平台建设，通过与各个省市建立国家农业科技服务云平台分平台，进一步完善合作共建机制，建立农业大数据。国内一些地市，如鹤壁市、焦作市、安阳市、三门峡市等也进行了农业物联网的应用。以上研究对现代农业的发展起到了积极的推动作用，为加快发展我国现代农业、农业信息技术，提高农业生产经营信息化水平提供了保障。但上述研究主要集中在粮食农产品物联网应用中，在生鲜农产品供应链的研究中，国内一些地市或部门虽然建立了生鲜农产品生产系统、收购视频监控系统、仓储管理系统、物流在途信息跟踪系统、生产决策管理系统等，但各个信息系统独立运作，系统整合度低、信息共享和开发利用不足，造成供应链上各环节的需求预测偏差和决策失误，应用效益难以辐射贯穿整个供应链。目前，对生鲜农产品，例如蔬菜、水果等农产品的物联网的研究还很薄弱，与实际生鲜农产品物联网应用需求存在较大差距。生鲜农产品供应链的发展缺乏一个成熟的机制和模式来配合、协调、促进农业供应链的信息化发展。

作者——华北水利水电大学王丽娟教授将物联网技术引入农业供应链系统平台中，运用系统工程的理论与方法，采用物联网、云计算、Web services 和中间件技术，建立生鲜农产品供应链物联网集成应用系统。对各应用系统数据源中获取到的数据进行转换和加载，利用大数据理论与技术，从异域、异构网络大数据中获取跨域业务关联的服务需求，并在Web应用服务器中实现不同数据在集成系统上的有机融合，形成“平台+应用”的整体架构，为生鲜农产品生产、流通等提供快速、准确的数据，并通过对历史及实时产生的监控数据等进行挖掘、综合分析，结合仿真调控，预测生鲜农产品市场供应发展趋势，从而实现生鲜农产品生产过程智能化、物品流通数字化、经营管理网络化。

全书共分为 11 章，第 1 章绪论，主要介绍国内外相关领域技术发展水平和趋势、本书研究方案和技术路线等；第 2 章基于物联网的生鲜农产品辅料采购监控系统，主要介绍生鲜农产品辅料采购监控系统设计和生鲜农产品辅料采购监控系统实现；第 3 章生鲜农产品智能种植监控系统，主要介绍生鲜农产品大田土壤湿度、水环境 pH 值实时在线监控系统，大棚空气温度湿度监控系统，大棚 CO_2 浓度、光照强度实时监控系统，生鲜农产品水肥监控系统以及大田农作物生长形态监控系统；第 4 章生鲜农产品批发市场收购监控系统，主要介绍收购监控系统总体功能、系统总体设计电路、系统电路连接、系统软件设计、系统程序实现以及上位机运行结果显示等；第 5 章物流园安全管理系统，主要介绍生鲜农产品批发市场车辆管理系统以及安全监控系统的设计与实现；第 6 章基于物联网的物流园水电监控系统，主要介绍相关关键技术、基于物联网的物流园水电监控系统体系结构、系统集中器管理模块的设计、在线监测管理系统的软件设计与开发以及系统的数据库设计等；第 7 章库存监控系统，主要介绍库存智能调度系统、冷库监控系统以及库存监控系统软件测试等；第 8 章生鲜农产品供应链冷链运输监控系统，主要介绍冷链运输监控硬件整体设计以及车载终端软件设计等；第 9 章生鲜农产品溯源系统，主要介绍生鲜农产品溯源系统设计以及生鲜农产品溯源系统实现等；第 10 章生鲜农产品决策支持系统，主要对生鲜农产品需求预测因素进行分析，介绍生鲜农产品需求预测模型的建立等；第 11 章生鲜农产品供应链集成系统管理平台设计，主要介绍生鲜农产品供应链集成系统管理平台总体功能设计、生鲜农产品供应链展示平台功能设计、生鲜农产品供应链管理平台功能实现、生鲜农产品供应链展示平台功能实现以及系统测试等。

本书主要内容是作者近几年科研项目的研究成果，建成了全面感知、互联互通、先进实用的生鲜农产品物联网，实现了对供应链的全面贯穿，实现了生鲜农产品供应链各个环节信息的互联互通，高度自动化、信息化和智能化，为最终实现整个生鲜农产品供应链系统“全面感知、全面覆盖、全程控制、全面提升”提供了重要支撑。

书中不妥之处在所难免，恳请读者批评指正。

作　者

2018 年 10 月 16 日

目 录

第1章

绪论

推进信息化发展，促进信息化和现代化融合，已经成为各国农业发展的重要趋势。英国采取大数据整合“精准农业”战略，该战略高度重视利用“大数据”和信息技术提升农业生产效率。英国洛桑研究所、雷丁大学、苏格兰农业学院、英国全国农业植物学会等建立“产学研”相结合的英国农业技术领导委员会，大力发展和研究农业大数据和物联网技术。目前，美国已经成为世界上农业信息化程度最高的国家之一。随着互联网和计算机技术的高速发展，美国利用自动控制技术和网络技术实现了农业数据资源的社会化共享。美国农民可利用全球定位系统、农田遥感监测系统、农田地理信息系统、农业专家系统、智能化农机具系统、环境监测系统、网络化管理系统和培训系统等，对农作物进行精细化的自适应喷水、施肥和撒药。涉农信息化企业利用政府公开发布的农业大数据进行分析、预测并提供给农业生产者，用于农场生产管理及精细化耕作，以帮助农场主提高生产效率。法国是欧盟内部最大的农业生产国，目前法国农业信息数据库已十分完备，法国正利用物联网技术着力打造一个涵盖各个农业领域的“大农业”数据体系。通过大数据和云计算技术的应用，德国正致力于发展更高水平的“数字农业”。日本根据其农业以家庭经营为主、经营分散、抗风险能力差、农民收入不稳定的特点，以及城市居民不仅希望得到自己喜欢品种的稳定货源，更希望吃到放心的有机蔬菜，保障餐桌上的安全的要求，利用大数据和物联网技术建立了生鲜农产品“网络农场”。

近年来，我国也将物联网技术引入农业领域，国内一些高校、研究机构也把物联网技术应用到涉农系统，农业农村部积极进行国家农业科技服务云平台的建设，通过与各个省市建立国家农业科技服务云平台分平台，进一步完善合作共建机制，建立农业大数据。国内一些地市，如鹤壁市、焦作市、安阳市、三门峡市等也进行了农业物联网的应用。同时，国内外学者也进行了相关理论研究。在云计算、大数据以及物联网技术的支持和推动下，新兴的资源交付和使用模式被运用到各个行业，国内外学者将“互联网+”技术与传统的供应链管理相结合，探究在大数据和物联网背景下，创新改善供应链管理模式，借助云计算、大数据技术使供应链中的生产、销售和消费等环节更加高效合理。目前国外学者主要进行了以下研究和探讨。

1.1 国内外相关领域技术发展水平和趋势

1.1.1 物联网环境下的供应链研究

Verdouw 等[1]对物联网技术在虚拟花卉供应链中的应用进行了回顾。David 等[2]运用物联网、云计算、GPS/GPRS 以及 RFID 技术，建立了供应链全球合作架构平台，该平台可实现供应链系统的定位、识别、通信、跟踪和数据共享等功能。Verdouw 等[3]也探讨了物联网环境下虚拟食品供应链问题，建立了基于云计算平台的信息系统框架。Liu 等[4]以由一个制造商和一个零售商组成的绿色供应链为研究对象，探讨了大数据环境下考虑定向广告投入和产品绿化成本的价格策略问题，建立了大数据环境下的运营模型和需求函数，给出了基于 Stackelberg 博弈和 Nash 均衡博弈理论的 4 种博弈状态，分析了价格随着绿色度和定向广告投入水平的变化趋势。Zhao 等[5]也运用大数据分析方法研究了绿色供应链多目标优化管理问题，提出了 3 种供应链改进方法。最近，Liu 等[6]以二级物流服务供应链为研究对象，研究了考虑能力和时间调度双重约束的物流服务供应链中顾客订单分离点决策问题，建立了插单运作下物流服务供应链顾客订单分离点决策模型，运用遗传算法，在综合考虑了物流服务集成商平均运作成本最小和提供商平均满意最大两个目标下，探讨了新插入订单的不同参数对顾客订单分离点定位决策的影响。Hazen 等[7]提出了一种供应链管理中大数据科学预测分析法。Tan 等[8]提出了供应链中基于演绎图的大数据分析基础结构方法。Wang 等[9]研究了大数据供应链分析方法。Li 等[10]运用大数据分析方法预测供应链在线电子交易市场销售绩效。Zhong 等[11]分析了大数据在供应链服务和生产部门的应用。Richard 等[12]对大数据在供应链中的应用研究进行了综述，主要集中在：供应链中大数据采集、供应链中的大数据存储、供应链中的大数据分析、供应链中的大数据增值等几个方面。

Papadopoulos 等[13]运用大数据分析方法，用非结构化大数据验证了使供应链网络可持续的理论架构。Wu 等[14]运用大数据分析方法探讨了供应链风险和不确定性的决定因素。Wolfert 等[15]分析了大数据和云计算技术在智能农业研究中的问题。Maghsoodi 等[16]研究了基于大数据结构环境的供应商选择问题。Tiwari 等[17]对大数据在供应链管理中的应用进行了综述。自 2003 年 12 月 23 日中国国家标准化管理委员会同科技部联合召开了“物流信息新技术——物联网及产品电子代码研讨会暨第一次物流信息新技术联席会议”，正式确认了“物联网”“产品电子代码（Electronic Product Code，EPC）”等新概念后，我国的 EPC 标准化工作开始启动，并实现了我国有关 EPC 各方面研究力量与资源的整合[18]。陈俊[19]较早地开展了基于物联网的供应链新模型的研究。随后，杨威[20]也分析了物联网技术对供应链各层次管理策略的影响。甘勇等[21]探讨了基于 EPC 技术的物联网在供应链的应用问题。潘金生[22]分析了物联网技术对供应链管理中信息交流过程的影响。其后，薛月菊等[23]在分析农产品物流供应链的基础上，提出了农产品物流网的设计方案，以农产品供应链中的农产品生产环节和配送环节为例，说明了物联网中各环节的工作原理和信息流。师启娟等[24]也讨论了物联网技术对供应链中上下游企业生产效率的提高问题。高红梅[25]研究了物联网在农产品供应链管理中的应用，提出了互联网、物联网及农产品物流信息网“三网合一”的建设与整合思路，提出了农产品供应链的新型管理模式。郭磊等[26]在分析医疗设备供应链管理中存在问题的基础上，将物联网技术应用于供应链管理中，构建了基于物联网的医疗设备供应链管理系统。王静[27]分别从结构模式、流程运作方面，分析了农产品物流信息平台的虚拟供应链系统开发问题，提出了农产品物流信息平台的虚拟供应链系统的实现机制。随后，陈秉恒等[28]构建了基于物联网技术的农产品供应链安全监管体系框架，提出了基于物联网技术的农产品供应链的安全监督机制和监管模式。颜波等[29]以物联网环境下由生产商—分销商—零售商构成的生鲜农产品三级供应链为研究对象，建立基于改进收益共享契约协调下的利润分配模型，给出了使供应链利润达到最优的契约机制。孙旭等[30]研究了生鲜农产品供应链各环节数据的自动智能采集问题，开发了生鲜农产品供应链数据智能采集终端系统，实现了生鲜农产品供应链各环节数据的采集与实时监测。杜其光[31]也探讨了基于物联网的供应链制造资源配置策略以及嵌入云平台的供应链协调机制设计及 Pareto 改进问题。汪旭晖等[32]从成本收益分析的视角探讨了物联网采纳前后两阶段，生鲜农产品供应链上下游所需承担的各项成本与收益情况，建立了不同情况下的生鲜农产品冷链物流决策模型，着重分析了物联网采纳对上下游批发价格、零售价格与订货量决策的影响，研究结果为生鲜农产品冷链企业投资物联网提供了科学依据。赵道致等[33]通过对物联网环境下的供应链企业运营行为的分析，提出了嵌入物联网技术的供应链网络结构建模及优化、物联网环境下供应链企业配置资源的机理、物联网环境下企业有限理性决策的供应链协调与 Pareto 改进机制、物联网环境下供应链企业信任与合作等新的研究方向。潘新宇[34]分析了物联网环境下消费者、零售商、制造商的经济行为选择变化，探讨了应用云平台、云制造后供应链企业的运营决策及供应链协调机制。在前期研究基础上，肖新清[35]以植物源性的鲜食葡萄以及动物源性的水产品为研究对象，设计和研发了冷链物流品质感知的物联网软硬件，构建了冷链物流的压缩感知数据采集方法、温度品质耦合建模方法以及可追溯建模方法，构建了一套系统化面向冷链物流品质感知的物联网数据采集与建模方法，进一步实现了冷链物流过程的安全性、透明性及可追溯性。近年来，余玉刚等[36]也对物联网环境下的供应链紧致化仓储系统问题进行了研究。

张宝明[37]以上海市生猪产业链数据分析为基础，研究了大数据环境下的农业供应链金融问题。马莉[38]以秦皇岛为例，分析了互联网大数据时代为农产品流通带来的契机，并提出了互联网大数据时代农产品流通途径的改善对策。刘祥伟等[39]提出基于大数据、云计算的煤炭产业供应链云服务平台。张天琪[40]通过分析农产品物流大数据特征及大数据带给农产品物流业的新机遇、新挑战，提出了大数据环境下农产品物流业的应对策略。资武成等[41]探讨了大数据背景下农产品供应链的组织服务创新问题，提出了应用“大数据”平台和技术，形成以企业为主导的农产品供应链一体化，构建现代农产品流通新模式。林海萍[42]也研究了大数据环境下的电子行业绿色供应链管理问题。李健[43]分析了大数据背景下私有信息泄露对供应链成员企业竞合关系的影响，构建了面向大规模定制的原始合作供应链模型以及私有信息泄露后的 3 种竞争供应链模型，详细探讨了 3 种竞争模型中竞争方进入供应链的条件、最优价格、最优利润，并对竞争模型中竞争方与被竞争方的利润差进行了横向比较。闫志鑫[44]探讨了大数据对零售业采购与供应链管理的影响。陈永平[45]分析了大数据环境下，供应链运营管理中信息聚合的特征与价值，探讨了供应链信息聚合中的价值创造能力形成机理。张瑜[46]研究了大数据分析在供应链中的应用问题。申风平[47]探讨了大数据在生鲜电商供应链中的应用问题。朱清清[48]分析了大数据背景下生鲜农产品供应链物流柔性能力问题，提出了构建三层体系结构的思路。

官志华[49]进一步详细分析了大数据分析方法在供应链管理市场开发、物流、运营、生产资源等应用中发挥的效用。成栋[50]详细分析了影响大数据在供应链运用中的因素。吴成霞等[51]研究了大数据服务商参与的三级供应链动态合作策略问题，在建立零售商支付契约、联合支付契约和合作契约模式下的三级供应链营销合作策略模型的基础上，分析了大数据环境下达到均衡状态的质量努力水平、营销努力水平、消费者转化率和联合支付契约下分摊比例，同时探讨了参数变化对供应链系统利润的影响。张生福[52]通过对供应链管理过程的大数据进行分类，提出了线性特征求解二维平面和数据驱动的动态拓扑，构建了供应链中异构数据驱动模型，设计了 UML 融合的供应链智能控制系统。王红春[53]采用大数据理论方法来削弱供应链上“长鞭效应”，应用大数据的手段在供应链上建模，形成一个大数据体系去处理供应链上所有节点企业的链上决策，从而促进供应链协调和绩效；并进一步运用大数据理论，搭建了供应链大数据平台[54]，探讨了大数据供应链的发展模式[55]，通过对大数据供应链与传统供应链的对比分析[56]，提出了构建大数据供应链的相关建议，并研究了大数据环境下的供应链风险管控问题[57]，提出了大数据供应链运作模式的风险防范策略。在以上问题研究基础上，构建了大数据环境下建筑供应链采购模型[58]，对模型进行仿真分析，提出了最小采购成本和最优采购策略。

王大海[59]采用“互联网+”思路构建了辽吉黑（辽宁省、吉林省、黑龙江省，以下简称辽吉黑）农产品供应链大数据平台，实现了农产品从田间到餐桌的全链条监管，实现了农产品资源互联互通和农产品信息共享，进一步使农产品供应链健康、安全、可持续发展。张天琪[60]提出了互联网环境下，以大数据为核心的生鲜农产品电子商务平台构建策略。王燕[61]等研究了大数据环境下，制造业与零售业融合发展的机理与路径，二者的融合可有效缩短产品创新周期，降低供应链成本，提升市场交易效率和企业生产组织效率。付平德[62]在阐述大数据时代智慧物流模式系统架构的基础上，提出了基于大数据技术的智慧物流系统构建途径，指出了发展智慧物流模式需要解决的关键技术。张弛[63]以农业大数据为基础，研究了农产品供应链异构数据存储与共享、面向多业态多用户的农产品供应链管理、主观认知下的产销媒合模型、面向消费者的参与式体验这 4 项关键技术。贺超等[64]提出了面向“互联网+”的闭环供应链信息共享平台商业模式以及闭环供应链信息共享平台企业成长中必须解决的关键问题。

以上国内外研究对现代农业的发展起到了积极的推动作用，为加快发展我国现代农业、农业信息技术，提高农业生产经营信息化水平提供了保障。但上述研究主要集中在粮食农产品物联网研究中，在生鲜农产品供应链的研究中，国内一些地市或部门虽然建立了生鲜农产品生产系统、收购视频监控系统、仓储管理系统、物流在途信息跟踪系统、生产决策管理系统等，但各个信息系统独立运作，系统整合度低、信息共享和开发利用不足，造成供应链上各环节的需求预测偏差和决策失误，应用效益难以辐射贯穿整个供应链。目前，对生鲜农产品，例如生鲜蔬菜、水果等农产品的物联网的研究还很薄弱，与实际生鲜农产品物联网应用需求存在较大差距。

建成全面感知、互联互通、先进实用的生鲜农产品物联网，实现对供应链的全面贯穿以及生鲜农产品供应链各个环节的信息互联互通，高度自动化、信息化和智能化，是目前亟待解决的问题，“基于物联网的生鲜农产品供应链集成系统研究”项目为最终实现整个生鲜农产品供应链系统“全面感知、全面覆盖、全程控制、全面提升”提供重要支撑。

1.1.2 基于物联网技术的水电负荷在线监控系统研究

1．远程抄表系统

电子式水电能表的发展起始于20世纪70—80年代，在发展中国家（阿根廷、巴西）建立了水电市场，吸引了大量的外资投入水厂电厂建设，随着全球范围内水电经营市场化的发展，水电等公共事业企业远程自动抄表技术（RAMR）的应用越加广泛。自动抄表成为新的产业部门，国外已有不少厂商生产出AMR系列产品。对AMR的研究也越来越深入，美国于1986年就建立了自动抄表技术协会（AMRA），每一年半左右开一次国际性年会，每次年会都有专题报道，旨在进一步发展和推广AMR技术。近年欧洲自动抄表技术协会（EUROAMRA）和英国自动抄表技术协会（UKAMRA）也相继成立，推动着整个自动抄表行业的发展。自动抄表的快速发展得益于20世纪80年代计算机技术、超大规模集成电路和通信技术的高速发展，它们使得自动抄表系统在向着智能化、低功耗、低成本和通信标准化设计的过程中迈出了坚实的一步，达到可以大规模推广的实用性阶段。1992年，埃及开罗配电公司开发出双模式住宅电能监视抄表系统，它是一个用于自动记录、获取和处理电能消耗数据的完整系统，从而使抄表工作进入自动化时代。

国内目前存在的抄表方法也有多种，如传统手工入户抄表、IC卡预付费、手持式红外线抄表、总线布置抄表、GPRS无线抄表、基于蓝牙技术的抄表、RS485线抄表、租用电话线抄表、低压电力载波抄表、光纤抄表等。远程自动抄表（Remote Automatic Meter Reading，RAMR）技术是将数据自动采集、传输和处理应用于电能与管理系统中的一项新技术，具有抄收速度快、计算精度高、抄表实时性好、可直接与营业计算机联网等突出的优点。采用远程自动抄表系统可以缓解抄表人员的劳动强度，降低由人为因素造成的抄表误差，并能迅速地统计实时线损等。它从根本上克服了传统人工抄表模式的弊端，给电能管理的现代化带来了新的希望。近年来对4G无线抄表方式和低压电力载波抄表方式的研究较为普遍。4G网不但具有覆盖范围广、数据传输速度快、通信质量高、永远在线和按流量计费等优点，且其本身就是一个分组型数据网，支持 TCP/IP，可直接与 Internet 互通。因此 4G 业务在无线上网、环境监测、交通监控、移动办公等行业中具有无可比拟的性价比优势。4G 无线数据传输系统具有广阔的市场前景。

陈颖等[65]介绍了采用嵌入式系统的远程自动抄表系统的设计思想，系统以 MSP430 为 MCU，对仪表进行数据采集，并通过 g20 模块，以 SMS 和 GPRS 两种方式实现仪表数据的自动抄写。朱庆豪等[66]探讨了以 SIM100 作为 GPRS 集中器和 GPRS 数据终端的远程自动抄表系统，通过 AT 指令实现整个系统的连接及通信。宫召杰等[67]研究了一种无线自组织网络抄表系统。陈壮奕[68]提出了一种基于索尼爱立信移动通信公司 GR47 模块和 Winbond 公司 W77E58 微控制器的电能远程抄表系统。李冰[69]设计了一种采用 MCU 的 GPRS 无线通信模块、TCP/IP 协议处理模块以及 GPRS 网络的山区电能无线远程抄表系统。陈海燕等[70]提出了一种以 LPC2210 微处理器为中心、应用嵌入式操作系统 μC/OS-Ⅱ的远程自动抄表终端系统。魏文俊等[71]介绍了一种基于索尼爱立信移动通信公司 GR47 模块和 Samsung（三星）公司 ARM7 器件 4480 的电能远程抄表系统。随慧斌等[72]设计了一个应用 MFC（Microsoft Foundation Class，微软基础类库）和 Socket 网络编程方法的基于 GPRS 网络的变电站远程抄表系统。王云良[73]进行了基于 CAN 总线的水表抄表系统的研究。吴明龙等[74]设计并实现了一种基于以 GR64 通信模块和高性能的 ARM7 器件 LPC2294 的用电远程监测系统。赵振华[75]提出了基于 GPRS 和 RF 技术的远程全无线自动抄表系统方案，数据通过内置射频电路 nRF905 传至终端，终端通过移动网关实现与 Internet 的连接，并将接收到的用户数据远传到抄表管理中心，完成自动抄表。党世红等[76]设计了以 S3C2410A 为核心的无线远程自动抄表系统，该系统具有对家用水表、电表、煤气表三表的无线远程抄读、联网查询、联网缴费和智能管理功能。赵承志[77]提出了一种用无线局域网技术替代 RS-485 总线进行用户电能表数据的采集方式，再集中由网络上传到供电部门数据中心，实时监测用户状态，具有很高的可靠性。苗文山等[78]设计了基于通用分组无线业务技术的远程自动抄表系统。该系统将采集到的电能表参数经过处理后，利用 Internet 接入功能发送到具有固定 IP 地址的远程管理机，远程管理软件显示、存储这些数据，以备以后查询。张红霞等[79]设计了以 PL3201 与 MC55 无线模块为核心，同时辅以 LM1117、AT24C32 等外围芯片的电力远程抄表系统。王洪涛等[80]介绍了一种针对水资源管理自动化和网络化的需求，依托中国移动通信的 GPRS 网络，采用 TI 公司的 MSP430 超低功耗单片机的无线实时抄表系统。倪陈强[81]将 IAP 方法应用于远程集中水表抄表系统。徐止铎和田霞[82]、付扬和姜美玲[83]分别提出了一种基于GPRS和低压电力线载波通信的智能远程抄表系统的设计方案，给出了系统总体结构，阐述了GPRS通信和PLC通信的实现，详细介绍了远程终端集中器和采集器的设计，并给出了主站的抄表步骤。刘建平[84]提出了基于BENQ公司M23模块和Winbond公司W77E58单片机的电能远程抄表系统。

2. 远程监控系统

远程监控（Supervisory Control and Data Acquisition，SCADA）系统是以计算机为基础的生产过程控制与调度自动化系统，主要包括远程终端控制单元（Remote Terminal Unit，RTU）、通信网络及中心站。RTU的主要作用是进行现场数据采集及本地控制。进行数据采集时作为一个远程数据通信单元，完成或响应本站与中心站或其他站的通信和遥控任务；进行本地控制时作为系统中一个独立的工作站，这时RTU可以独立地完成连锁控制、前馈控制、反馈控制、PID等工业上常用的控制调节功能。

系统的通信网络主要用于RTU与中心站的通信及与其他RTU的通信。链路种类有无线、有线、微波、光纤。RTU可支持的通信方式有中心站触发的通信方式和RTU触发的通信方式。中心站可以是一个局域网，可包含多个工作站和支持网络功能的设备，以完成不同的工作。它通过中心站软件管理系统数据库，对数据进行处理、存储。每个工作站通过组态画面监测现场站点，下发控制命令进行控制，并完成工况图、统计曲线、报表等功能。

国外于20世纪60年代初开始对SCADA系统进行研究，在实际生产管理中得到发展和应用。20世纪90年代，在工业发达国家，SCADA系统的设施已成为电力、电信、燃气、供水、供热输配系统中的普通设施。同时，随着技术的不断进步，国外还涌现出了像摩托罗拉、ACTION、西门子等的SCADA系统成套产品。其设备性能先进、技术成熟，得到广泛应用，如东京煤气公司、德国城市天然气公司等都是典型的用户代表。SCADA系统的研究中目前主要采用Internet技术、面向对象技术、神经网络技术以及Java技术等信息技术。我国从20世纪80年代开始研制自己的SCADA系统，经过三十多年的发展，在水利工程泵站、闸站、供水/污水管网控制系统、热力、电力行业等都得到了广泛应用。

姚远等[85]介绍了基于网络的电力负荷智能监控系统，该系统主要对电力变压器现场数据采集和相关设备进行智能测控。刘光徽[86]针对造纸厂用水、用汽、用电设备负荷变化大，管网汽压、电压波动影响生产的情况，建立了一个经济型的基于CAN现场总线的造纸厂水、电、汽能源负荷监测优化调度系统。在充分利用原有测量仪表设备的前提下，实现造纸厂能源负荷的综合调度，从而达到节能降耗的目的。王磊等[87]设计了基于嵌入式系统的电力远程抄表监控系统，由智能检测终端数据传输、Internet 传输、信息管理中心服务器 3 部分组成。通信使用 2 个异步串行口。片内实时时钟用于定时数据采集、处理和传输。外扩 2MBNORFlash 和 8MBNANDFlash 存储系统程序和抄表数据，16MBSDRAM 为系统内存，操作系统采用 uC/OS，应用软件由 M-bus 抄表、接入发送数据和电网监控部分组成。

薄宁[88]设计了自来水管网监测系统，将分布采集的自来水管网数据，利用通用分组无线业务（General Packet Radio Service，GPRS）进行即时传输，达到对自来水管网进行实时监控的目的。李秀红等[89]研制了基于 GPRS 和 SMS 技术的嵌入式农林业无线远程环境监测系统。蔚承英等[90]设计和实现了基于 GPRS 传输的嵌入式远程监控系统，成功实现了视频数据的采集、传输和接收。金仁成等[91]针对当前输油管道压力监控现状，结合通信模块 MC39i，给出了能够实现远程数据传输并可广泛应用于远程监控系统的设计方案。并给出了基于 uIP TCP/IP 协议栈，实现 TCP 和 UDP 传输协议的原理；对 UDP 的传输可靠性进行改进。刘欣等[92]融合 GPRS 和 SOC 嵌入式技术，提出了分布式电力远程无线用电参数检测管理系统方案。设计了以 SOC 嵌入式控制器为核心的终端，通过 RS485 总线与现场数字电压检测仪连接，建立了用电参数监测管理系统。电力部门控制中心通过无线采集本地用户的电压状态，监测电力的性能和运行状况，为供电系统的配电、控制和自动化管理提供了基础。李翠芳[93]开发了无线远程监控系统，并将其应用于延安天然气二期总控项目中。该系统采用了基于 Modbus 协议的通信规约并开发了相应的编码解码程序。调度中心用 C++编写了数据收发服务器程序，采用了 Socket 技术实现与现场终端的数据交互，利用 DDE 技术实现与 Intouch 的动态数据交换。朱玉琴等[94]研究了以 GR47 模块为核心，以相应的单片机为控制器的农村电网远程监控系统。李平江等[95]采用 ARM 嵌入式技术设计并实现了一个无线路灯监控管理系统。张国忠[96]针对水电企业电力负荷预测的困难，提出了一种将 AR 模型与 T-S 模糊神经模型相结合的负荷预测新方法。周晨轶[97]在总结前人研究的基础上提出了一种智能化的 NILM 监测方案，并对所提出方案的准确性和有效性进行了详细的分析。梁绍华[98]建立了基于制粉系统热平衡原理的原煤水分在线计算模型，同时依据每台磨煤机煤量变化、机组负荷变化及锅炉蓄热变化的相关性建立原煤当量电负荷计算模型。温彦峰[99]设计了可中断负荷预测与控制系统。张志向[100]针对这类广大的中、小型电力终端用户研究了基于公用移动通信网络的配电网负荷管理系统。李泽滔[101]通过物联网技术方式设计了智能电网用户侧能耗监测系统。刘卫兵[102]针对普通电表功能单一、无法实现自诊断以及实时抄表的功能，以 TM4C129 和 LB101 模块为硬件核心芯片，设计了一种基于物联网的智能电表实时监测系统。该系统可以实现远程抄表、自诊断、电费自动计算、双向计量和远程通信的功能。吴琦[103]开发了一套能够实现包括电压波动和闪变监测功能在内的综合在线监测系统。张宁芳[104]研究以摩托罗拉嵌入式位处理器为硬件平台，和嵌入式操作系统一起搭建整个开发应用平台，结合目前电力用户的新需求，设计出一种新型的电力负荷控制与监测系统。

综上所述，国内外学者在对水电负荷在线监测管理系统的研究中， 从不同角度设计了利用无线网络技术的水电负荷监系统，为实现数据的实时采集和传输提供了技术支撑。

1.2　本书研究方案和技术路线

1.2.1　实施方案

生鲜农产品的生产、流通由农产品产前——信息指导和产品规划、产中——田间管理、产后——产品标准化处理加工以及食品加工、流通、消费等不同的环节和组织载体构成。根据环节和组织载体的不同，生鲜农产品供应链结构划分成批发市场型、公司+农户型、连锁配送型 3 种基本形式，分别如图 1-1～图 1-3 所示。根据以上生鲜农产品供应链系统结构，将生鲜农产品供应链应用系统分为五大功能模块：生鲜农产品辅料采购、生鲜农产品种植、生鲜农产品销售、物流在途信息跟踪、决策支持。系统以 Web services 技术为核心，通过服务链接应用系统和平台及附属于平台的技术组件和业务组件，从而形成“平台+应用”的整体架构。项目采用集成技术架构，基于云计算、物联网、Web services 和中间件等技术以及大数据技术对系统中多种异构的数据进行整合和共享利用，主要对集成平台搭建、实现集成能力的技术支撑组件、公共业务组件以及系统集成 4 个方面进行研究。系统总体架构如图 1-4 所示，把其分为数据层、服务层、应用层和访问层 4 个部分。数据中心采用基于云计算的计算模式，把现有基础设施资源、应用系统作为服务，以服务方式进行管理，同时把大量的、虚拟化的资源管理起来，组成一个庞大的资源池，建立生鲜农产品供应链云数据中心。

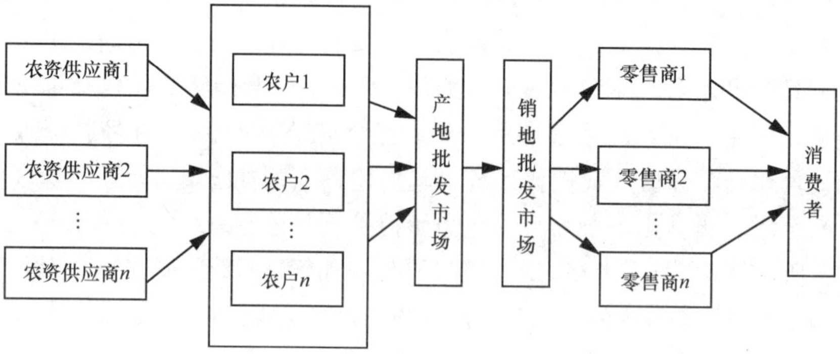

图 1-1　批发市场型生鲜农产品供应链结构

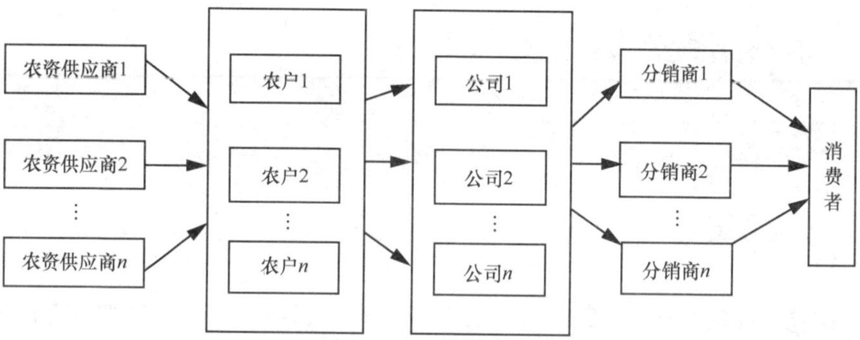

图 1-2　公司+农户型生鲜农产品供应链结构

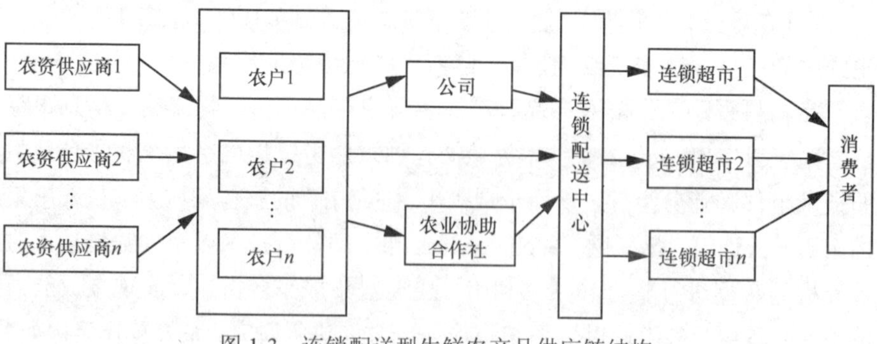

图 1-3　连锁配送型生鲜农产品供应链结构

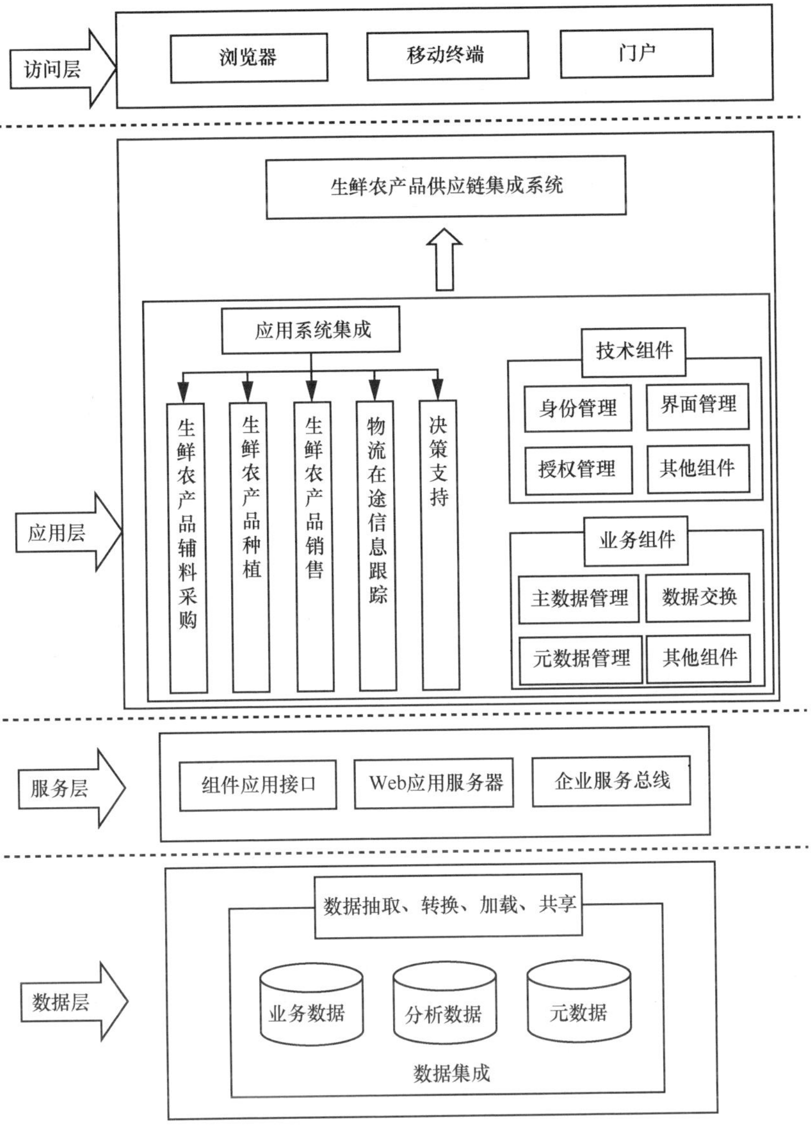

图 1-4 生鲜农产品供应链集成系统总体架构

数据层将在各业务系统数据源中获取到的数据进行多次转换和加载，为上层应用提供快速、准确的数据，数据层由公用数据体系和业务数据体系组成。结构如图 1-5 所示。服务层在数据层之上，由组件应用接口、Web 应用服务器、企业服务总线 3 部分组成，根据组件提供的应用接口以及数据标准化操作环境，在 Web 应用服务器中实现不同数据在集成系统上的有机融合。

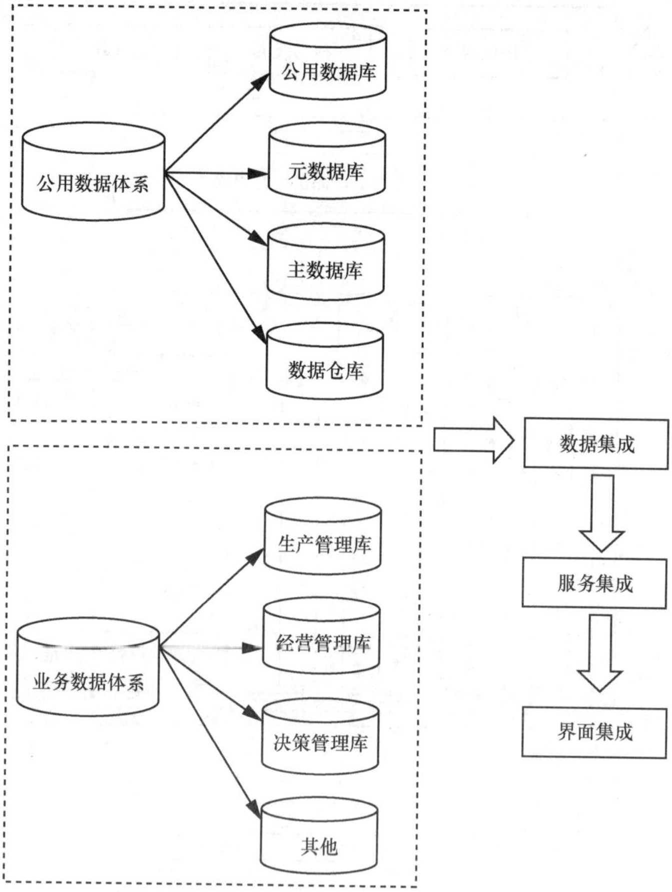

图 1-5 数据层结构

应用层采用模块化思想，建立生鲜农产品供应链应用五大功能模块：生鲜农产品辅料采购、生鲜农产品种植、生鲜农产品销售、物流在途信息跟踪、决策支持。

访问层是平台的最上层，通过多种形式为用户提供人机交互的操作及浏览环境。

1.2.2 生鲜农产品供应链集成系统研究技术路线

依据软件工程思想，结合生鲜农产品供应链系统结构，该项目技术路线如下。

（1）制定生鲜农产品供应链的“平台+应用”的系统总体框架，搭建 SOA 集成技术平台。基于物联网的生鲜农产品供应链集成系统框架如图 1-6 所示。

（2）建设数据中心，对生鲜农产品供应链系统中各成员的数据进行抽取、转换、加载。

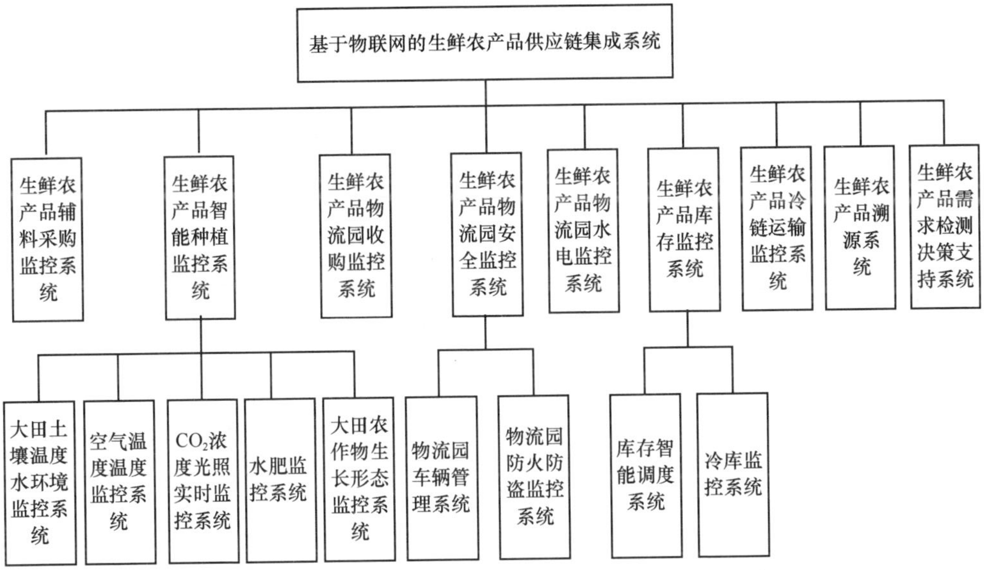

图 1-6　基于物联网的生鲜农产品供应链集成系统框架

（3）利用大数据理论与技术，从供应链系统各成员的异域、异构网络大数据中获取跨域业务关联的服务需求，并在 Web 应用服务器中实现不同数据在集成系统上的有机融合，对大数据进行存储与管理。

（4）利用大数据理论与技术，对大数据进行分析与挖掘，对生鲜农产品的种植、销售进行预测，为生鲜农产品供应链优化管理、决策提供有力支撑。

（5）设计实现技术支撑组件、公共业务组件，完成应用系统集成。

（6）进行系统的测试、试运行和验收。

1.2.3　生鲜农产品供应链集成系统研究技术指标

（1）构建 SOA 集成技术架构，基于云计算、物联网、Web services 和中间件等技术，建立生鲜农产品供应链的应用平台，形成相应的生鲜农产品供应链信息化基础架构。

（2）通过多种技术组件和公共业务组件的应用，将生鲜农产品辅料采购、生鲜农产品种植、生鲜农产品销售、物流在途信息跟踪等模块的信息进行科学的融合，形成相应的研究报告。

（3）采用云计算模式，制定统一的数据体系标准，实现各模块之间数据的无缝连接。

（4）对生鲜农产品供应链系统中的异域、异构网络中获取的大数据进行分析、挖掘，为供应链成员决策提供依据。

（5）使供应链成员能及时、准确地掌握生鲜农产品市场的需求变化，供应链成员之间能实现高效资源共享，提高整个供应链的竞争实力和抵抗风险的能力。

（6）实现生鲜农产品生产过程智能化、物品流通数字化、经营管理网络化。

参考文献

[1] VERDOUW C N, BEULENS A J M, VORST J G A J. Virtualisation of floricultural supply chains: a review from an Internet of things perspective[J]. Computers and Electronics in Agriculture, 2013, 99(11): 160-175.

[2] GNIMPIEBA Z D R, AHMED N S M, DAOVID D. Using internet of things technologies for a collaborative supply chain: application to tracking of pallets and containers[J]. Procedia Computer Science, 2015(56): 550-557.

[3] VERDOUW C N, WOLFERT J, BEULENS A J M, et al. Virtualization of food supply chains with the internet of things[J]. Journal of Food Engineering, 2016, 176(5): 128-136.

[4] LIU P, YI S P. Pricing policies of green supply chain considering targeted advertising and product green degree in the big data environment[J]. Journal of Cleaner Production, 2017(164): 1614-1622.

[5] ZHAO R, LIU Y Y, ZHANG N, et al. An optimization model for green supply chain management by using a big data analytic approach[J]. Journal of Cleaner Production, 2017, 142(1): 1085-1097.

[6] LIU W H, WU R Z, LIANG Z C. Decision model for the customer order decoupling point considering order insertion scheduling with capacity and time constraints in logistics service supply chain[J]. Applied Mathematical Modelling, 2018, 54(1): 112-135.

[7] HAZEN B T , BOONE C A, EZELL J D. Data quality for data science, predictive analytics, and big data in supply chain management: an introduction to the problem and suggestions for research and applications[J]. International Journal of Production Economics, 2014(154): 72-80.

[8] TAN K H, ZHAN Y Z, JI G J, et al. Harvesting big data to enhance supply chain innovation capabilities: an analytic infrastructure based on deduction graph[J]. International Journal of Production Economics, 2015(165): 223-233.

[9] WANG G, GUNASEARAN A, NGAI E W T. Big data analytics in logistics and supply chain management: certain investigations for research and applications[J]. International Journal of Production Economics, 2016(176): 98-110.

[10] LI B, CHNG E, CHONG A Y L. Predicting online e-marketplace sales performances: a big data approach[J]. Computers & Industrial Engineering, 2016(101): 565-571.

[11] ZHONG R Y, NEWMAN S T, HUANG G Q, et al. Big data for supply chain management in the service and manufacturing sectors: challenges, opportunities, and future perspectives[J].

Computers & Industrial Engineering, 2016(101): 572-591.
[12] RICHARD A T, HELO P T. Big data applications in operations/supply-chain management: a literature review[J]. Computers & Industrial Engineering, 2016(101): 528-543.
[13] PAPADOPOULOS T, GUNASEKARAN A, DUBEY R H, et al. The role of big data in explaining disaster resilience in supply chains for sustainability[J]. Journal of Cleaner Production, 2017(142): 1108-1118.
[14] WU K J, LIAO C J, TSENG M L, et al. Toward sustainability: using big data to explore the decisive attributes of supply chain risks and uncertainties[J]. Journal of Cleaner Production, 2017(142): 663-676.
[15] WOLFERT S, GE L, VERDOUW C, et al. Big data in smart farming-a review[J]. Agricultural Systems, 2017(153): 69-80.
[16] MAGHSODIA A I, KAVIANB A, KHALILZADEH M. CLUS-MCDA: a novel framework based on cluster analysis and multiple criteria decision theory in a supplier selection problem[J]. Computers & Industrial Engineering, 2018(118): 409-422.
[17] TIWARI S, WEEB H M, DARYANTOB Y. Big data analytics in supply chain management between 2010 and 2016: insights to industries[J]. Computers & Industrial Engineering, 2018(115): 319-330.
[18] 江宏. 物联网引发供应链管理革命[J]. 物流技术与应用, 2004(5): 33-38.
[19] 陈俊. 基于 Auto-ID 技术的供应链模型[D]. 武汉: 华中科技大学, 2004.
[20] 杨威. EPC 系统对供应链的影响探讨[J]. 物流技术, 2005, 28(118): 59-61.
[21] 甘勇, 郑富娥. 基于 EPC 技术的物联网在供应链的应用[J]. 商场现代化, 2006, 469(16): 10-11.
[22] 潘金生. 基于物联网的物流信息增值服务[J]. 现代物流, 2007(9): 241-243.
[23] 薛月菊, 胡月明, 杨敬锋, 等. 农产品供应链的信息透明化框架[J]. 农机化研究, 2008(2): 67-71.
[24] 师启娟, 于天一. 基于 RFID 的 EPC 新技术引领供应链发展[J]. 物流工程与管理, 2009, 31(2): 71-73.
[25] 高红梅. 物联网在农产品供应链管理中的应用[J]. 商业时代, 2010(22): 40-41.
[26] 郭磊, 曹世华. 基于物联网技术的医疗设备供应链管理[J]. 计算机时代, 2011(7): 29-31.
[27] 王静. 面向物联网的虚拟供应链系统开发与实现机制[J]. 华中科技大学学报(自然科学版), 2012, 40(12): 109-112.
[28] 陈秉恒, 钟涨宝. 基于物联网的农产品供应链安全监管问题研究[J]. 华中农业大学学报(社会科学版), 2013, 41(4): 49-55.
[29] 颜波, 叶兵, 张永旺. 物联网环境下生鲜农产品三级供应链协调[J]. 系统工程, 2014, 32(1): 48-52.
[30] 孙旭, 杨印生, 刘春霞. 生鲜农产品供应链近场通信智能数据采集终端系统设计与开发[J]. 农业工程学报, 2015, 31(8): 200-206.
[31] 杜其光. 物联网环境下供应链可用制造能力优化配置与运营协调研究[D]. 天津: 天津大学, 2015.
[32] 汪旭晖, 杜航. 基于物联网采纳的生鲜农产品冷链物流决策[J]. 系统工程, 2016, 34(6): 89-97.
[33] 赵道致, 潘新宇, 吴成霞. 物联网环境下供应链企业运营行为分析与展望[J]. 管理现代化,

2016(1): 118-120.
[34] 潘新宇. 物联网环境下企业运营决策及供应链协调机制研究[D]. 天津：天津大学, 2016.
[35] 肖新清. 面向冷链物流品质感知的物联网数据采集与建模方法[D]. 北京：中国农业大学, 2017.
[36] 刘兵兵, 孙李波, 余玉刚. 仓储、物流与供应链管理研究新进展[J]. 中国科学技术大学学报, 2017, 47(2): 176-187.
[37] 党佩, 张宝明. 大数据视角下农业供应链金融研究[J]. 农村经济与科技, 2014, 25(7): 139-142.
[38] 马莉. 互联网大数据时代农产品流通途径改善研究——以秦皇岛为例[J]. 农业经济, 2015(3): 122-124.
[39] 张闯, 刘祥伟. “互联网+”时代煤炭产业供应链演化分析[J]. 吉首大学学报(社会科学版), 2016, 37(6): 61-65.
[40] 张天琪, 胡军珠. “互联网+”农产品物流业的大数据策略研究[J]. 中国市场, 2016(36): 12-14.
[41] 资武成, 刘超智. 大数据背景下农产品供应链的组织服务创新研究[J]. 农村经济与科技, 2015, 26(11): 85-86.
[42] 林海萍. 大数据时代电子行业实施绿色供应链管理研究[J]. 物流科技, 2015(6): 129-131.
[43] 史浩, 李健. 大数据背景下私有信息泄露对供应链成员企业竞合关系影响的研究[J]. 情报学报, 2015, 34(1): 53-65.
[44] 闫志鑫. 大数据对零售业采购与供应链管理的影响[J]. 中国市场, 2015(46): 85-87.
[45] 陈永平, 蒋宁. 大数据时代供应链信息聚合价值及其价值创造能力形成机理[J]. 情报理论与实践, 2015, 38(7): 80-85.
[46] 张瑜. 大数据分析在供应链中的应用[J]. 仪器仪表用户, 2016, 23(3): 72-76.
[47] 申风平, 党源源. 大数据在生鲜电商供应链中的应用研究[J]. 电子商务, 2016(10): 18-21.
[48] 朱清清. 基于大数据背景下生鲜农产品供应链物流柔性能力研究[J]. 科技创业, 2016(22): 24-28.
[49] 官志华. 大数据分析在供应链管理中的应用[J]. 物流技术, 2017, 36(9): 132-135.
[50] 成栋, 陈思洁. 供应链管理中的大数据运用[J]. 现代管理科学, 2017(8): 9-11.
[51] 吴成霞, 赵道致, 潘新宇. 大数据服务商参与的三级供应链动态合作策略及其比较[J]. 控制与决策, 2016, 31(7): 1169-1177.
[52] 张生福. 异构数据驱动和UML融合的供应链智能控制系统设计[J]. 计算机应用与软件, 2017, 34(9): 312-321.
[53] 吴向向, 王红春, 丛娇娇. 基于大数据理论的弱化“长鞭效应”研究[J]. 北京建筑大学学报, 2015, 31(3): 73-76.
[54] 刘帅, 王红春. 大数据驱动的供应商管理策略研究[J]. 物流技术, 2016, 35(10): 115-118.
[55] 王红春, 刘帅. 大数据供应链的发展路径研究[J]. 物流技术, 2017, 36(7): 212-125.
[56] 王红春, 刘帅, 赵亚星. 大数据供应链与传统供应链的对比分析[J]. 价值工程, 2017(26): 112-113.
[57] 刘帅, 王红春, 赵亚星. 大数据环境下的供应链风险管控[J]. 物流科技, 2017(10): 129-131.
[58] 王红春, 刘帅. 大数据环境下建筑供应链采购模型及仿真研究[J]. 工程管理学报, 2017, 31(6): 11-16.

[59] 王大海, 赵吉, 孙娜. 辽吉黑农产品供应链大数据平台构建研究[J]. 中国农业资源与区划, 2017, 38(4): 197-201.
[60] 张天琪. 互联网+生鲜农产品电子商务的大数据策略研究[J]. 特区经济, 2018, 348(1): 103-105.
[61] 汪涛武, 王燕. 基于大数据的制造业与零售业融合发展: 机理与路径[J]. 中国流通经济, 2018, 32(1): 20-26.
[62] 付平德. 基于大数据的智慧物流模式构建[J]. 物流技术, 2018, 37(1): 135-139.
[63] 张驰. 农产品透明供应链关键技术及其应用研究[D]. 北京: 中国农业大学, 2017.
[64] 贺超, 庄玉良, 张岩. 面向“互联网+”的闭环供应链信息共享平台及其商业模式[J]. 中国矿业大学学报(社会科学版), 2018, 20(1): 84-91.
[65] 陈颖, 严明贵, 朱善安. 基于 GPRS/SMS 的远程抄表系统[J]. 机电工程, 2005(10): 45-47.
[66] 朱庆豪, 曾蕾. 基于 GPRS 的远程自动抄表系统的设计[J]. 电测与仪表, 2006(7): 31-34.
[67] 宫召杰, 郭忠文, 马鸿洋, 等. 基于 GPRS 的无线自组织网络远程抄表系统[J]. 计算机应用研究, 2006(4): 187-189.
[68] 陈壮奕. 基于 GPRS 的电能远程抄表系统的设计与实现[J]. 广东电力, 2006(10): 45-47
[69] 李冰. 无线远程抄表系统在山区电能计量管理中的应用[J]. 四川电力技术, 2007(6): 79-80.
[70] 陈海燕, 马修丽. 基于 GPRS 的远程自动抄表终端系统的设计[J]. 哈尔滨理工大学学报, 2007(6): 4-6.
[71] 魏文俊, 尹平林, 王仲东. 基于 GPRS 的电能表集抄系统设计和应用[J]. 自动化技术与应用, 2007(1): 108-110.
[72] 随慧斌, 王红红, 王宏伟, 等. 基于 GPRS 网络的变电站远程抄表系统[J]. 电力系统通信, 2007, 28(1): 57-59, 65.
[73] 王云良. 基于 CAN 总线的水表抄表系统的研究与实现[D]. 上海: 华东师范大学, 2007.
[74] 吴明龙, 刘百芬. 基于 GPRS 的远程抄表监控设计与研究[J]. 世界科技研究与发展, 2008(6): 773-775.
[75] 赵振华. 基于 GPRS 和 RF 技术的远程全无线自动抄表系统[J]. 计算机与数字工程, 2008(11): 66-70.
[76] 党世红, 党宏社. 基于 GPRS 的嵌入式远程自动抄表系统设计[J]. 低压电器, 2008(18): 16-20.
[77] 赵承志. 基于无线局域网的 GPRS 远程无线抄表系统[J]. 长江大学学报(自然科学版)理工卷, 2008(3): 202-204.
[78] 苗文山, 李铁鹰, 王珺. 基于GPRS技术的远程电能表抄表系统的设计[J]. 机械工程与自动化, 2008(4): 120-122.
[79] 张红霞, 王亚微, 郭佳, 等. 基于 GPRS 通信技术的远程抄表系统设计[J]. 通信技术, 2008(8): 207-209.
[80] 王洪涛, 陈德平, 董华. 基于 GPRS 的远程实时抄表系统[J]. 中国科技信息, 2008(12): 70-80, 83.
[81] 倪陈强. 嵌入式系统 IAP 在 GPRS 远程集中抄表系统中的应用[J]. 光盘技术, 2008(8): 37-38.
[82] 徐止铎, 田霞. 基于 GPRS 和电力载波的远程抄表系统分析[J]. 中国新技术新产品, 2009(13): 27.
[83] 付扬, 姜美玲. 基于 GPRS 和低压电力线载波通信的智能远程抄表系统的设计[J]. 工矿自动

化, 2009(6).
[84] 刘建平. 基于 GPRS 的远程无线抄表系统设计[J]. 中国高新技术企业, 2009(2).
[85] 姚远, 易本顺. 基于 GPRS 网络的电力负荷智能监控系统设计[J]. 湖南电力, 2005(4).
[86] 刘光徽. 基于 CAN 总线的造纸厂水电汽负荷监测系统[J]. 中国科技信息, 2005(22).
[87] 王磊, 王仲东. 基于嵌入式系统和 GPRS 技术的实时远程抄表监控系统[J]. 兵工自动化, 2006(10).
[88] 薄宁. 基于 GPRS 的自来水管网监测系统设计与实现[D]. 武汉: 华中科技大学, 2007.
[89] 李秀红, 黄天戍, 孙忠富, 等. 基于 GPRS/SMS 的嵌入式环境监测系统[J]. 吉林大学学报(工学版), 2007(6).
[90] 蔚承英, 陈勇刚, 杨利平, 等. 基于 GPRS 和嵌入式计算机的远程监控系统研究[J]. 无线通信技术, 2007(4).
[91] 金仁成, 王艳辉, 高英明, 等. 基于 GPRS 的远程监控系统设计[J]. 微纳电子技术, 2007(21).
[92] 刘欣, 陈祖爵. 基于 GPRS 的分布式电力监测管理系统设计[J]. 电测与仪表, 2007(4).
[93] 李翠芳. 基于 GPRS 的无线远程监控系统的应用开发[D]. 西安: 西安电子科技大学, 2008.
[94] 朱玉琴, 李正明, 孙俊. 基于 GPRS 的农村电网远程监控系统[J]. 农机化研究, 2009(1).
[95] 李平江, 周伦彬, 张宝峰. 基于 ARM 和 GPRS 的路灯远程监控系统[J]. 中国测试, 2009(2).
[96] 张国忠, 王鲲, 毛亚林, 等. 基于混合建模方法的水电负荷预测[J]. 中国农村水利水电, 2003(6): 11-13.
[97] 周晨轶. 基于神经网络模式识别的非侵入式负荷监测方法研究[D]. 北京: 华北电力大学, 2017.
[98] 梁绍华, 陈学文, 孙栓柱, 等. 基于水分和当量电负荷双特征的锅炉煤质在线监测技术研究[J]. 电站系统工程, 2017, 33(5): 5-7.
[99] 温彦峰. 可中断负荷监测与控制系统的设计[D]. 沈阳: 东北大学, 2013.
[100] 张志向. 厦门翔安区电力负荷管理系统的规划研究[D]. 昆明: 云南大学, 2012.
[101] 夏磊. 智能电网用户侧能耗数据监测系统研究[D]. 贵阳: 贵州大学, 2017.
[102] 刘卫兵, 许春香. 基于物联网的智能电表实时监测系统[J]. 仪表技术与传感器, 2017(12): 72-75.
[103] 吴琦, 徐阳, 吴巍, 等. 基于 3G 的智能电表远程监测系统的研究[J]. 电测与仪表, 2011, 48(8): 68-71, 91.
[104] 张宁芳. 电力负荷控制与监测系统研究[D]. 广州: 广东工业大学, 2007.

第 2 章

基于物联网的生鲜农产品辅料采购监控系统

生鲜农产品辅料采购监控系统，从辅料采购资源数据[1]的采集、数据存储、数据处理到最终使用，实现信息的可视化、信息共享化。生鲜农产品辅料采购监控系统主要包括：采购计划管理模块、采购订单管理模块、货物订单跟踪管理模块、质检管理模块、入库管理模块、结算管理模块以及辅料使用情况管理模块。

2.1 生鲜农产品辅料采购监控系统设计

采购监控系统针对采购过程中的所有环节：采购计划管理、采购订单管理、货物订单跟踪管理、质检管理、入库管理、结算管理、辅料使用情况管理等进行实时监控，经过对数据的不断分析，可以很好地监控采购流程中的各个环节，对整个过程进行集中管理。系统结构如图 2-1 所示。

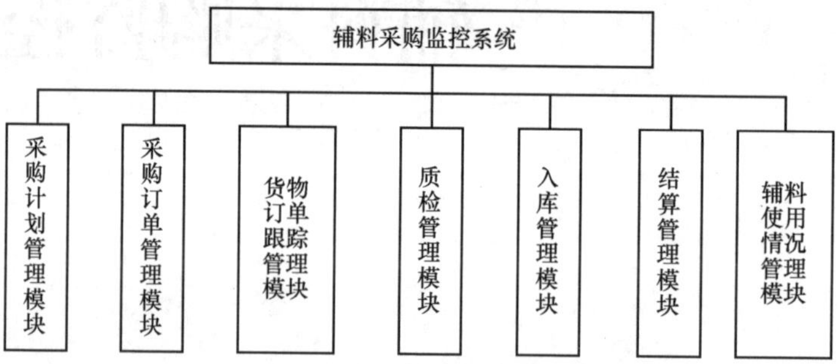

图 2-1　生鲜农产品辅料采购监控系统结构

（1）采购计划管理：对以往的销售量大数据进行分析总结，可预测出下个年度能够销售出的产品量，然后制定出下个季度的生产量，根据生产量确定接下来的生鲜农产品辅料采购计划。本模块可较好地实时管理采购计划，根据需要随时添加、修改、删除采购物品的信息。采购计划管理模块[2]实体图如图 2-2 所示，采购计划流程如图 2-3 所示。

（2）采购订单管理：根据确定的采购计划，首先查找供应商，将同一种生鲜农产品辅料在不同供应商中的各类重要信息提取出来，包括辅料价格、辅料质量、辅料产地、物流快递情况等，对上述信息进行对比评价，选出最佳的采购方案，然后下单。最后采购部门与交易情况较好的供应商建立长期合作关系，既能方便系统数据库对辅料采购信息进行监控，又节省了成本。

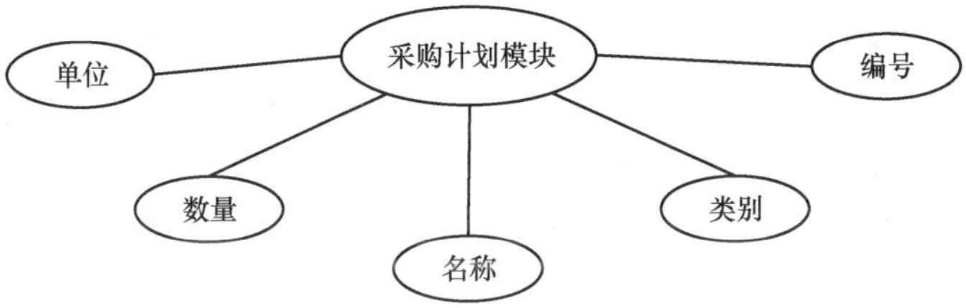

图 2-2　采购计划模块实体图

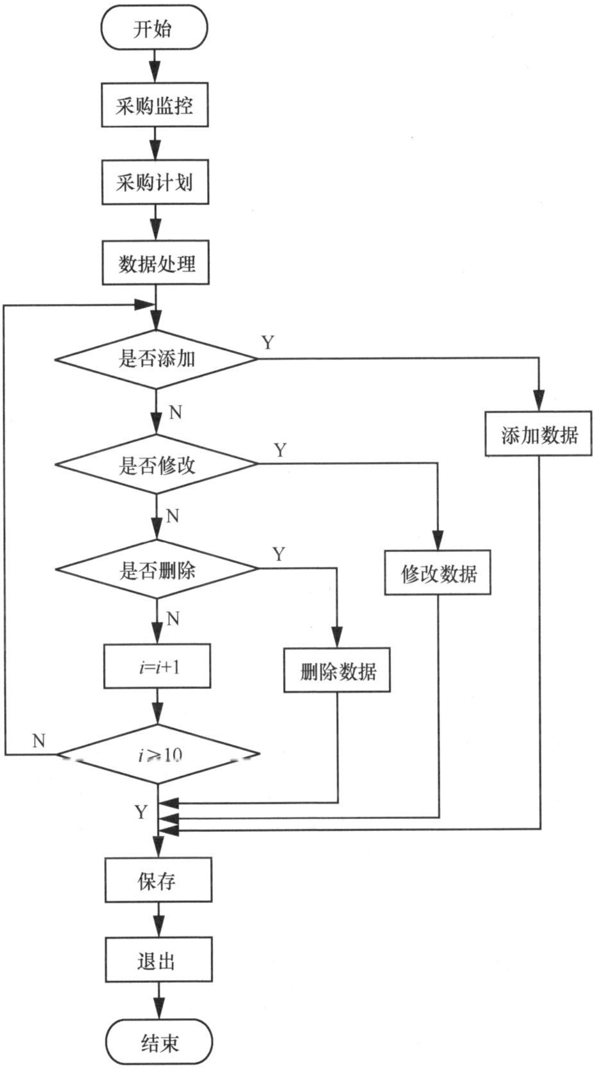

图 2-3　采购计划流程

（3）货物订单跟踪管理：该模块查看订单详情以及物流的相关信息，可实时监控生鲜农产品辅料物流情况，通过进一步分析该模块的数据信息，提取可建立长期合作关系的供应商，降低采购成本。订单货物跟踪模块实体图如图 2-4 所示。

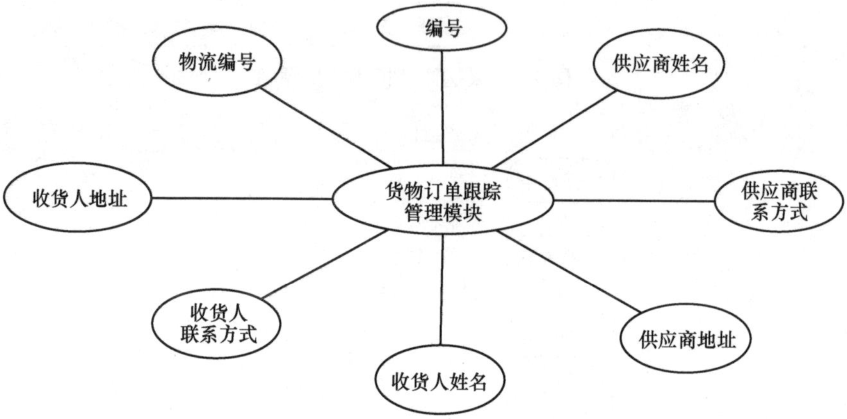

图 2-4　订单跟踪管理模块实体图

（4）质检管理：记录货物质量检查的相关信息、质检员的个人信息以及各项检验标准，根据相关信息，记录质量检验不合格货物的供应商信息以及退货相关信息。质检管理模块实体图如图 2-5 所示。

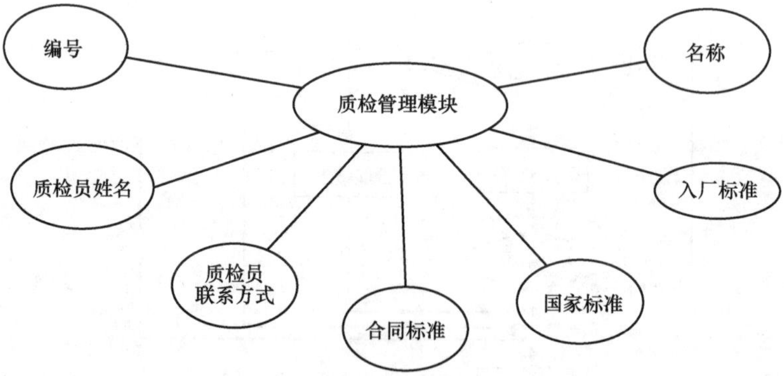

图 2-5　质检管理模块实体图

（5）入库管理：记录质检合格的货物仓库存储相关信息。实时监控各个仓库实际存储的所有货物信息，为合理调配[3]提供依据。入库管理模块实体图如图 2-6 所示。

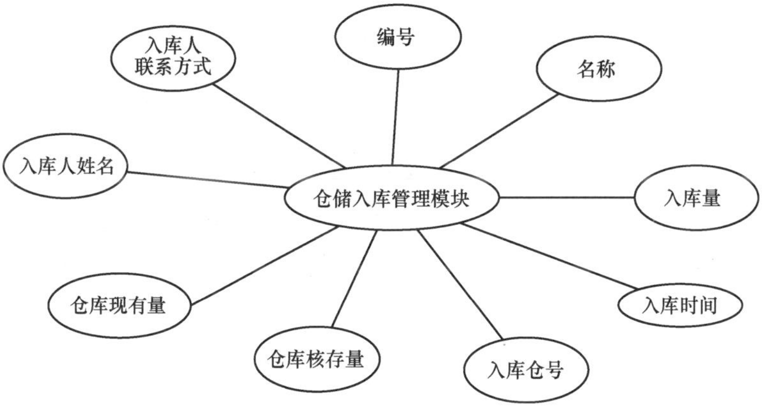

图 2-6　入库管理模块实体图

（6）结算管理：记录签收入库货物的结算账单所有信息。结算管理模块实体图如图 2-7 所示。

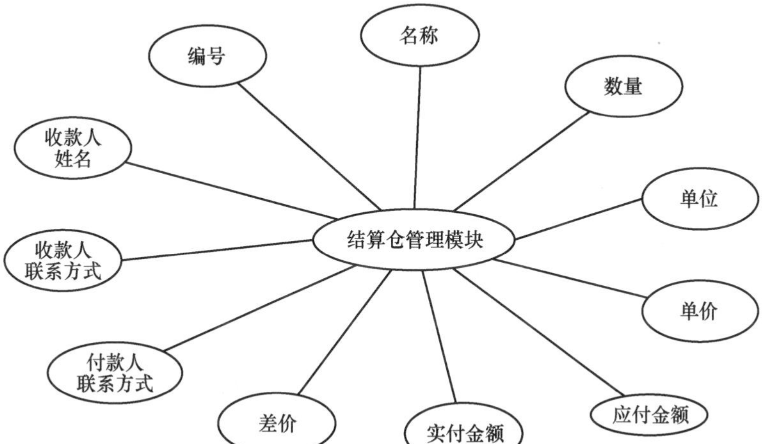

图 2-7　结算管理模块实体图

（7）辅料使用情况管理：记录所有采购的生鲜农产品辅料使用的相关信息，如生鲜农产品辅料使用时间、使用地点、使用量、使用方法以及使用效果等信息。通过对生鲜农产品辅料使用情况的监控，可及时掌握辅料所有动态去向，为后续采购计划的制定提供数据支持。辅料使用情况模块实体图如图 2-8 所示，辅料使用情况流程如图 2-9 所示。

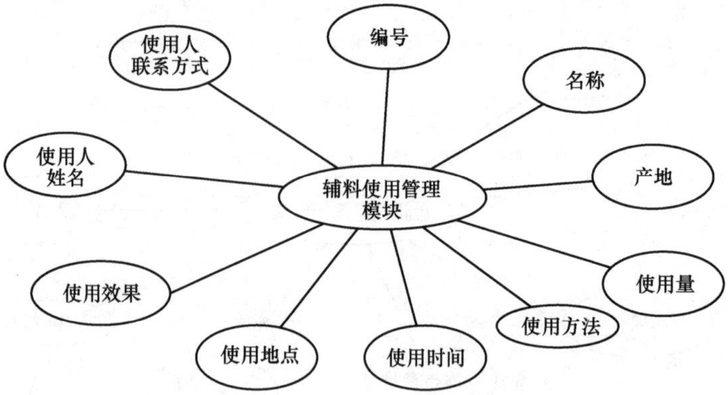

图 2-8　辅料使用情况管理模块实体图

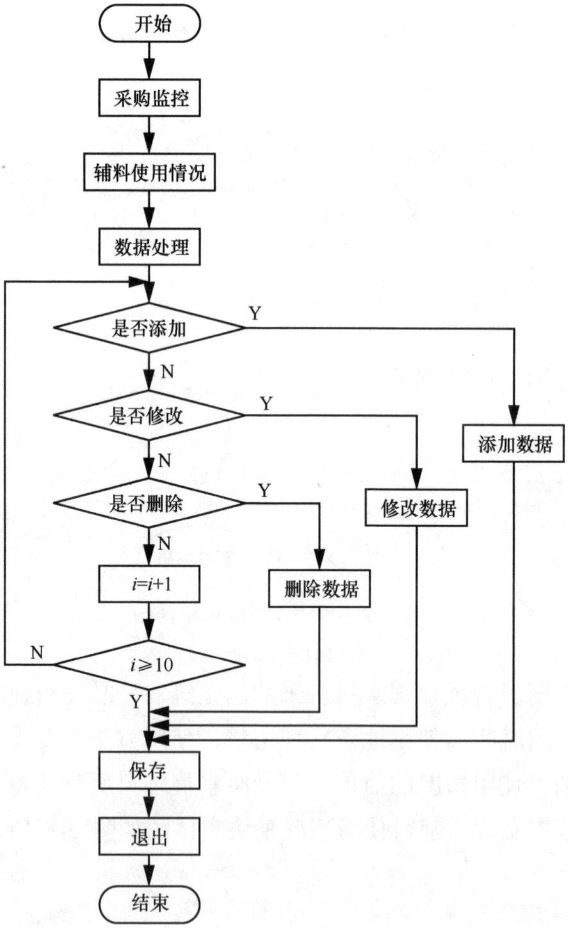

图 2-9　辅料使用情况流程

2.2　生鲜农产品辅料采购监控系统实现

2.2.1　系统架构

生鲜农产品辅料采购监控系统软件框架主要包括数据表示层、数据访问层和数据层 3 个部分，主要完成采购信息的交互和管理，实现系统交互功能，具体的架构如图 2-10 所示。

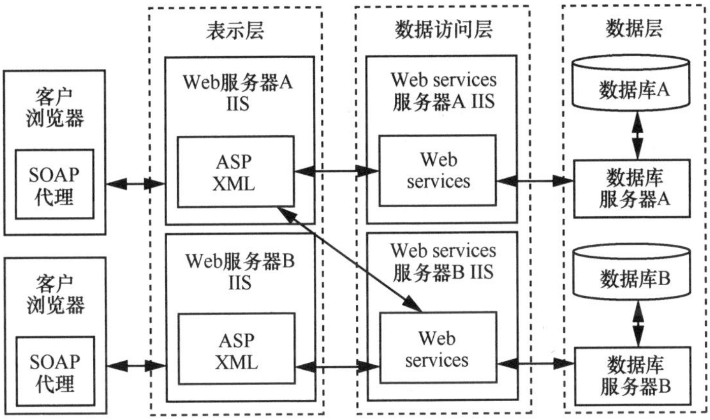

图 2-10　系统架构

2.2.2　系统界面

（1）登录界面：系统登录界面如图 2-11 所示。

（2）监控界面：成功登录主界面后，会出现监控界面，该界面上显示有“用户管理”“采购管理”“辅料使用”和“退出”这 4 个按钮，单击“用户管理”对用户账号等相关信息进行查看管理，单击“采购管理”，会弹出如图 2-12 所示的一个窗口，相关信息输入完成，单击“保存”按钮后，进入下一级监控界面，如图 2-13 所示，该窗口含有“添加”“修改”“删除”“查询”以及“退出”这 5 个按钮。

图 2-11　生鲜农产品辅料采购登录界面

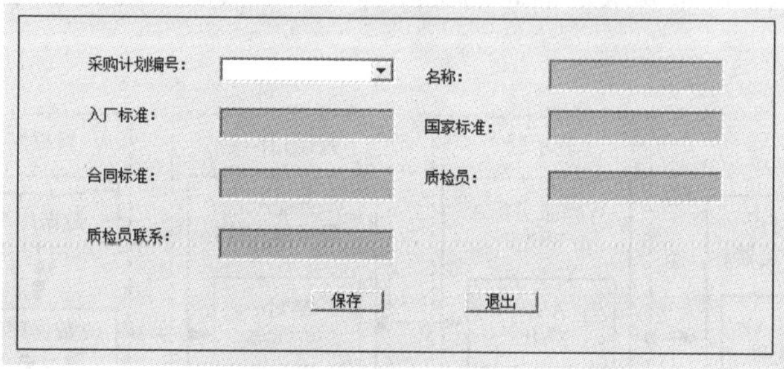

图 2-12　监控界面

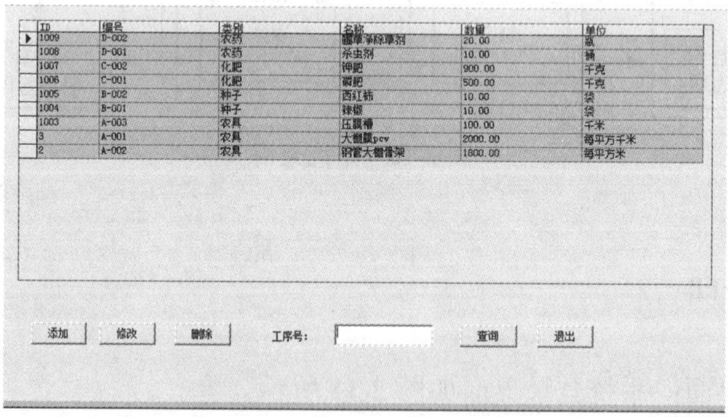

图 2-13　监控三层界面图

2.2.3　数据库管理

监控界面和后台数据库同步运行，在监控界面进行的所有关于生鲜农产品辅料采购监控的操作都有相应数据库作为存储支持，确保数据实时更新。采购计划模块数据库如图 2-14 所示，采购订单模块数据库如图 2-15 所示，订单跟踪模块数据库如图 2-16 所示，质检模块数据库如图 2-17 所示，入库模块数据库如图 2-18 所示，辅料使用情况模块数据库如图 2-19 所示。

结果　消息

	ID	编号	类别	名称	数量	单位
1	1003	A-003	农具	压膜槽	100.00	千米
2	2	A-002	农具	钢管大棚骨架	1800.00	每平方米
3	3	A-001	农具	大棚膜pcv	2000.00	每平方千米
4	1004	B-001	种子	辣椒	10.00	袋
5	1005	B-002	种子	西红柿	10.00	袋
6	1006	C-001	化肥	磷肥	500.00	千克
7	1007	C-002	化肥	钾肥	900.00	千克
8	1008	D-001	农药	杀虫剂	10.00	桶
9	1009	D-002	农药	圃草净除草剂	20.00	瓶

查询已成功执行。

图 2-14　采购计划模块数据库

结果　消息

	ID	采购计划编号	类别	名称	单价	单价对应单位	供应商公司	应付金额	实付金额
1	2	A-001	农具	大棚膜pcv	40	每平方千米	青州市永冠塑料有限公司	80000.00元	80000.00元
2	3	A-002	农具	钢管大棚骨架	14.00	每平方米	安阳市钢材公司	250000.00元	250000.00元
3	4	A-003	农具	压膜槽	100.00	每米	安阳市钢材公司	180000.00	180000.00
4	5	B-001	种子	辣椒	25	袋	郑州市农产品种子公司	250.00	250.00
5	6	B-002	种子	西红柿	90.00	袋	郑州市农产品种子公司	900.00	900.00
6	7	C-001	化肥	磷肥	2.00	千克	郑州市农产品化肥公司	1000.00	1000.0
7	10	D-002	农药	圃草净除草剂	30.00	瓶	广州泰元园林绿化服务部	600.00	600.00
8	8	C-002	化肥	钾肥	4.50	千克	郑州市农产品化肥公司	4045.00	4045.00
9	9	D-001	农药	杀虫剂	100.00	桶	广州泰元园林绿化服务部	1000.00	1000.00

查询已成功执行。　MS-20170408WGPO (11.0 SP1)

图 2-15　采购订单模块数据库

结果　消息

	ID	采购计划编号	供应商姓名	供应商联系方式	供应商地址	接货人姓名	接货人联系方式	接货人地址	物流编号
1	2	A-001	王×	135********	青州市北三环	李××	135********	河南省郑州市	123450
2	3	A-002	高××	0372-*******	安阳市北关区	李××	135********	河南省郑州市	123451
3	4	A-003	高××	0372-*******	安阳市北关区	李××	135********	河南省郑州市	123452
4	5	B-001	孙××	156********	河南省郑州市	刘×	188********	河南省郑州市	123453
5	6	B-002	孙××	156********	河南省郑州市	刘×	188********	河南省郑州市	123454
6	7	C-001	周×	150********	郑州市航海东路	张×	133********	河南省郑州市	123455
7	8	C-002	周×	150********	郑州市航海东路	张×	133********	河南省郑州市	123456
8	9	D-001	李×	137********	广州泰元	王×	130********	河南省郑州市	123457
9	10	D-002	李×	137********	广州泰元	王×	130********	河南省郑州市	123458

查询已成功执行。　MS-20170408WGPO (11.0 SP1)　sa (56)

图 2-16　订单跟踪模块数据库

	ID	采购计划编号	名称	入厂标准	国家标准	合同标准	质检员	质检员联系
1	3	A-001	大棚膜pcv	合格	合格	合格	王X	133********
2	4	A-002	钢管大棚骨架	合格	合格	合格	王X	133********
3	5	A-003	压槽膜	合格	合格	合格	王X	133********
4	6	B-001	辣椒	合格	合格	合格	王X	133********
5	7	B-002	西红柿	合格	合格	合格	王X	133********
6	8	C-001	磷肥	合格	合格	合格	王X	133********
7	9	C-002	钾肥	合格	合格	合格	王X	133********
8	10	D-001	杀虫剂	合格	合格	合格	王X	133********
9	11	D-002	圃草净除草剂	合格	合格	合格	王X	133********

查询已成功执行。

图 2-17　质检模块数据库

	ID	采购计划编号	名称	入库量	入库时间	入库仓号	仓库储存量	仓库现存量	入库人姓名	入库人联系方式
1	4	A-001	大棚膜pcv	2000.00平方千米	17年3月3日	1	5000.00平方千米	1000.00平方千米	陈X	155********
2	5	A-002	钢管大棚骨架	1800.00平方米	17年3月2日	2	5000.00平方米	500.00平方米	陈X	155********
3	6	A-003	压膜槽	100.00千米	17年3月7日	3	1000.00千米	500.00千米	陈X	155********
4	8	B-001	辣椒	10袋	17年3月19日	4	100.00袋	50.00袋	陈X	155********
5	9	B-002	西红柿	10.00袋	17年3月11日	5	100.00袋	50.00袋	陈X	155********
6	10	C-001	磷肥	500.00千克	17年3月12日	6	10000.00千克	2000.00千克	陈X	155********
7	11	C-002	钾肥	900.00千克	17年3月14日	7	10000.00千克	3000.00千克	陈X	155********
8	13	D-001	杀虫剂	10.00桶	17年3月17日	8	100.00桶	30.00桶	陈X	155********
9	14	D-002	圃草净除草剂	20.00瓶	17年3月23日	9	200.00瓶	100瓶	陈X	155********

查询已成功执行。　MS-20170408WGPO (11.0 SP1)　sa (58)　mas

图 2-18　入库模块数据库

	ID	编码	名称	产地	使用量	使用方法	使用地方	使用时间	使用效果	使用人	使用人联系方式
1	2	A-001	大棚膜pcv	安阳	1000平方千米	铺盖	一号农业园	17年4月1日	良好	郑X	131********

查询已成功执行。　MS-20170408WGPO (11.0 SP1)

图 2-19　辅料使用情况模块数据库

本章首先给出了生鲜农产品辅料采购监控系统整体结构，进一步分析设计了各功能模块实体图以及数据流程，给出了系统软件架构[4]，对监控系统界面和后台数据库进行了设计，实现了监控系统和数据库同步运行，数据库实时更新，较好地实现了生鲜农产品辅料采购过程的实时监控[5]。

参考文献

[1] 颜波，向伟，冉泽松，等.基于 RFID 的农产品物联网供应链信息共享[J]. 科技管理研究，2012，32(7): 109-112.

[2] 李捷. 基于 RFID 与 WSN 集成的物联网的供应链监管平台设计[J]. 电子技术应用，2013，37(6): 127-130.

[3] 周月娥. 基于物联网技术的现代农业智能物流系统设计[J]. 中国农机化学报，2014，35(9): 256-260.

[4] 杨信廷. 农产品物流过程追溯中的智能配送系统[J]. 农业机械学报，2011，42(5): 12-16.

[5] 凌宁波，朱锋荣. 电子商务环境下我国农产品供应链运作模式研究[J]. 江西农业大学学报，2006，5(1): 91-94.

第3章

生鲜农产品智能种植监控系统

3.1 大田土壤湿度、水环境 pH 值实时在线监控系统

生鲜农产品在生长期中，土壤的湿度和水环境 pH 值是其重要的生长因素。湿度高低与水环境的酸碱度会直接影响到植物根系的生长发育。运用传感器[1]精确、稳定地采集土壤湿度、水环境 pH 值，运用无线通信技术[2]将数据传输并存储于数据中心。

3.1.1 系统硬件电路设计

选用 STC89C51RC 单片机来作为主控芯片，然后外接 ADC0832、湿度模块、pH 值模块，利用 GSM 无线通信模块 SIM800 来实现数据的接收和发送，实现系统所需要的数据测量与控制，通过 LCD1602 液晶显示屏显示湿度值[3]、pH 值以及上下限的设置值。系统硬件电路功能如图 3-1 所示，由土壤湿度模块和 pH 值模块[4]测得模拟电压值经 ADC0832 转换为数字量显示在 LCD1602 液晶屏上，如果超过设定的湿度下限则蜂鸣器会发出警报，而且抽水电机开始抽水直至土壤湿度达到设定上限值，pH 值的过酸性或过碱性也会使抽水电机打开，通过加水加肥调整至正常范围。GSM 模块 SIM800 在土壤湿度或水环境 pH 值[5]超过阈值时给手机发送一个警报，每隔 5s 扫描一次状态，并将手机短信导入 PC 端表格内部完成信息的存储，同时将数据传输至数据中心。

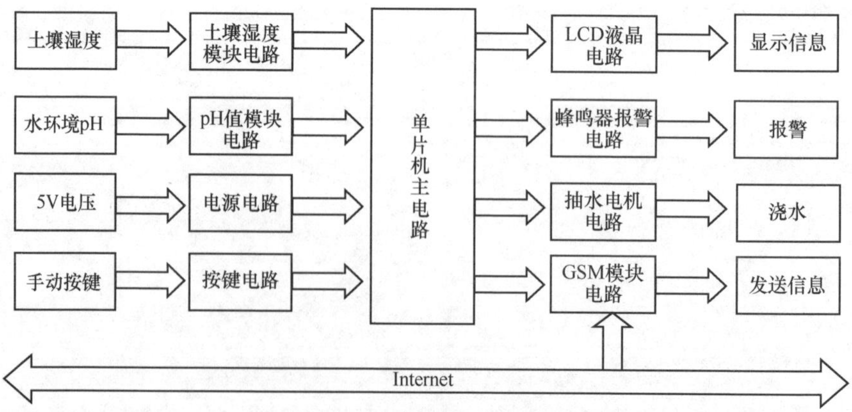

图 3-1　系统硬件电路功能

系统电路原理如图 3-2 所示。由图 3-2 可以看到：电路主要由单片机主控模块、GSM 通信模块、土壤湿度传感器模块、pH 值传感器模块、ADC0832 模块、抽水电机控制模块、蜂鸣器报警模块、LCD1602 液晶屏模块以及按键电路模块组成。

（1）单片机主控模块：STC89C51RC 的工作时钟信号由晶振负责供给，其控制着单片机程序运行速率，晶振的频率越高单片机的运行速率越快，设计中使用的晶振为 12MHz。单片机内部有一个用来构成振荡器的高增益反相放大电路，和晶振、微调电容组成一个稳定的自激振荡器。利用电容的充放电过程来复位系统，当 S1 断开时，VCC 对电容 C1 充电，当 S1 闭合时电容 C1 放电，使得单片机上的 RST 端口保持高电平来使单片机复位。

（2）GSM 通信模块：SIM800 模块使用锂电池直接供电。RXD、TXD 脚直接连接单片机上的 RXD、TXD 脚，作为信号的串行输入与输出引脚。

（3）土壤湿度传感器模块：土壤湿度传感器模块可以直接输出一个电压模拟量 AO，连接 ADC0832 的 CH0 口作为 AD 转换的输入口；正负极与 ADC0832 正负极相连接；经过 AD 转换后可以得出一个比较精确的数字量，通过 ADC0832 的 DO 口连接单片机 P15 口；ADC0832 的使能端 CS 连接单片机 P13 口，湿度的采集和模块内部的电阻有关，当把模块放入水中时，湿度最高，电阻阻值最大为 10kΩ，输出电压最小，当把模块传感器放在空气中时，湿度最低，电阻阻值最小为 0.1Ω，输出电压最高。然后根据电压模拟量大小就可以计算出相对应的湿度。

（4）pH 值传感器模块：pH 值传感器模块与土壤湿度传感器模块类似，直接输出一个电压模拟量 AO，连接 ADC0832 的 CH0 口作为 AD 转换的输入口；正负极与 ADC0832 正负极相连接；经过 AD 转换后可以得出一个比较精确的数字量，通过 ADC0832 的 DO 口输出连接单片机 P25 口；ADC0832 的使能端 CS 连接单片机 P23 口。

（5）ADC0832 模块：AD 转换就是使得连续的模拟信号转化为离散的数字信号，在设计中可以将土壤湿度模块和 pH 模块输出的模拟电压量转换为更精准的数字量。在本设计中，采用 ADC0832 来实现模数转换功能，CH0 接收模拟电压值从 DO 口输出为数字量供单片机使用。

（6）抽水电机控制模块：它和一个三极管、电容组成抽水电路。当环境参数发生变化时，当低于湿度下限时，单片机 I/O 口就会置低电平使得三极管导通。抽水电极的工作区间是从土壤湿度低于下限一直运转至土壤湿度超过上限，然后停止。

（7）蜂鸣器报警模块：当土壤湿度或者水环境 pH 值低于下限或者超过上限时，产生报警提示。蜂鸣器和一个发光二极管并联，二者在三极管导通时一起发声发亮，在三极管截止时停止工作。

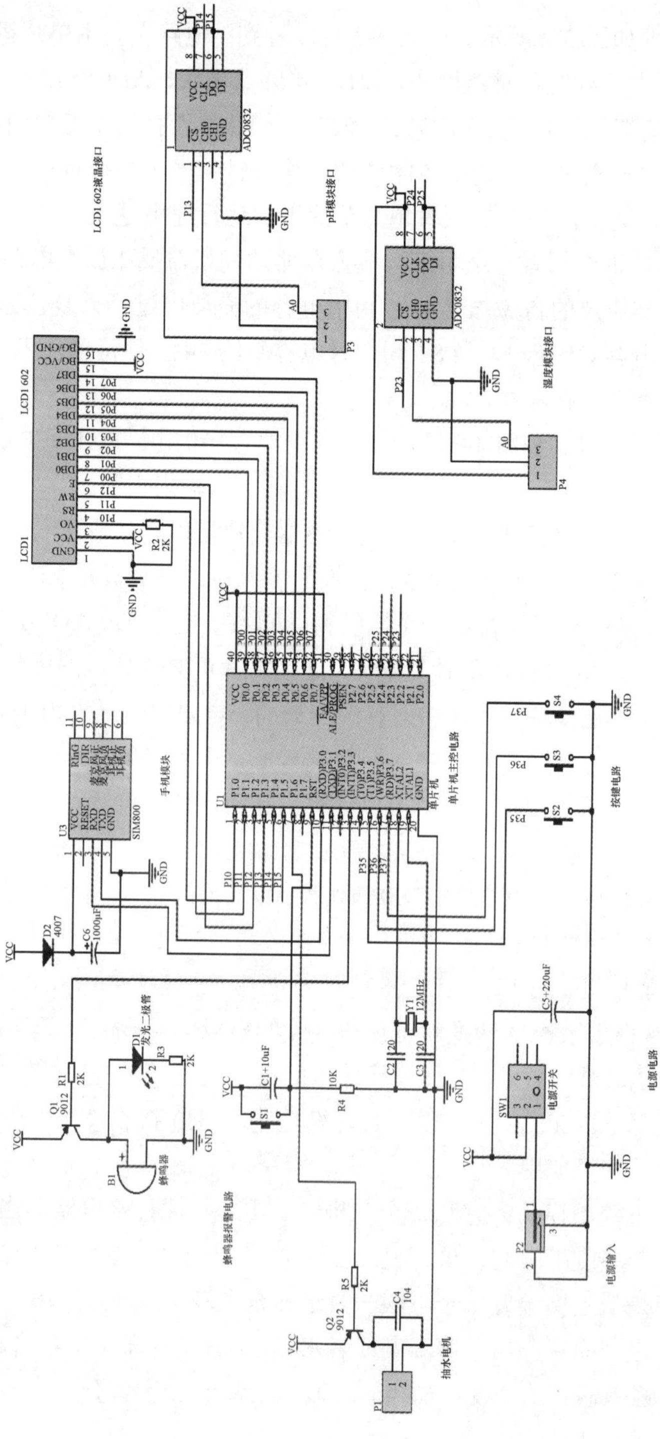
LCD1 602液晶接口
pH模块接口
湿度模块接口
ADC0832
ADC0832
LCD1 602
手机模块
SIM800
单片机主控电路
按键电路
蜂鸣器报警电路
电源电路
电源开关
电源输入
抽水电机
发光二极管
蜂鸣器
12MHz

图 3-2　系统电路原理

（8）LCD1602 液晶屏模块：LCD1602 液晶屏的 1、2 脚分别接地 GND 和电源 VCC；3 脚是一个对比度调整管脚，通过一个电阻接地；RS（数据/指令选择脚）连接单片机 P10 口；RW（读/写选择脚）连接单片机 P11 口；E（使能脚）连接单片机 P12 口；DB0~DB7（数据接口）连接单片机 P0 口；最后液晶屏的背光正负连接电源正负极。

（9）按键电路模块：设计 3 个按键来显示阈值的设置功能，每个按键都是单独的，当按下按键时，对应的单片机管脚为低电平，在显示屏上会有土壤湿度上下限和水环境 pH 值上下限的设置显示。

3.1.2　系统软件设计

系统软件程序设计共分 3 部分，第一部分为土壤湿度模块和 pH 值模块数据的收集和转换；第二部分为数据在 LCD1602 液晶屏上的显示以及上下限的设置；第三部分为当参数超过阈值时便会通过 GSM 模块发送短信至手机报警和蜂鸣器示警。系统程序流程如图 3-3 所示。

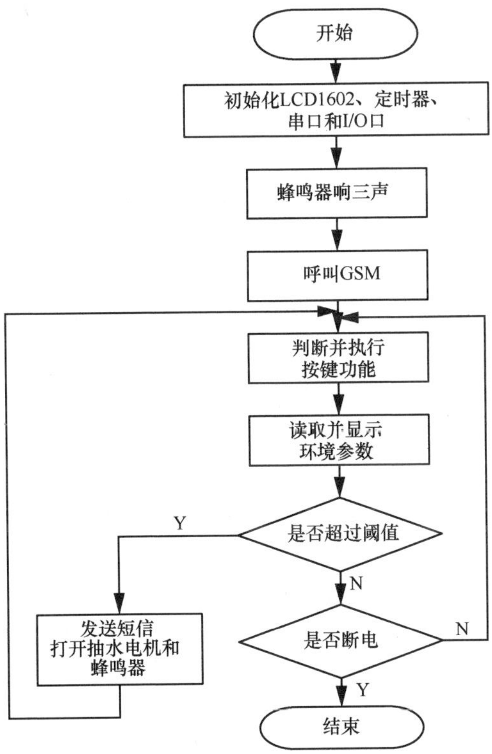

图 3-3　程序流程

（1）土壤湿度模块和 pH 值模块数据的收集和转换：ADC0832 将土壤湿度模块和 pH 值模块输出的模拟电压量转换成数字量。CS 使能端置低电平时开始进行 AD 转换，第一个脉冲置 DO 为 1 表示启动信号，第二个、第三个脉冲读入 DO 数值来选择通道类型。从第四个脉冲开始计数时写程序，否则导致转换出现问题。从 CH0 口进入的电压是 0~5V，然后经 ADC0832 转换成数字量时，需要除以 256 然后乘上相应的区间大小，土壤湿度的转换程序如下。

shidu = A_D（）；//调用 AD 转换子程序

shidu = shidu × 99 / 255；//八位 AD 转换除以 255 然后乘以想要的区间值

hidu =（100 − shidu）；//因为电压越低湿度越高，所以转换出的数字量要反过来计算。ADC0832 子程序流程如图 3-4 所示。

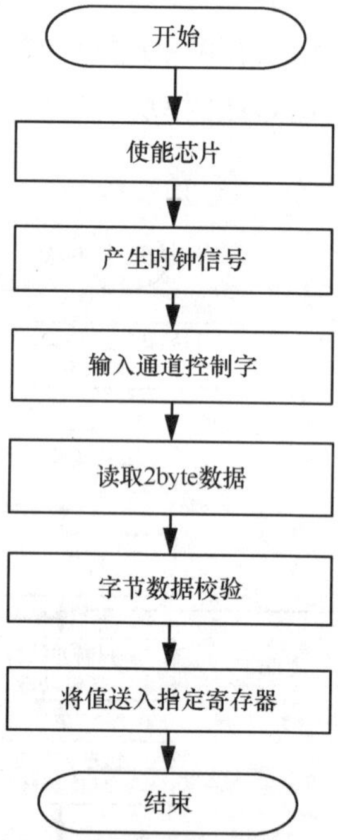

图 3-4　ADC0832 子程序流程

（2）液晶屏显示：写入时先进行初始化，然后命令的读写和数据的读写需要通过函数使数据/命令选择端、读写选择端和使能信号置高低电平实现。

LCD1602 的屏幕上可以显示两行 32 个字符，每个字符都有自己单独的地址指针对应存储空间。在每一轮 while 循环前都要进行 LCD1602 的初始化，否则循环后显示屏上相应的地址留下的数据会使显示屏出现乱码。一般来讲，LCD1602 每次进行读写操作前都必须进行“忙”（STA7 不等于 0 为“忙”，说明 LCD1602 正在进行读写操作，不能执行下条命令）信号检测，但是实际中 51 单片机的读写操作的发出没有 LCD1602 内部读写命令执行得快，当单片机开始执行下一条相关指令时，LCD1602 早已经读写结束，所以不用再判断忙信号。LCD1602 读操作的时序图如图 3-5 所示，LCD1602 写操作的时序图如图 3-6 所示。

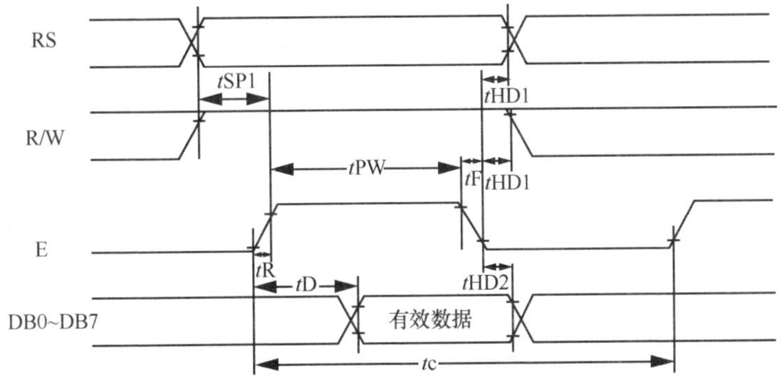

图 3-5 LCD1602 读操作时序图

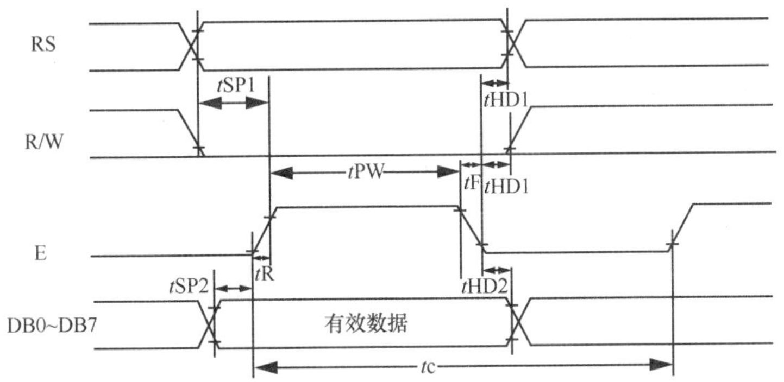

图 3-6 LCD1602 写操作时序图

（3）经过调试、测试的程序，通过 STC-ISP 软件烧录进 STC89C51RC 单片机中。

3.2 大棚空气温/湿度监控系统

大棚空气温度、湿度是影响生鲜农产品产量的最直接因素，而空气温度、湿度极易受外界天气干扰，在考虑上述因素以及农业物联网[6]三层架构，即感知层、传输层和应用层[7]的基础上，设计大棚空气温度、湿度监控系统[8]。系统采用 DHT11 型号[9]的数字式空气温度、湿度传感器对空气温度、湿度进行测量，使用 STC89C52 单片机作为整个系统[10]的主控芯片对数据进行传输、处理，运用 SIM900A 的 GSM 短信方式进行无线信息传输，采用 LCD、手机和电脑多种方式来显示温度和湿度的测量结果，通过与设定值的比对，高于或低于设定值便反馈到主机，进行温度、湿度调控，实现近程、远程双向控制的目的，达到实时监控效果。

3.2.1 系统体系设计

系统采用分区分点控制，不同的农田种植不同品种的农作物，不同品种的农作物有最适合其生长的环境。在各个试验田按设定要求均匀铺设一定比例的监控系统，每个监控区域的每个监控点可实现信息共享，但出现故障又互不干扰。监控系统能精确监测和控制该区域内的温/湿度值[11]，使其维持在设定范围之内，同时，监测的信息可通过短信功能发送到远程移动手机端，同时传送到电脑终端服务器，存储于数据中心，可进一步对检测信息进行分类、处理、存储、控制等。系统总体结构如图 3-7 所示。

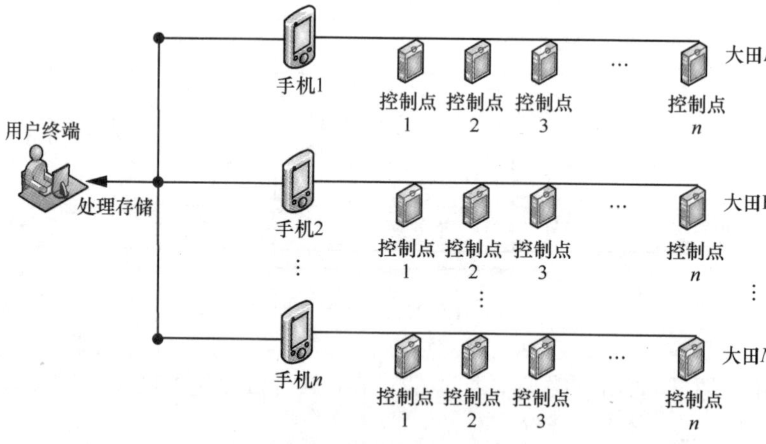

图 3-7　温/湿度监控系统总体结构

各监控点监控结构如图 3-8 所示。通过数据采集模块 DHT11 数字式温/湿度传感器采集当前环境的温/湿度值，主控芯片对这些温/湿度值[12]进行分析、处理、比较，若当前温/湿度值在预先设定的上下限之外，则将其发送到移动手机端[13]，移动手机端发送返回短信即提供相应的操控指令[14]给 GSM、单片机，从而控制对应的继电器打开或者吸合，进而控制外接模块[15]运行，调整当前温/湿度值，使其在设定范围内。

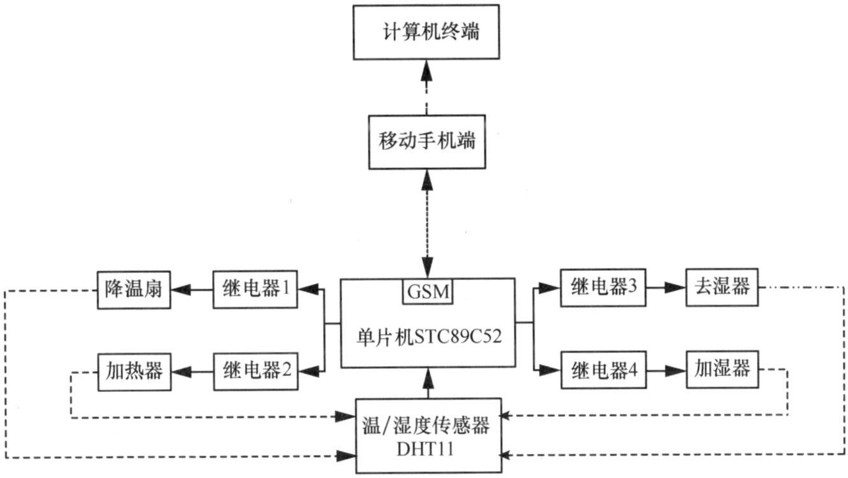

图 3-8　控制点温/湿度控制结构

3.2.2　系统硬件电路整体设计

系统电路原理如图 3-9 所示。系统电路由主控芯片 STC89C52 单片机、采集模块 DHT11 数字式温/湿度传感器、传输模块 GSM、掉电保存模块 AT24C02、显示模块、系统复位模块[16]等组成。

（1）温/湿度监控系统：以单片机 STC89C52 作为温/湿度监控系统核心，将传感器采集到的空气温/湿度等信息传输到单片机相应串口，单片机将采集到的数据自行处理、分析后通过 GSM 模块[17]传输给用户移动手机端，进而对温/湿度控制系统发出相关指令[18]。

（2）采集模块 DHT11 数字式温/湿度传感器[19]：采用 DHT11S 数字式温/湿度传感器，该传感器是一个输出数字信号的温/湿度一体的复合传感器。它应用采集技术和温/湿度传感技术，将采集到的温/湿度数据直接以数字信号的形式输出，把单片机的 P2.0 接口与传感器的 Pin2 的 DATA 接口直接相连接[20]。为适应实际所需测量范围，可以根据实际情况加一个上拉电阻，其作用是保持电路稳定，因此要在传感器的 2 口与电源之间加一个 10kΩ 的电阻 R5。传感器的电源端口 Pin1 与单片机的 VCC 正极相连，Pin4 与单片机的 GND（接地端）直接相连。传感器的第三个引脚 NC 口悬空放置，不用连接任何东西。

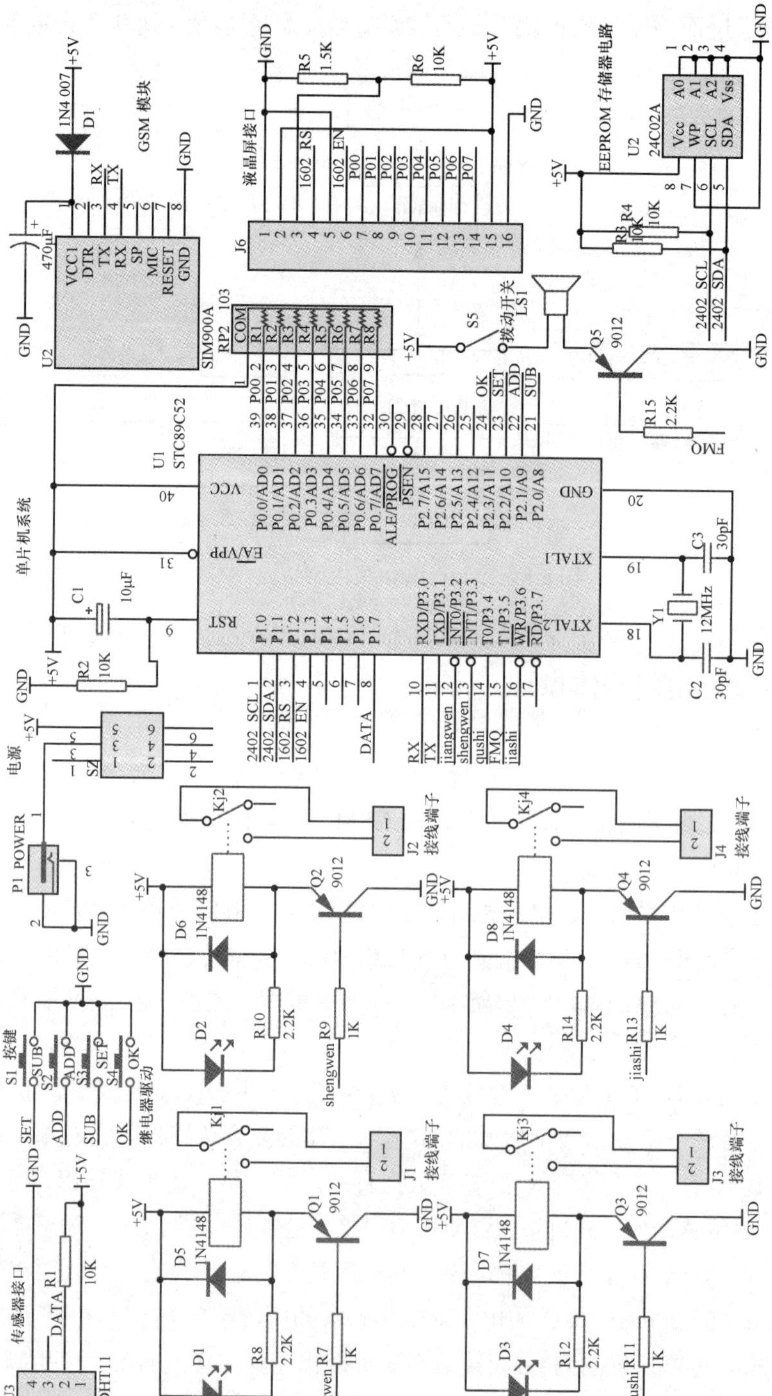

GSM 模块
SIM900A
单片机系统
STC89C52
液晶屏接口
EEPROM 存储器电路
24C02A
拨动开关
电源
P1 POWER
按键
继电器驱动
传感器接口
DHT11
接线端子
12MHz
30pF
10μF
470μF
1N4 007
1N4148
9012

图 3-9　系统电路原理

（3）无线通信传输模块 GSM：采用希姆通公司的 SIM900A 型号 GSM/GPRS 模块作为无线通信模块，它的正常工作电压为 3.4~4.5V，正常工作温度为 −30~+80℃，SIM900A 是一个双频的 GSM/GPRS 模块，工作的频段为：EGSM 900MHz 和 DCS1800MHz。内嵌 TCP/IP，通过使用标准的 AT 指令集对 SIM900A 模块进行控制，实现 UART 接口与外部 CPU 的通信，主要功能是实现远程发送及接收等。支持 SIM 卡和标准的 8 线制串行接口。把单片机与 SIM900A 的相应接口相连接，使用标准的 AT 指令对 SIM900A 进行控制，实现远程移动手机端发送短信控制指令、查看继电器状态等功能，并将相关信息传输至数据中心。终端信息技术[21]是 GSM 中唯一不需要建立端到端路径的技术。当移动台完全处于电路通信状态时，短消息的传输仍然可以顺利进行。发送短信完成代表一次通信成功。

（4）掉电保存模块 AT24C02：温/湿度上下限值存储在 EPROM 芯片 AT24C02 中，可以通过 S1～S4 的 4 个按键调节并保存，其中 S1 为设置键，S2 为温度或者湿度上限增加，S3 为温度或者湿度上限减小，S4 为温/湿度设定值保存键。

（5）显示模块：在温/湿度实时在线监控系统中，用户移动手机端时常收到系统发来的温/湿度设定范围及当前温/湿度值，为了减小误差，使所测温/湿度值更加准确，需要在系统控制端安装显示屏来显示当前所监测到的大田间的温/湿度信息。利用 LCD1602 液晶显示作为硬件电路端的数据实时显示，将采集到的温/湿度等数据及时地显示到显示屏上。在 LCD1602 屏幕上，顶行显示当前的温度和湿度，底行显示相应的冷、热、干和湿。

（6）系统复位模块：STC89C52 单片机的外部复位电路主要有上电自动复位和手动按键复位两种方式。比较常见的、简单的上电自动复位电路设计由电阻与电容直接串联而成，为了保证系统单片机能够正常准确地复位，设 t 为保持高电平时间，令 $t=RC>2M$（M 为机器周期）。手动按键复位是人为按下按键使复位引脚输入持续的高电平。通常是人为地在 RST 端和正极之间加入一个外接人工按键。该按键被按下时，VCC 的+5V 电平就会被直接加到 RST 端。

3.2.3　大棚温/湿度监控系统软件设计

1．主程序软件设计

主程序流程如图 3-10 所示。打开温/湿度监控系统，系统开始运行，首先初始化上电复位，液晶显示屏显示欢迎进入温/湿度控制系统，GSM 模块搜索信号，与此同时，温/湿度传感器 DHT11 采集当前温/湿度值，待信号稳定后显示屏上行显示当前温/湿度值，下行显示冷热干湿或者环境温/湿度适宜，随后远程移动手机端收到监控系统发来的此时显示屏显示的数据信息，工作人员看到消息后远程对继电器发出操控指令，进而控制相关外接模块调节环境温/湿度值，使之在提前设定好的温/湿度范围内，同时把数据上传数据中心。

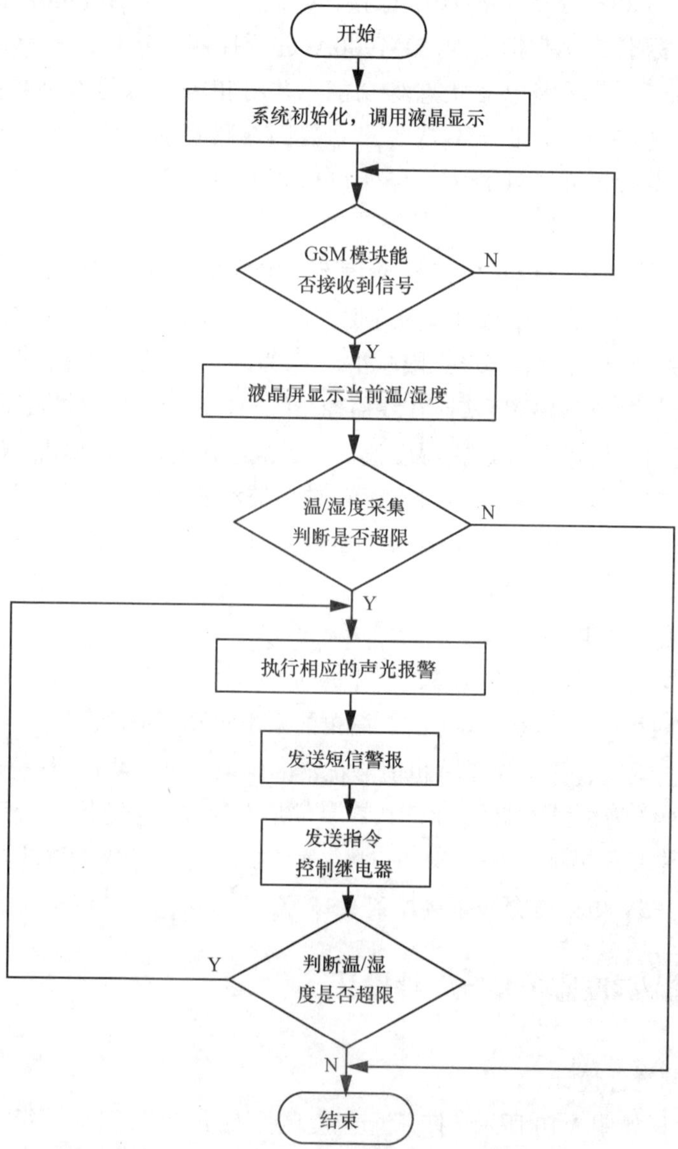

图 3-10　主程序流程

2. 数据采集模块程序设计

首先给传感器 DHT11 供电，待其初始化完成后，其收到持续的高电平，传感器检测记录信号，然后输出低电平，最后转化为数字信号输出，结束一段信号的采集，重新进入下一时段温/湿度的采集。DHT11 传感器模块程序流程如图 3-11 所示。

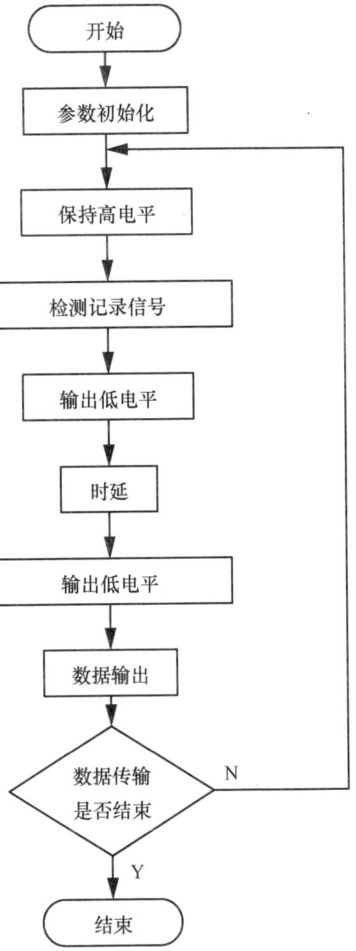

图 3-11　DHT11 传感器模块程序流程

3. 数据传输模块程序设计

数据传输模块的收发短信主要靠 GSM 模块与用户远程移动手机端来实现。发送短信程序流程如图 3-12 所示，接收短信程序流程如图 3-13 所示。

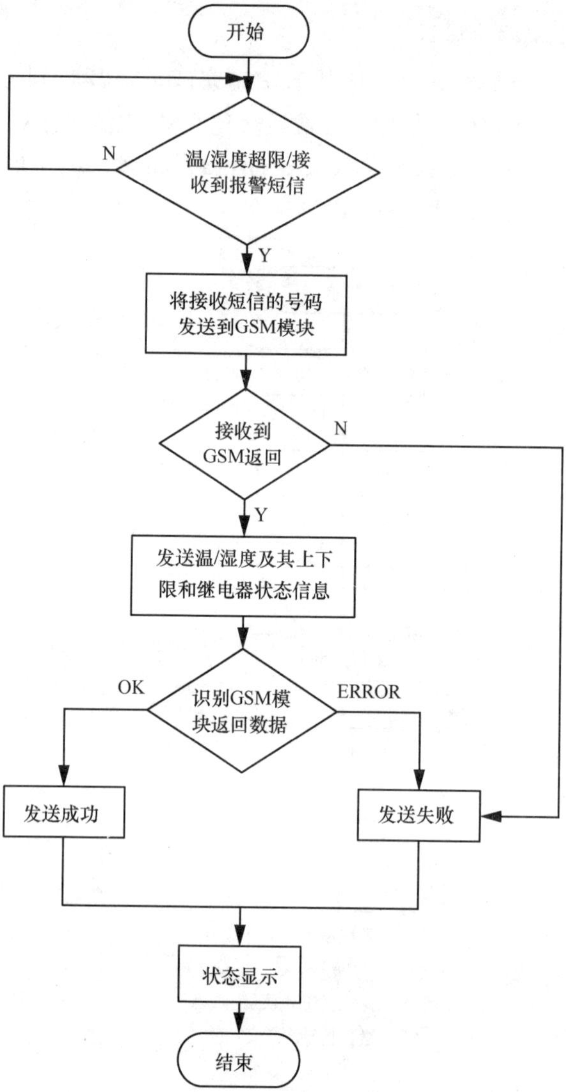

图 3-12　发送短信程序流程

GSM 模块搜索信号，指示灯 3s 闪一次，代表搜索到信号，当环境温/湿度任何一个指标在设置范围之外时，系统都会声光报警，同时系统的传输模块 GSM 会给用户的远程移动手机端发送当前环境温/湿度数据和是否适宜作物生长等信息。可通过移动手机端向系统的 GSM 模块发送继电器操控指令，并可随时查看当前环境温/湿度信息和继电器工作状态，并把相关数据传送至数据中心。

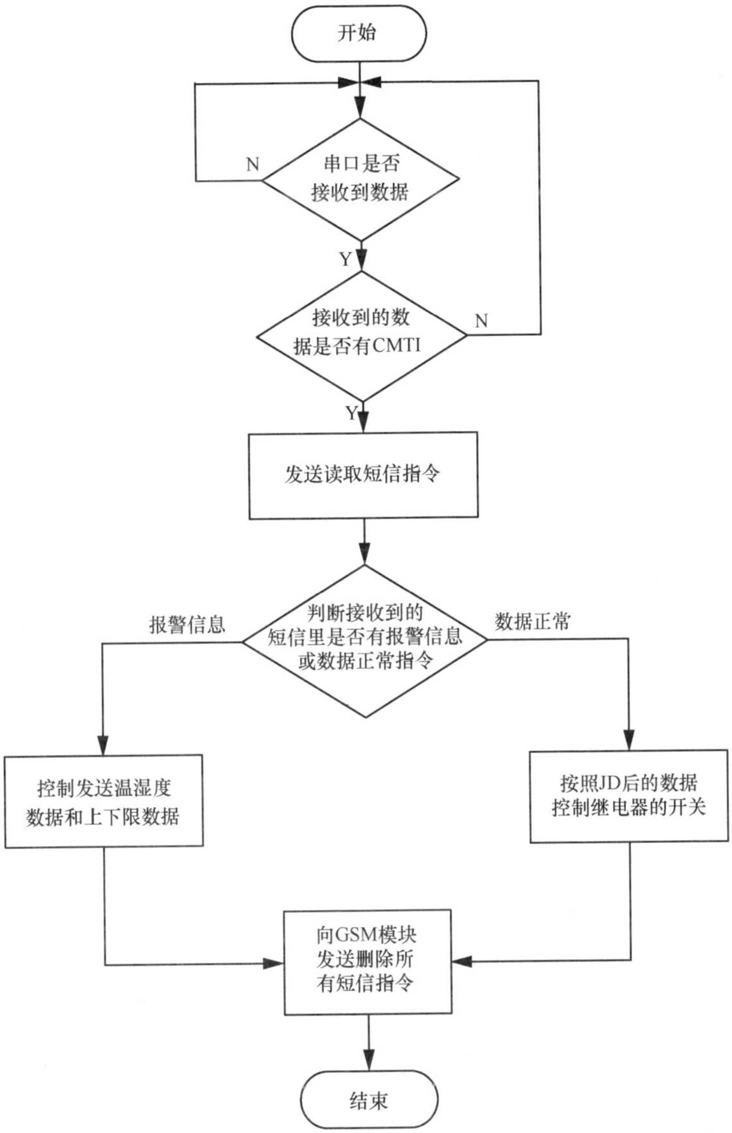

图 3-13　接收短信程序流程

4．数据显示模块程序设计

数据显示模块流程如图 3-14 所示。

首先初始化所有模块。由于系统的显示模块使用的液晶显示器是慢速显示设备，因此需要时延，在程序中设置第一行显示位置，显示上一行内容，设置显示位置的第二行，显示第二行内容。在执行对应的命令前要确认模块的电平高低位置，在执行对应的命令之前，要看忙标志位是高电平还是低电平，在对应位置显示设定字符，首先设定对应字符的地址，再指引模块设定字符的位置。

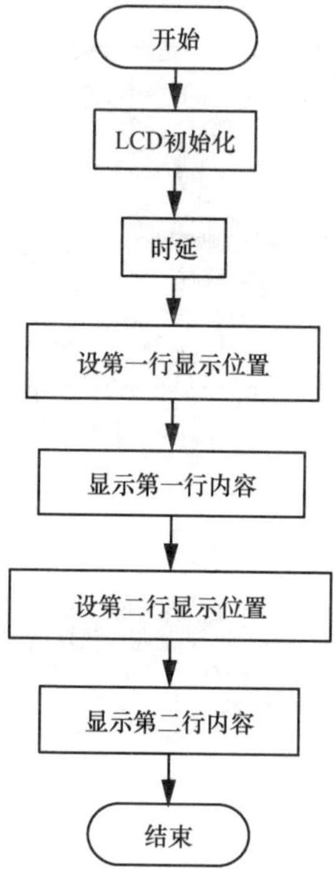

图 3-14　数据显示模块程序流程

3.2.4　大棚温/湿度监控系统测试

温/湿度监控系统主要测试在各种极端环境下各个时间点的工作状态，检验系统的各项性能指标，如稳定性、准确度、测量精度等。

1．系统的各项性能测试

把温/湿度监控系统置于生鲜农作物大田，给监控系统设置每 0.5h 进行一次数据提取，将实时采集到的温/湿度数据发送到用户端。后期把这些数据上传至电脑端进行筛选、汇总、存储罗列成表并生成相应的曲线图，提取到的温/湿度数据见表 3-1，对应的温/湿度变化曲线如图 3-15 所示。由表 3-1 和图 3-15 可以看出：该温/湿度监控系统可以在外界特定环境下较好地稳定运行并且能实时地、比较准确地测出当前环境的温/湿度值。

表 3-1 温/湿度监控数据

序号	时间	空气温度/℃	空气湿度
1	9:00:00	17	69%
2	9:30:00	17	63%
3	10:00:00	18	62%
4	10:30:00	18	61%
5	11:00:00	18	59%
6	11:30:00	19	58%
7	12:00:00	19	57%
8	12:30:00	20	55%
9	13:00:00	20	53%
10	13:30:00	20	50%
11	14:00:00	23	47%
12	14:30:00	22	46%
13	15:00:00	22	46%
14	15:30:00	21	47%
15	16:00:00	21	49%
16	16:30:00	20	49%
17	17:00:00	20	51%
18	17:30:00	20	51%
19	18:00:00	19	53%
20	18:30:00	19	56%
21	19:00:00	19	57%
22	19:30:00	18	59%
23	20:00:00	18	62%
24	20:30:00	18	67%
25	21:00:00	17	68%

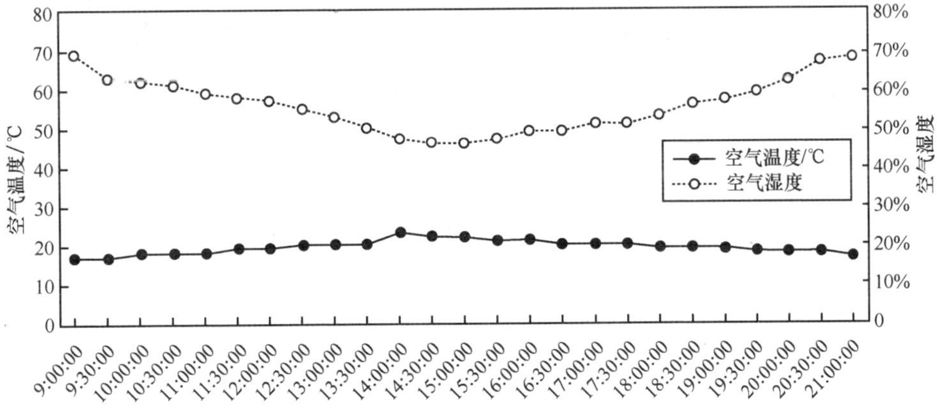

图 3-15 温/湿度变化曲线

2. 系统的准确度测试

把两套温/湿度监测系统同时放置于同一环境下，对同一时间段内的温/湿度进行监测，记录这些数据并筛选汇总，为保证数据准确可靠，取 3 组连续的温度、湿度值的平均值为最终数据，最后将二者监测的温/湿度数据进行对比，结果见表 3-2、表 3-3，监测到的空气温度相对误差均小于 3%，空气湿度相对误差平均小于 3%。以上误差能满足实际需求，该监控系统准确度达标。

表 3-2 空气温度监控数据

序号	系统监控值/℃	精确仪器测量值/℃	相对误差
1	21	20.7	1.45%
2	20	20.3	1.48%
3	21	20.8	0.96%
4	22	20.9	5.26%
5	20	18.7	6.95%
6	19	19.0	0

表 3-3 空气湿度监控数据

序号	系统监控值	精确仪器测量值	相对误差
1	49%	49%	1.43%
2	51%	52%	1.50%
3	48%	47%	0.95%
4	47%	47%	5.00%
5	52%	52%	6.50%
6	50%	48%	0

3. 系统的极端环境下温/湿度测试

由于田间环境受天气影响，复杂多变，一年中春夏秋冬四季温/湿度差别比较大，测试系统在极端环境下的运行效果，首先模拟冰冻环境，其次模拟高温环境，监测数据见表 3-4，监测数据显示两种环境下系统均能正常工作，通过实验验证：温/湿度监控系统能在高温、低温、潮湿、干燥的环境下正常工作，系统准确可靠。

表 3-4 极端环境温/湿度监测数据

环境状态	数据编号	空气温度/℃	空气湿度
低温环境	1	−13	17%
	2	−10	10%
	3	−7	14%
	4	−5	18%
	5	−3	25%
	6	0	22%

（续表）

环境状态	数据编号	空气温度/℃	空气湿度
高温环境	7	28	53%
	8	30	54%
	9	35	53%
	10	40	57%
	11	45	61%
	12	50	63%

3.3　大棚 CO_2 浓度、光照强度实时监控系统

基于农业物联网的 CO_2（二氧化碳）浓度、光照强度实时监控系统，即在温室大田环境的监控系统中，使用物联网的二氧化碳传感器、光照传感器等不同传感器监测温室环境中的二氧化碳浓度、光照强度等物理参数，通过显示屏来显示采集到的实时数据，并通过变动参数，进行自动控制，保证农作物有一个适宜的生长环境[22]。通过远程控制功能，将数据传送至数据中心。系统采用无线网络实现温室环境监测控制，使得农作物生长达到最佳条件，进一步提高温室大棚农产品的产量和质量[23]。

3.3.1　系统整体设计

为了保证系统的实用性、可靠性和安全性，系统应达到以下要求。

（1）系统可以实时检测和通过设备显示二氧化碳浓度和光照强度。

（2）系统具有报警阈值的手动设置，通过按键进入设置模式，实现两个参数的上下限设定，阈值可以通过单片机官方提供的 EEPROM 存储，实现断电保存。

（3）系统可以通过 GSM 无线模块从手机端或者电脑端查看检测的实时数据，并传送至数据中心[24]。

（4）系统具有报警和远程控制功能。通过 GSM 模块与手机连接，一旦检测到数据偏离设定范围，及时给手机发送报警短信，手机通过回复相对指令来控制继电器，开启相应外接设备调整温室大田环境参数。

采用物联网技术和传感器技术来实现对温室大田田间环境的监控。监控系统

通过对田间环境数据进行采集、处理、传输，实现了二氧化碳浓度、光照强度数据的实时采集、无线传输和温室环境控制[25]。采用模块化设计，整个系统由单片机模块、二氧化碳采集模块、光照采集模块、按键模块、电源模块、显示模块、报警模块、GSM 通信模块、继电器控制模块等部分组成，系统的整体结构如图 3-16 所示。

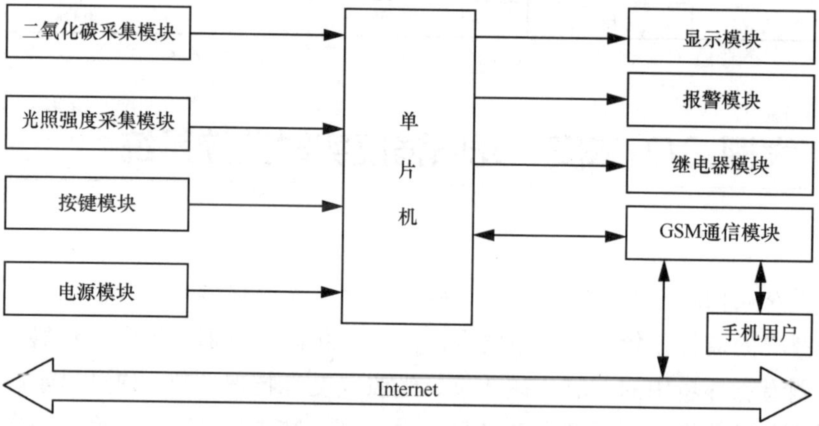

图 3-16　系统的整体结构

系统工作原理：使用两种不同的传感器进行检测，通过 LCD1602 液晶显示屏显示当前的温室环境检测数据，之后将采集到的信号传送至单片机，在单片机内部和设定的参数上下数值进行比较，在检测到采集到的数据不在正常范围内时，系统通过 GSM 模块给手机终端发送报警短信，同时手机在接收报警短信后根据实时的报警情况给 GSM 模块回复指令来调整温室的环境参数。并将数据实时传送至数据中心。SIM900A 模块负责发送和接收短信，同时如果用户想要查看温室大田的实时数据，可以通过手机给 GSM 模块发送查询短信。系统采用继电器模拟驱动负载，因此无论是二氧化碳浓度还是光照强度超出范围，继电器均可以通过远程指令打开驱动负载工作，及时启用补光、遮光系统和卷帘、降帘系统，有效地调整温室大田内的环境参数[26]，以此来满足温室生鲜农产品的生长要求。

3.3.2　系统硬件设计

系统电路原理如图 3-17 所示，系统电路由单片机模块、传感器模块、显示模块、无线通信模块、继电器控制模块、声光报警模块、按键模块组成。

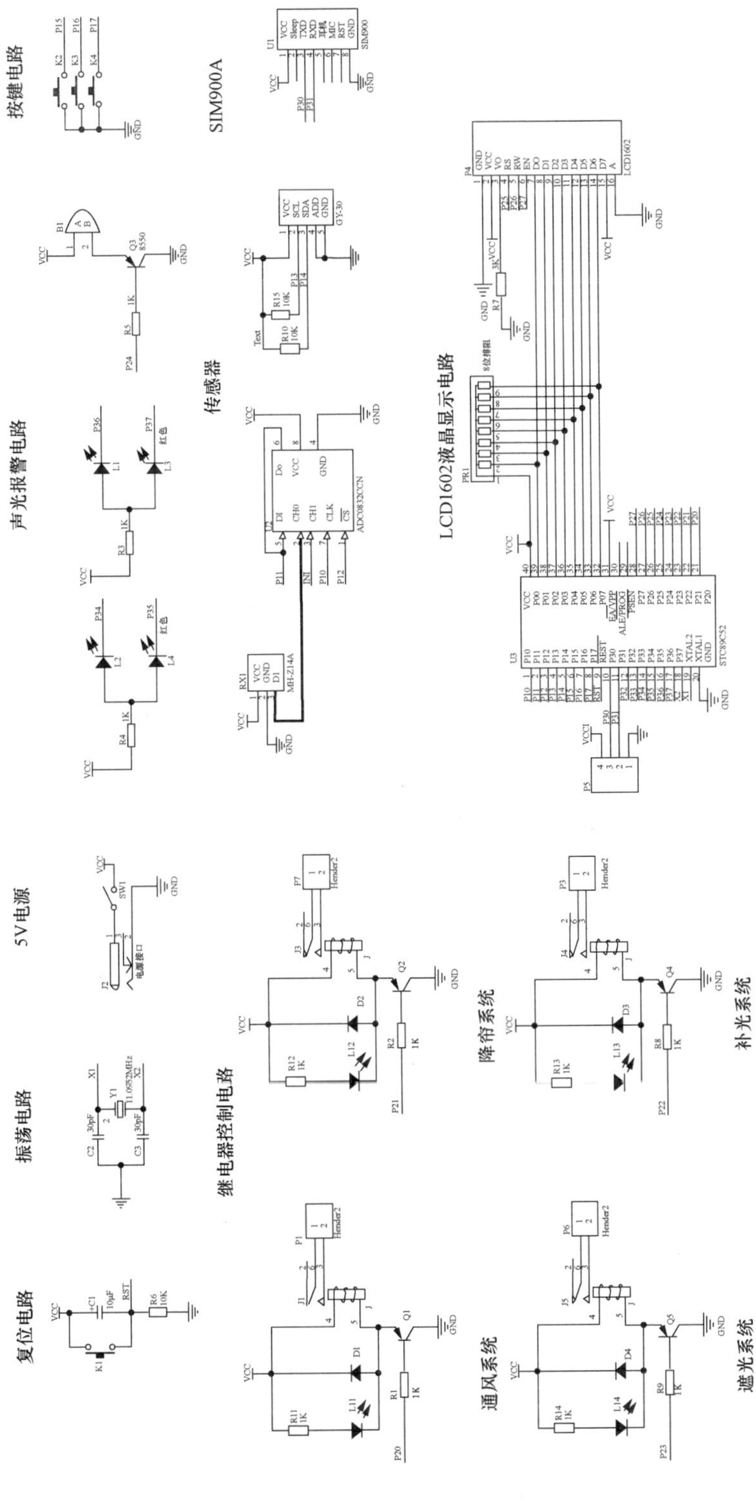
按键电路
SIM900A
声光报警电路
传感器
LCD1602液晶显示电路
5V电源
振荡电路
继电器控制电路
复位电路
降帘系统
补光系统
通风系统
遮光系统

图 3-17　系统电路原理

（1）单片机模块：由单片机、振荡电路、复位电路和电源电路 4 个部分组成，复位电路通过 RST 引脚引入。电源给各个部分器件的正常运行提供电压，采用 5V 电源，由图 3-17 可知，2、3 脚连接的是地线（GND），1 脚连接的是电源端（VCC），而且还连接一个蓝色的自锁开关，自锁开关的一个脚连接的是电源端。

（2）传感器模块：二氧化碳传感器与 ADC0832CCN 芯片相连接，因为二氧化碳 MH-Z14A 传感器输出的是电压值，数据无法直接被单片机读取，所以将 MH-Z14A 的 DI（数据信号输入）和 AD 模数转换的 CH0 模拟输入通道连接，将接收到的电压值转换成数值，再通过和单片机 I/O 端口的连接，完成二氧化碳传感器所测数据的传输；光强度传感器采用 GY-30 数字光强传感器，它在芯片方面采用 ROHM 原装 BH1750FVI 芯片，内置 16bit AD 转换器直接输出数字，不需要经过复杂的计算过程，在一定程度上减轻了在设计过程的工作量。而且此光照传感器对光源的依赖性不强，而且有总线接口，适合（f/s）模式，受红外线的影响是很小的。将 GY-30 的一对引脚 SDA 和 SCL 即双串行数据口加上了两个 10kΩ 的上拉电阻，可保证数据正常传输，ADDR 引脚分别连接高电平和低电平表示给芯片提供不同的地址，将其接地。将单片机的 P1.3 和 P1.4 两个端口和两个串行口连接进行数据传输[27]。

（3）显示模块：显示屏采用 LCD1602，将单片机的 P0 口作为数据信息写入口，显示屏的 3 个操作位 RS、R/W 和 EN 由单片机的端口对其进行操作，控制显示屏显示，其分别与单片机的 P2.5、P2.6、P2.7 端口直接连接，显示屏的 V0 脚接地为对比度调节端口，对其接 3kΩ 的电阻接地。

（4）无线通信模块：采用 SIM900A 模块，它是一个具备两频的 GSM/GPRS 模块，主要通过串口与单片机进行连接，从而实现单片机对 SIM900A 模块的控制。TXD 数据发送信号线用于向单片机发送数据，其与单片机的 P3.0 相连，RXD 数据信号线用于接收来自单片机的数据，其与单片机的 P3.1 相连，进而实现 GSM 模块和单片机之间的通信。

（5）继电器控制模块：选择电磁继电器，在参数超过正常范围时继电器开始工作，当温室二氧化碳过高时，启动一号继电器，打开通风系统，总共有 4 种不正常情况，用 4 个继电器分别控制通风系统（降低二氧化碳浓度）、降帘系统（增加二氧化碳浓度）、遮光系统和补光系统，当系统接收到手机终端发过来的控制指令时，相对应的继电器自行打开，在参数恢复到正常范围时，继电器控制的电路自动关闭。

（6）声光报警模块：当检测到温室二氧化碳浓度和光照强度不在设定范围时，发出报警信息。设计两种报警方式：一是通过 GSM 短消息的方式向手机终端发送报警短信，也就是二氧化碳浓度和光照强度无论哪个参数不在设定的范围内都会发送相应的报警短信。比如二氧化碳浓度过高，系统就会通过 GSM 短消息模块向手机终端发送“二氧化碳浓度过高”的短消息提示，依次类推，二氧化碳浓度过低，光照强度过高、过低都会发出相对应的短信通知；另一种是声光报警，当系统检测到的数据不符合要求时，蜂鸣器发出声响提醒温室大棚用户不正常情况的出现，通过 8550 三极管来驱动蜂鸣器，有 4 个红色 LED 灯分别对应二氧化碳浓度过高、二氧化碳浓度过低、光照强度过高、光照强度过低 4 种异常情况，当系统检测到数据在要求范围之内时，蜂鸣器和红色 LED 灯都不工作。

（7）按键模块：设计 K2、K3、K4 共 3 个按键式开关。3 个按键在电路中一端与单片机的端口连接，另一端接地。设 K2 为参数设置键，K3 为参数增加键，K4 为参数减少键。当按下 K2 按键时，进入二氧化碳浓度和光照强度数值的设置，按下 K3、K4 按键，改变两个参数的上下值。

3.3.3　系统软件设计

系统首先进行初始化，之后通过软件或者硬件按键来设置温室大田二氧化碳和光照强度的阈值，然后开始读取 AD 数据，之后将采集到的 AD 数据转换为 CO_2 浓度数据，再读取实时的光照强度数据，然后把两者采集的数据显示到 LCD1602 显示屏上。并进入判断过程，先判断二氧化碳浓度是否超过阈值，如果超过就执行二氧化碳浓度声光和 GSM 报警，接着继续判断光照强度数据是否超过阈值，超过则进行光照超过阈值声光和 GSM 报警[28]。用户在接收到报警短信后，通过移动设备给系统发送控制命令，打开相应继电器，进而控制设备调节温室环境的二氧化碳浓度和光照强度，即打开通风系统、降帘系统、补光系统和遮光系统来调控温室环境的二氧化碳浓度和光照强度，主程序流程如图 3-18 所示。

1．显示屏模块设计

使用 LCD1602 液晶显示屏，显示二氧化碳浓度和光照强度的实时检测数据。当系统刚开始通电时，显示屏显示 init 进行初始化，当初始化完成后，向 LCD1602 显示屏中送入要显示的地址来获取要显示的数据，在经过数据处理之后，送入要显示的数据，流程如图 3-19 所示。

2．按键设计

普通的按键一般采取延时消抖或者松手检测，这比较浪费时间，因为延时消抖需要占用时间，松手检测容易死循环。为了克服上述缺点，本设计中按键采用标志位方法，按键程序流程如图 3-20 所示。

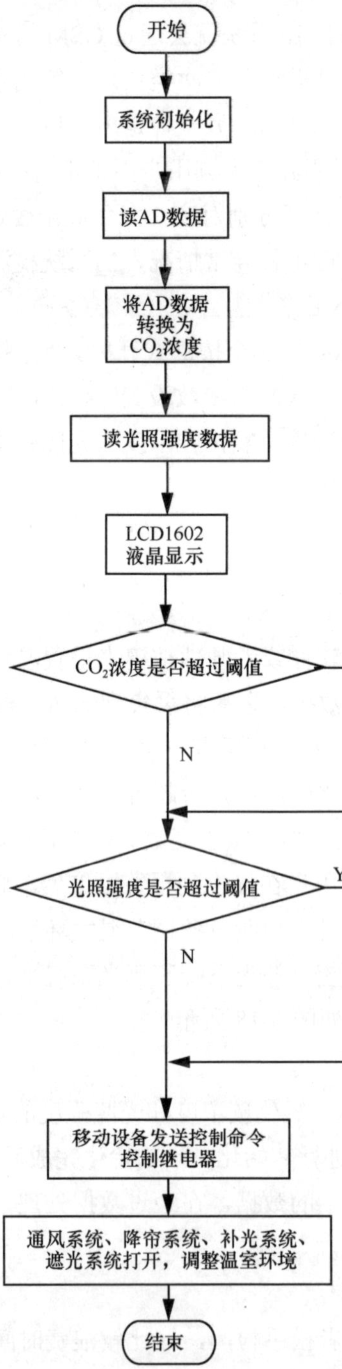
开始
系统初始化
读AD数据
将AD数据
转换为
CO_2浓度
读光照强度数据
LCD1602
液晶显示
CO_2浓度是否超过阈值
Y
CO_2浓度超过阈值
声光报警GSM
短信报警
N
光照强度是否超过阈值
Y
光照强度超过阈值
声光报警GSM
短信报警
N
移动设备发送控制命令
控制继电器
通风系统、降帘系统、补光系统、
遮光系统打开，调整温室环境
结束

图 3-18　主程序流程

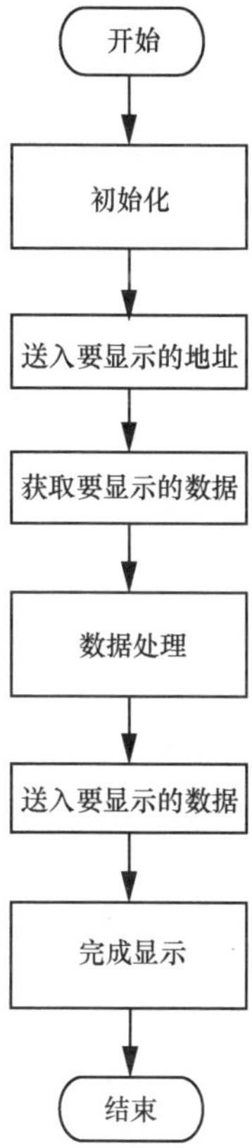

图 3-19　显示程序流程

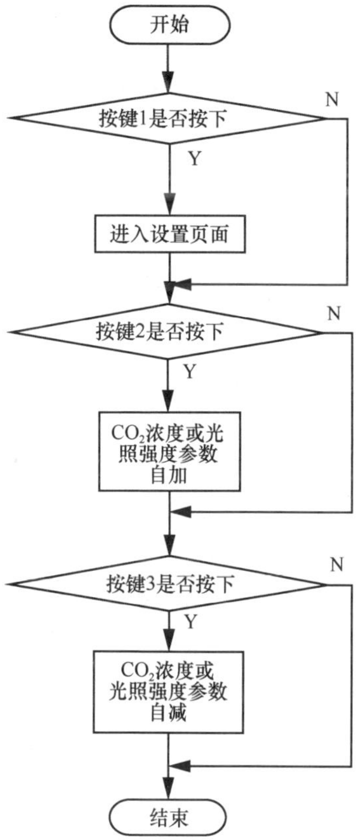

图 3-20　按键程序流程

按下键 1，系统进入对二氧化碳浓度和光照强度参数的设置页面；然后判断按键 2 是否按下，当按键 2 按下时进入相应内容自加；判断按键 3 是否按下，按键 3 按下时，相应内容进行自减，程序结束。

3.4　生鲜农产品水肥监控系统

3.4.1　水肥监控系统总体设计

大量施肥不但会造成土壤污染，而且浪费种植成本，灌溉方法不科学也会造成水资源浪费，通过对农作物的土壤湿度和土壤电导率的实时监控，通过远程通信模块可进一步对系统进行远程控制，达到对农作物水肥进行合理监控的效果[29-30]。系统结构如图 3-21 所示。

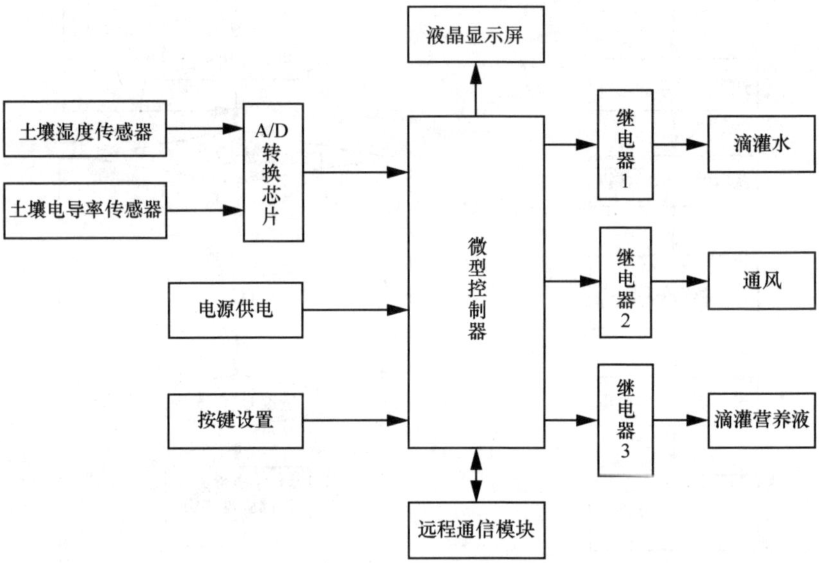

图 3-21　水肥监控系统结构

系统功能如下。

（1）通过 YL-69 土壤湿度传感器和 EC10 土壤电导率传感器采集农产品生长土壤环境的湿度值和电导率值，通过 ADC0832 转换器将模拟信号转化为数字量传送给 STC89C52RC 单片机。

（2）利用 OLED 液晶显示屏显示采集到的土壤湿度值、土壤电导率值和 4 个按键设置的期望值；按键 1 和按键 2 用来设置土壤湿度的期望值，按键 1 为加，按键 2 为减，按键 3 和按键 4 用来设置土壤电导率期望值，按键 3 为加，按键 4 为减。

（3）当土壤湿度值和土壤电导率值偏离设定值时，在单片机的控制下，GSM 模块给用户发送报警短信，用户手机收到报警短信后，通过发出短信指令控制 3 个继电器的开启和闭合。

（4）设计 3 个继电器。第一个继电器控制水泵 1（水灌溉），第二个继电器控制小风扇（通风设备），第三个继电器控制水泵 2（营养液滴灌）。当土壤湿度和电导率值正常时，继电器电路自动关闭，也可通过发送指令短信提前关闭继电器电路。

3.4.2 水肥监控系统硬件设计

根据系统总体设计结构，系统由 STC89C52RC 单片机[31]、ADC0832 转换器、YL-69 土壤湿度传感器、EC10 土壤电导率传感器、OLED12864 液晶显示屏、GSM 远程通信模块、按键模块、电源指示灯、继电器组成[32]。电路原理如图 3-22 所示。

根据农作物生长所需要的土壤湿度值和土壤电导率值，用土壤湿度传感器和土壤电导率传感器检测土壤湿度和电导率，把传感器采集到的模拟量通过 AD 转换变为数字量，然后通过 OLED 显示出来。将采集到的土壤湿度、电导率值和设定值进行比较，通过移动通信 GSM 模块远程控制系统[33]。手机收到短信，并通过发送指令短信进行控制。本设计使用继电器来控制设备，实现了水肥一体化自动控制。

（1）单片机最小系统：STC89C52RC 单片机最小系统是由各引脚、时钟电路和复位电路共同组成的一个微型控制器，单片机的 I/O 口主要用来驱动 1.3 英寸（1 英寸=2.54cm）OLED12864 液晶显示器、LED、独立按键、AD 转换芯片 ADC0832 和串口通信等，I/O 口的使用分布见表 3-5。

表 3-5 单片机 I/O 使用分布

STC89C52RC 单片机 I/O 接口	用法
P0.0~0.3	Key1~4 4 个设定值按键
P0.6	OLED12864 液晶显示屏的 SCL 端口
P0.7	OLED12864 液晶显示屏的 SDA 端口
P2.3~2.0	4 个继电器驱动电路 delay1~4 4 个接口
P1.0	ADC0832 转换器的 CS 端口
P1.1	ADC0832 转换器的 CLK 端口
P1.2	ADC0832 转换器的 dido 端口
P3.0	SIM800C GSM 远程通信模块 RXD 端口
P3.1	SIM800C GSM 远程通信模块 TXD 端口

（2）土壤湿度检测模块：YL-69 是常用的土壤湿度检测传感器，当土壤湿度发生变化时，传感器电路中的湿度敏感电容所在的环境也随之发生变化[34]，其电容值也将发生改变，土壤湿度值和电容值成正比。传感器采集到的数据是模拟量，湿度传感器与 A/D 转换芯片的 CH0 引脚相连接[35]，共同连接电源和接地，将采集到的模拟量转换为数字量，并将数字信息发送到单片机。

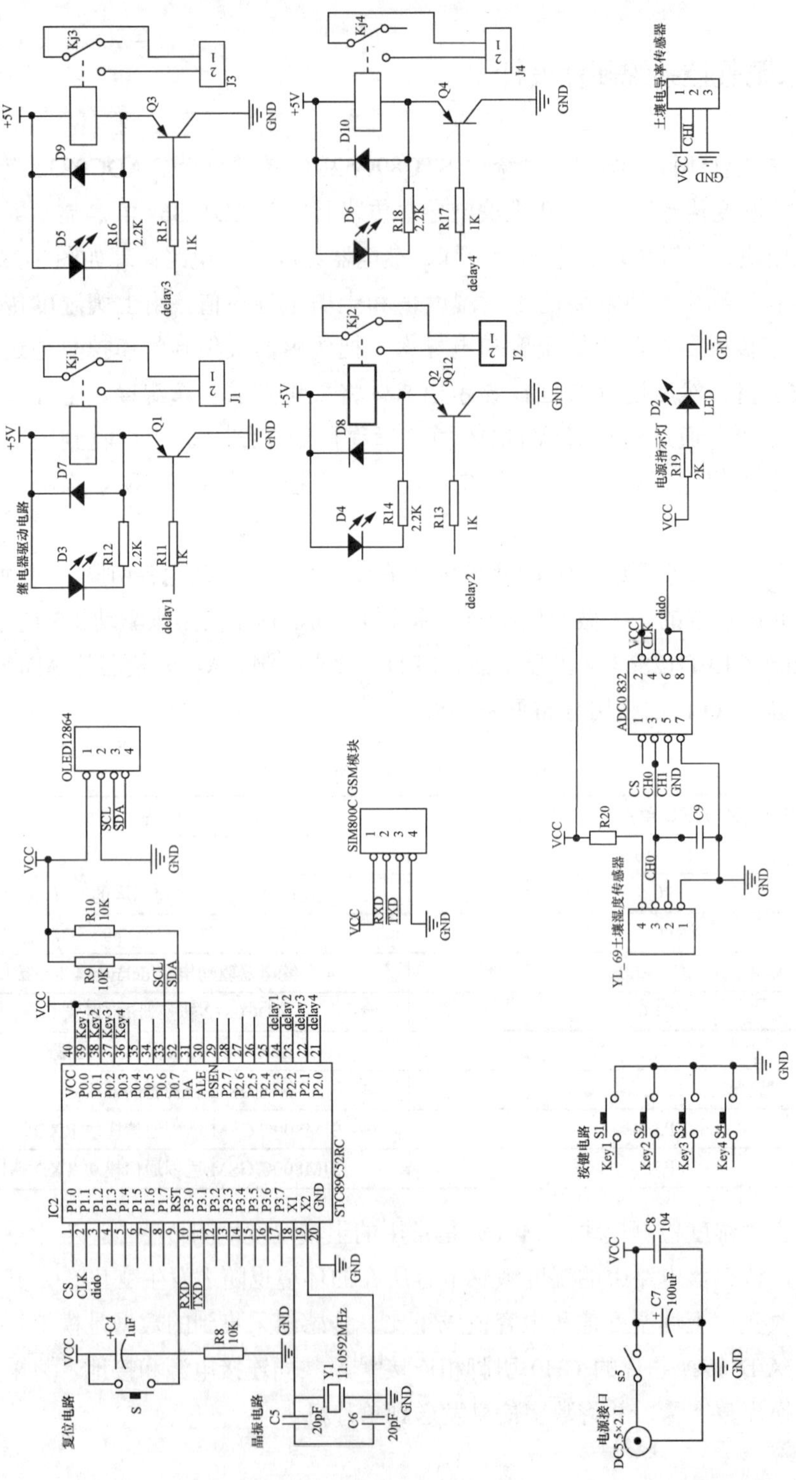

图 3-22 水肥监控系统电路原理

（3）土壤电导率检测模块：和土壤湿度一样，土壤中营养液的浓度也对农作物生长有很大的影响，在一定的浓度范围内，电导率随着营养液浓度的升高而升高、降低而降低。EC10 土壤电导率传感器与 A/D 转换芯片的 CH1 引脚相连，然后接通电源电压，并进行接地处理[36]。

（4）远程无线通信模块：选用 SIM800C 型号 GSM 模块作为无线通信芯片，SIM800C 可以支持四频 GSM。它的内部嵌有 TCP/IP，可以通过使用标准的 AT 指令集对 SIM800C 模块进行控制。插入手机卡并绑定用户手机号以后，可以实现远程的收发短信功能，并将数据传送至数据中心。

（5）按键模块：系统设计的 4 个按键可以通过连接单片机的 I/O 端口直接进行驱动[37]。按键的一端接单片机，另外一端接地。最小控制系统在初始化时，I/O 口为高电平，当 I/O 口的电平状态转变为低电平时代表按键已经按下。控制按键为 4 个：S1～S4，S1 和 S2 控制土壤湿度值，S3 和 S4 控制土壤电导率值，各个按键的功能分别为：S1，土壤湿度值增加；S2，土壤湿度值减小；S3，土壤电导率值加；S4，土壤电导率减小。

（6）继电器驱动模块：采用继电器连接硬件控制和单片机。系统采用 3 个电磁继电器，第一个继电器控制水泵 1（水灌溉），第二个继电器控制小风扇（通风设备），第三个继电器控制水泵 2（营养液滴灌）。

3.4.3 水肥监控系统软件设计

水肥监控系统流程如图 3-23 所示。打开系统供电开关后系统开始工作，液晶显示屏初始化，单片机进行上电复位，GSM 模块读取 SIM 卡。通过按键设置土壤湿度和电导率的正常值，并在显示屏显示出来。将传感器测得的数据和期望值进行比较，数据不正常的情况下通过远程通信模块向用户手机发送报警短信，用户通过发送控制指令利用继电器实现对外部设备的控制[38-44]。

（1）转换器 ADC0832 子程序：系统通电启动完成初始化工作后，ADC0832 转换器启动，完成 AD 转换通道的选择，然后读取 AD 值，通过 AD 转换公式把得到的电压值变换成湿度值显示在 OLED 屏幕上。程序流程如图 3-24 所示。

（2）GSM 模块子程序：系统开始工作后 GSM 读取到 SIM 卡后开始工作，AT 指令开始运行[45]。首先设置短信格式之后延时 50ms，设置短信语言延时 50ms，再编辑短信内容并发送到设定手机号中延时 50ms。GSM 模块生成报警短信，发送成功后结束，并将数据传送至数据中心[46]。程序流程如图 3-25 所示。

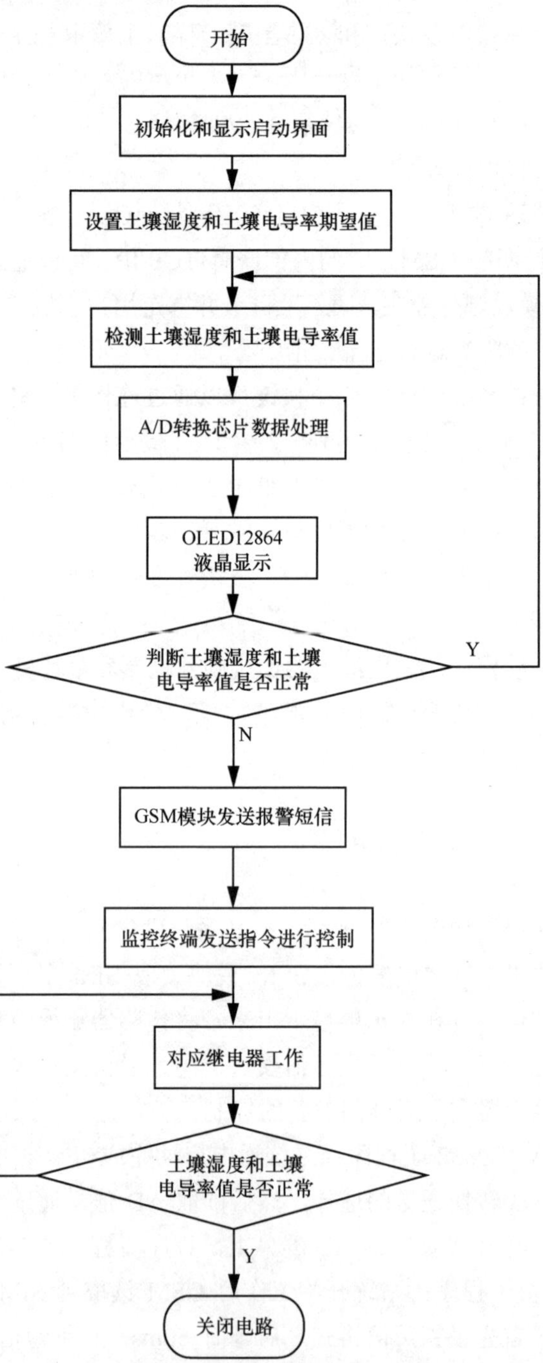

图 3-23　水肥监控系统程序流程

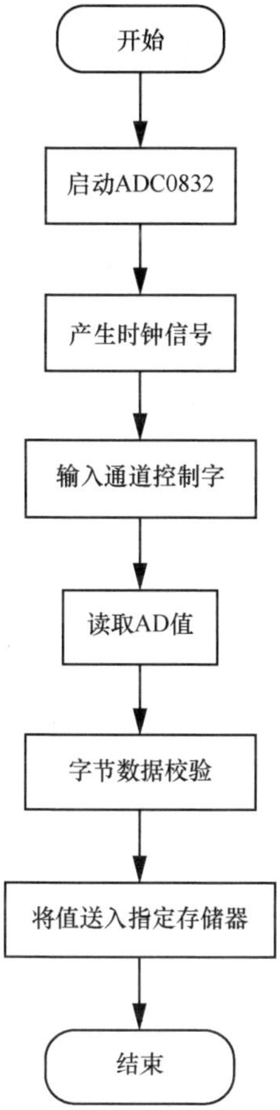

图 3-24　数据转换模块流程

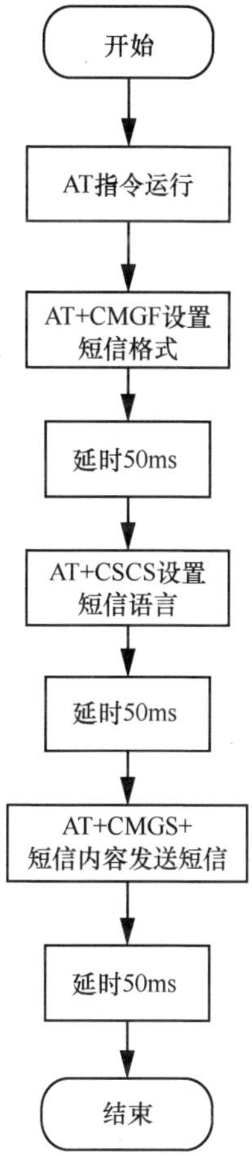

图 3-25　短信发送流程

3.5　大田农作物生长形态监控系统

农作物监测是数字化农业的一项基础工作，可以方便监测农作物生长状况，及时采取措施，有效提高农作物产量[47]。监测系统可实现远程实时监控农作物，并且可以查看监控视频录像和保存监控录像，在监控中心或异地互联网[48]上即可随时看到农作物的生长情况及生长环境情况，可实时有效地查询历史视频数据，以便对比分析农作物生长情况，为以后的大田农作物种植存储经验[49-52]。

农作物生长状况监测系统通过图像采集和无线传输技术，利用 PC 上位机显示采集到的图像[53]。硬件系统以 PIC 单片机为核心，由摄像头、Wi-Fi 模块、继电器、存储器以及相关外围电路构成，利用上位机界面进行显示，从而实现图像数据的采集传输和存储显示，通过摄像头采集到的视频图像连接到 ARM 主系统上，然后通过主系统的 Wi-Fi 无线模块发送到 PC 上位机监控界面进行显示、监控。

3.5.1 大田农作物生长形态监控系统硬件设计

基于单片机的监控系统对大田农作物生长状况进行监控，实时在线收集大田农作物的图像信息[54]。以 STM32 单片机为核心处理器，通过 OV2640 摄像头进行图像采集，利用 Wi-Fi 无线通信进行图像传输，并将图像信息存储于数据中心[55]。

系统的原理如图 3-26 所示，单片机通过 SCCB 总线配置摄像头分辨率、色彩等参数，通过并口读取数据存储在内存里，当传输数据 0XFF 0XD9 时，代表一张图片结束，并通过串口发送到 Wi-Fi，Wi-Fi 把数据通过 TCP 发送到数据中心。

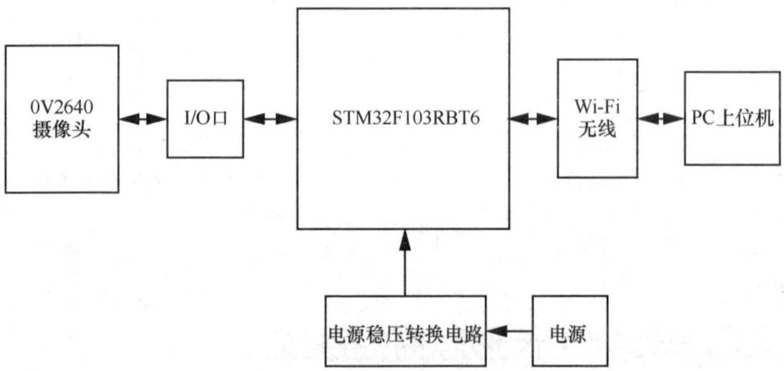

图 3-26　系统原理

电路原理接线图如图 3-27 所示，电路板上的程序下载端口通过 USB 接口转 TTL 模块，利用 Flymcu 单片机编程软件，把程序代码烧录其中，可实现编写程序代码的功能。接上电源就可以看到各个模块的指示灯都亮了，把下位机通过无线 Wi-Fi 模块建立通信，通过上位机显示[56]，实现数据采集、数据传输、数据存储以及处理功能[57-62]。

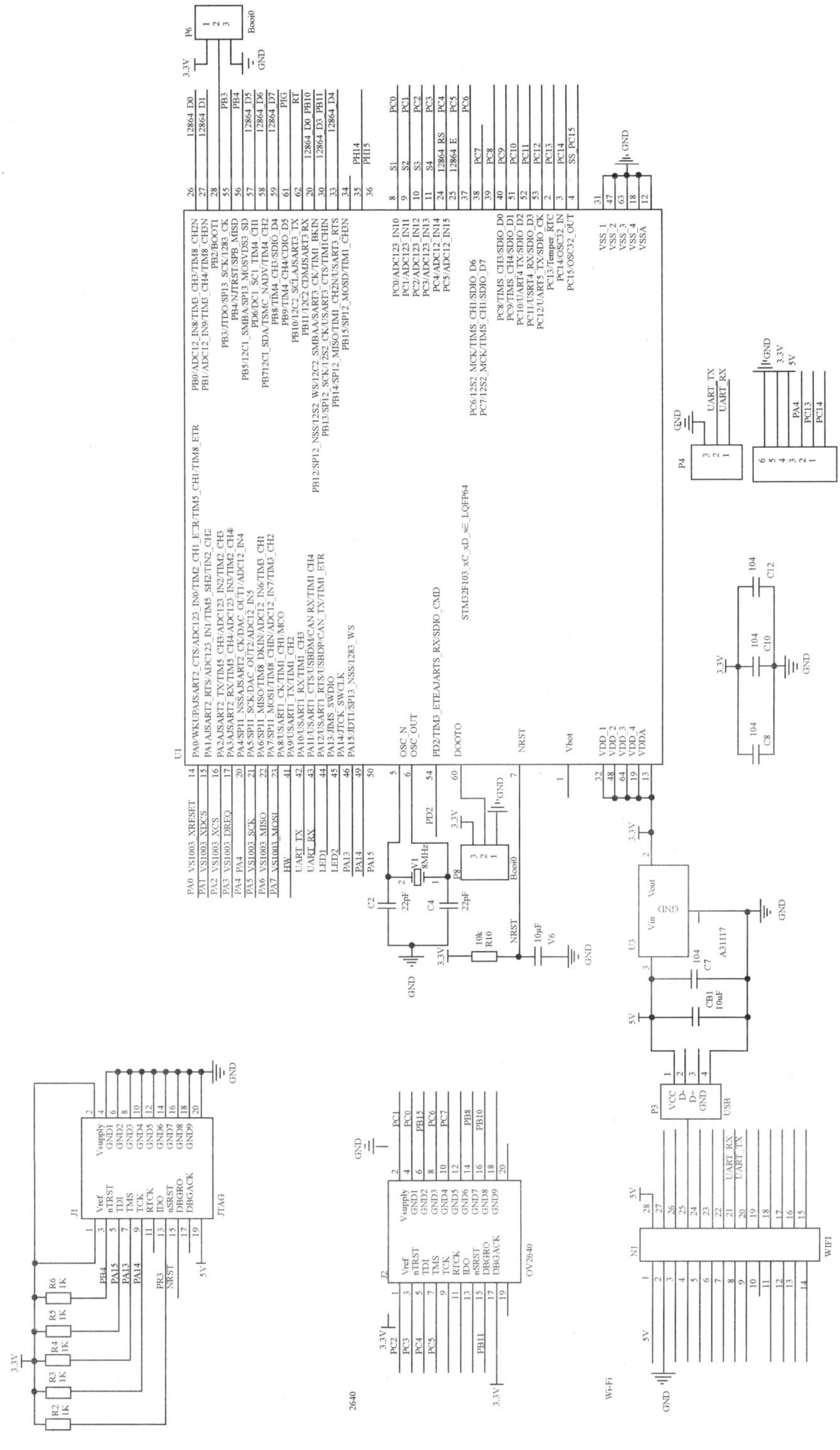

图 3-27　系统电路原理接线图

3.5.2 大田农作物生长形态监控系统软件设计

大田农作物生长形态监控系统总体框架如图 3-28 所示，主控模块就是系统的主监控界面，包括监控模块、回放模块、保存模块 3 个部分。

（1）监控模块

监控模块的功能主要有捕捉图像功能、图像处理功能、视频设置功能、温/湿度值功能。

（2）回放模块

回放模块的功能主要有打开视频功能、时间选择功能和快进快退功能。

（3）保存模块

保存模块的功能主要有生成视频功能和保存视频功能。

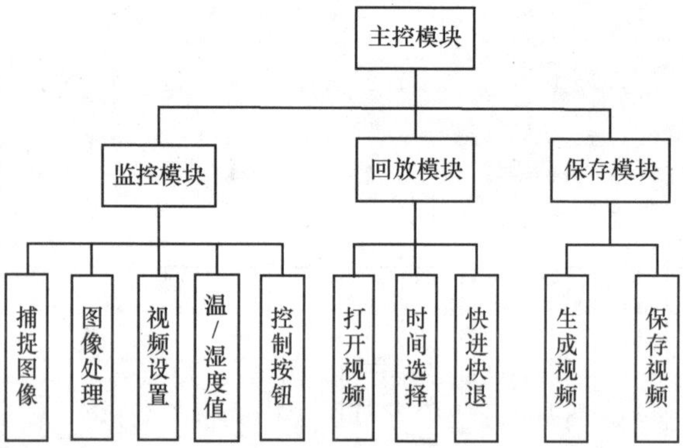

图 3-28 大田农作物生长形态监控系统总体框架

监控系统软件可利用 Visual Basic 的开发环境进行上位机界面窗体搭建、上位机界面的设计及程序代码编写，完成监控系统软件设计与开发。

参考文献

[1] 杨华庭. 具有自动温度补偿的 pH 测量装置[J]. 仪器仪表学报, 1997(4): 89-90, 93.

[2] YOO C, VALDES J B, NORTH G R. Evaluation of the impact of rainfall on soil moisture variability[J]. Advances in Water Resources, 1998, 21(5).

[3] 赵丽，张春林. 基于单片机的智能浇花系统设计与实现[J]. 长春大学学报，2012，22(6): 650-651, 664.

[4] 杨素英，尹景鹏，仲崇权，等. pH 智能测量技术的研究及实现[J]. 仪表技术与传感器，2003(10): 7-9, 35.
[5] 周媚生. pH 测量中的电极问题[J]. 测量与控制学报, 2000(51): 46-47.
[6] 刘爱军. 物联网技术现状及应用前景展望[J]. 物联网技术, 2012, 2(1): 69-73.
[7] 马享优, 信丽媛, 王晓蓉. 国内农业领域物联网研究与应用现状分析[J]. 天津农业科学, 2012, 18(6): 69-72.
[8] 柳平增, 毕树生, 薛新宇, 等. 基于物联网的农业生产过程智能控制系统研究[J]. 计算机测量与控制, 2011, 19(9): 2154-2156.
[9] PARK D H, PARK J W. Wireless sensor network-based greenhouse environment monitoring and automatic control system for dew condensation prevention[J]. Sensors, 2011, 11(4): 3640-3651.
[10] HE D, BAI Y, YANG P. Agricultural remote monitoring systems based on Web-server-embeded technology and CDMA service[J]. New Zealand Journal of Agricultural Research, 2007(50): 1393-1397.
[11] 吕西午, 刘开华, 赵岩. 基于 ZigBee 的无线监测系统设计与实现[J]. 计算机工程, 2010, 36(5): 243-244.
[12] 董蕴华, 石新峰. 基于无线传感器网络的环境温度湿度监测系统[J]. 农机化研究, 2010(7): 154.
[13] MA J, ZHOU X, LI S, et al. Connecting agriculture to the internet of things through sensor networks[C]//2011 IEEE International Conferences on Internet of Things, and Cyber, Physical and Social Computing, October 19-22, 2011, Dalian, China. Piscataway: IEEE Press, 2011: 184-187.
[14] KANG B J, PARK D H, CHO K R, et al. A study on the greenhouse auto control system based on wireless sensor network[C]//2008 International Conference on Security Technology, December 13-15, 2008, Hainan, China. Piscataway: IEEE Press, 2008: 41-44.
[15] OLIVER R C, KRANZ M, SMETTEM K, et al. A reactive soil moisture sensor network: design and field evaluation[J]. International Journal of Distributed Sensor Networks, 2005(2): 149-162.
[16] WANG B B, ZHU Q. On environmental management information and the internet of things[Z]. 2010.
[17] YE D F, MIN L L WANG W. Design and implementation of wireless sensor network gateway based on environmental monitoring[J]. Environmental Science and Information Application Technology, 2009(2): 289-292.
[18] 李国柱. 利用温湿度传感器 SHTXX 实现湿度测量[J]. 西安文理学院学报：自然科学版, 2008, 11(1): 101-103.
[19] 孟和平. 非接触式测温仪的选型研究[J]. 中国仪器仪表, 2010(2): 66-68.
[20] 李光忠. 基于单片机的温湿度检测系统的设计[D]. 济南：山东大学, 2007: 6-9.
[21] 何祥宇. 一种无线温湿度检测装置的设计与实现[J]. 自动化技术与应用, 2010, 29(8): 103-105.
[22] 简兴, 邱银国, 张振国, 等. 基于物联网的温室环境监测系统设计[J]. 物联网技术, 2014, 4(5): 32-34.
[23] 王一涯, 陈曙光, 王宪菊. 基于物联网的花卉温室大棚环境检测系统设计[J]. 现代农业科技, 2017(10): 166-170.

[24] 侯海霞. 基于 GSM 网络的温室大棚控制系统设计[J]. 农业网络信息, 2007(8): 22-29.
[25] 刘晓青. 温室大棚 GSM 网络远程自动化控制系统的研究[J]. 楚雄师范学院学报, 2016, 31(6): 54-57.
[26] 赵琦. 基于无线网络的温室环境监控系统的设计[D]. 哈尔滨: 哈尔滨理工大学, 2013.
[27] 李志刚. 基于 DSP 和 GPRS 的电梯远程监控系统的研究[D]. 成都: 电子科技大学, 2013.
[28] 李虎. 多片湿式离合器工作过程动态特性的仿真研究[D]. 长春: 吉林大学, 2014.
[29] 蔡长青, 侯首印, 张桢, 等. 温室智能灌溉水肥一体化监控系统[J]. 江苏农业科学, 2017, 45(10): 164-166.
[30] 苏启勇. 农作物水肥一体化技术应用现状与发展[J]. 农业技术, 2017, 37(24): 11-13.
[31] 佟金锴, 肖朋. 基于 STC89C52 单片机的自动浇花控制系统设计[J]. 辽宁师专学报(自然科学版), 2017, 19(3): 82-85.
[32] 陈志, 赵成萍, 刘晓光, 等. 番茄水肥一体化智能精准灌溉系统研究[J]. 安徽农业科学, 2017, 45(21): 208-210.
[33] 永昌, 王瑛, 吴英英, 等. 设施蔬菜水肥一体化灌溉施肥简易办法[J]. 上海蔬菜, 2015, 19(3): 74-76.
[34] 赵泽, 赵路泉. 浅谈棉花滴灌水肥监控管理[J]. 科技创新导报, 2010(14): 147-149.
[35] 庞桂斌, 杨士红, 徐俊增. 节水灌溉稻田水肥调控技术试验研究[J]. 节水灌溉, 2015(9): 44-47, 51.
[36] 袁洪波, 李莉, 王俊衡, 等. 温室水肥一体化营养液调控装备设计与试验[J]. 农业工程学报, 2016, 32(8): 27-32.
[37] 路战远, 咸丰, 姜晓平. 内蒙古西部植区棉花膜下滴灌水肥一体化栽培技术规程[J]. 棉花科学, 2017, 39(3): 38-42.
[38] 门旗, 钟新才. 新疆棉花覆膜灌溉决策系统[J]. 新疆农业大学学报, 1999(4).
[39] 周鹏, 田维平. 农业物联网架构及应用研究[J]. 农业网络信息, 2018(3): 3-7.
[40] 刘思聪, 周奕. 物联网技术在农业中的应用[J]. 南方农机, 2017, 48(1): 43-44.
[41] 李道亮, 杨昊. 农业物联网技术研究进展与发展趋势分析[J]. 中国农业文摘-农业工程, 2018, 30(2): 3-12.
[42] 高浩天, 朱森林, 常歌, 等. 基于农业物联网的智能温室系统架构与实现[J]. 农机化研究, 2018, 40(1): 183-188.
[43] 陈龙虎, 陈宏文. 串行 I/OA/D 转换器与单片机的接口[J]. 电子技术应用, 1991(9): 34-35.
[44] 晁阳. 基于单片机的蔬菜大棚自动喷灌控制器的设计[J]. 计算技术与自动化, 2017, 36(3): 12-15.
[45] NILESH R. PATEL R B. Microcontroller based drip irrigation system using smart sensor[C]//2013 Annual IEEE India Conference, December 13-15, 2013, Mumbai, India. Piscataway: IEEE Press, 2013.
[46] 陈龙虎, 陈宏文. 串行 I/OA/D 转换器与单片机的接口[J]. 电子技术应用, 1991(9): 34-35.
[47] 董敏. 基于 ARM 的农作物生长环境信息的远程监控系统的设计[D]. 西安: 西安电子科技大学, 2011.
[48] 胡泽林. 基于无线传感的精准农业物联网关键技术与原型系统研究[D]. 北京: 中国科学院大

学, 2012.

[49] 章伟聪, 俞新武, 李忠成. 基于 CC2530 及 ZigBee 协议栈设计无线网络传感器节点[J]. 计算机系统应用, 2011, 14(20): 184-186.

[50] 辛景峰. 基于 3S 技术与生长模型的作物长势监测与估产方法研究[D]. 北京: 中国农业大学, 2001.

[51] 周益. 基于 ZigBee 技术的无线传感网络拓扑设计与实现[M]. 苏州: 苏州大学出版社, 2009.

[52] 柳平增, 毕树生, 薛新宇. 基于物联网的农业生产过程智能控制系统研究[J]. 计算机测量与控制, 2011, 19(9): 2154-2156.

[53] 王石磊, 陈丽军, 郭艳玲. 温室测控技术的发展及我国温室测控面临的问题[J]. 林业机械与木工设备, 2007, 13(7): 35-48.

[54] 唐珂. 国外农业物联网技术发展及对我国启示[J]. 农业工程学报, 2017, 25(4): 176-178.

[55] 张鹏儒. 基于 STM32 微控制器智能军营环境参数检测系统[D]. 西安: 西安电子科技大学, 2015(1).

[56] 肖晶. 基于车载图像处理的道路检测技术研究[D]. 湖南: 湖南大学, 2016.

[57] 孙博. 单片机摄像头数据采集与处理[D]. 南京: 东南大学, 2011: 244-267.

[58] 刘文耀. 数字图像采集与处理[M]. 北京: 电子工业出版社, 2007: 56-72.

[59] 杨鑫, 中长军. 基于 SIM900 的苗情图像无线传输系统设计[J]. 中国农机化学报, 2013, 15(4): 252-256.

[60] 吴才章. 基于 ARM 的图像采集与显示系统设计[J]. 自动化技术与应用, 2010, 15(3): 118-122.

[61] 张红卫, 陈怀亮, 周官辉, 等. 农作物生长动态监测技术综述[J]. 中国农学通报 2003(5): 105-115.

[62] 帅江华. 浅谈串口摄像头的技术优势与应用[D]. 南昌: 华东交通大学, 2012: 6-17.

第 4 章

生鲜农产品批发市场收购监控系统

随着我国经济的快速发展，不同企业之间的竞争已经慢慢演变成同一供应链之间的竞争。在这种竞争环境下，必须改变信息系统的传统面貌，运用更加先进的信息科学技术，完成供应链的优化重组。在整个供应链中，产品收购占据着重要地位。如今的物流园存在着许多缺陷，对生鲜农产品的信息管理效率比较低下，信息传输速率慢，许多环节都需要人工完成，失误率随之产生，降低了整个产业的效率。因此我国急需调整生鲜农产品供应链中的产业结构，提高对生鲜农产品信息的获取能力和传输能力。

系统主要运用 RFID（射频识别）技术及 ZigBee（短距离无线传输）技术，提高对生鲜农产品信息的获取能力及传输能力，提高生鲜农产品收购效率，降低人工的失误率，优化产业收购的结构。基于物联网的物流园收购监控系统采用先进的信息技术，可实现物联网供应链上的信息共享，提高物流园农产品信息管理系统对数据的分析能力，优化生鲜农产品物流园项目管理。

在对国内外生鲜农产品物联网研究文献分析的基础上，从基于物联网的批发市场生鲜农产品收购监控背景方面入手，分析如今国外生鲜农产品物联网和我国生鲜农产品物联网各个方面存在的差距，然后，提出以 RFID 技术与 ZigBee 技术结合在一起的新体系来构建批发市场的物联网，接着对 RFID 技术和 ZigBee 技术进行系统性的介绍，之后对本系统的硬件电路连接进行了明确概述，最后对整个系统做出测试。结果表明，读卡设备获取的电子标签信息可以显示在 LCD 上，并能通过 ZigBee 无线通信节点传送到上位机上进行信息显示[1-10]。本系统在批发市场收购应用中有一定实际意义。

4.1 系统总体功能

系统采用 USB 接口对单片机电路系统进行+5V 供电。在 LCD1602 与 FM1702 组成的 IC 卡管理系统中，FM1702 高频读卡器对 IC 卡进行读卡、注册与注销等操作，并且可以将信息显示在 LCD1602 上。在信息无线传输过程中，STC89C52 通过串口发送 FM1702 读取的信息，之后 ZigBee 节点将数据短距离无线传输到 PC 主机上。在信息管理系统中，将生鲜农产品批次信息登记到数据库，之后 PC 通过批次 ID 调用数据库存储的数据，显示在生鲜农产品信息界面上，可在批次查询界面上进行批次查询。系统总体功能如图 4-1 所示。

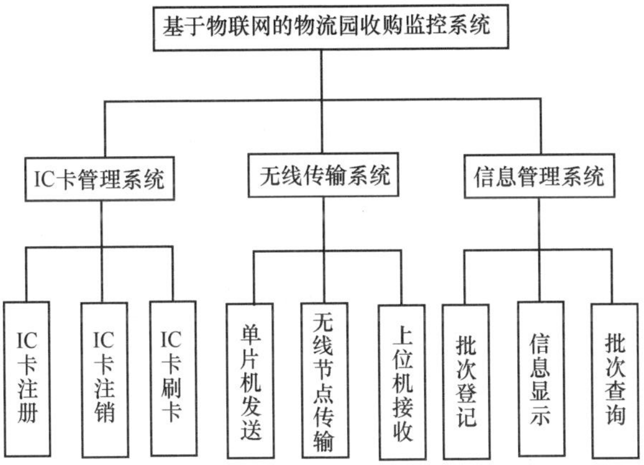

图 4-1　系统总体功能

4.2　系统总体设计电路

对批发市场生鲜农产品的数据读取和传输进行研究，根据传统无线通信和新兴无线通信的优缺点比较，选用了 ZigBee 技术[11]。在嵌入式控制设备方面，选择了 STC89C52 实现对数据采集传输系统的智能化控制。总体思路是：硬件电路使用+5V 电源供电，通过 Keil 软件对单片机进行 C 语言程序设计；刷卡模块对 IC 卡执行注册操作，并且输入密码，对 IC 卡信息识别距离为 3~10cm；如果 IC 卡为合法卡，则将信息传到 LCD1602 显示，同时通过 ZigBee 模块传给上位机；单片机系统利用复位电路进行重新刷卡操作，利用晶振电路提供系统所需要的时钟周期[12]。

系统电路原理如图 4-2 所示，图 4-2 中 J1 是 FM1702 高频读卡模块，实时读取 Mifare 射频卡的 ID 信息，然后将数据传输到 STC89C52 芯片中；单片机经过数据处理以后将数据传输到 P1ZigBee 模块与 LCD1602 液晶显示屏，显示屏显示 ID 信息，P1ZigBee 模块通过通信协议将信息传输到上位机；LCD1602 液晶显示器的 VO 引脚外接一个 10kΩ 电位器，电位器选择 10kΩ 的阻值是为了限流（防止 LCD 的使用寿命减少）与防止对比度过高，同时电位器可以调节对比度；STC89C52 单片机右下方是一个为给电路系统提供时序周期的晶振电路，晶体振荡器的频率选择 11.0592MHz，因为数据传输电路系统与 PC 主机进行串行通信，11.0592MHz 的晶体振荡器可以将串口通信的波特率设定为标称值（例如 9600、14400），晶振电路还要有快速起震和稳定频率的两个电容；单片机的下方是一个复位电路，为出现问题（进入死循环）的系统完成复位，R3 电阻是为了实现复位电平；BZ1 蜂鸣器的作用是当 Alarm 设置为高电平时，蜂鸣器会发出响声，Q1 三极管选择 PNP 型，为了防止在 STC89C52 单片机上电时，I/O 口产生短暂高电平让蜂鸣器稍微响一下；K1 通过实现单片机引脚的高低电平，实现对卡的注册和注销。实现功能是：通过高频读卡模块读取农产品标签线圈存储的 ID，显示在 LCD1602 显示屏上，同时通过 ZigBee 模块将 ID 传输到上位机上，根据 ID 在上位机数据库存储的信息，实现数据的调用，从而在上位机上显示生鲜农产品的基本信息[13]。

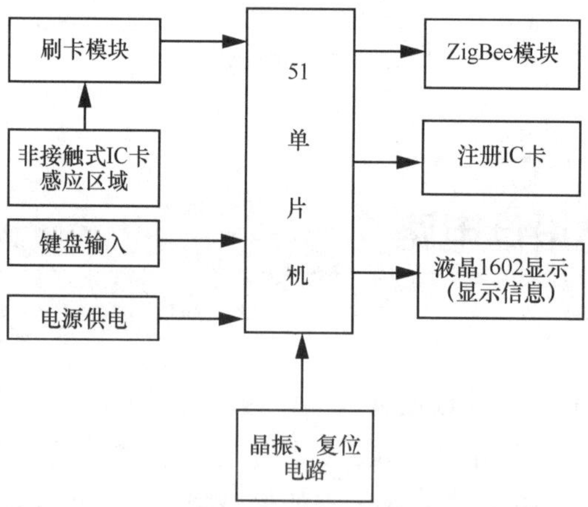

图 4-2 系统电路原理

4.3 系统电路连接图

电路连接如图 4-3 所示，由图 4-3 可看到，电路共由 STC89C52 最小电路连接模块、FM1702 高频读卡模块、ZigBee 无线通信模块、LCD1602 液晶显示屏电路连接模块、USB 转串口模块电路模块、报警电路模块、FM1702 高频读卡模块复位电路模块 7 个模块组成。

（1）STC89C52 最小电路连接模块：在系统的设计中，单片机 STC89C52 和 FM1702 高频读卡芯片以串行外设接口（SPI）的方式连接并进行信息传输。STC89C52

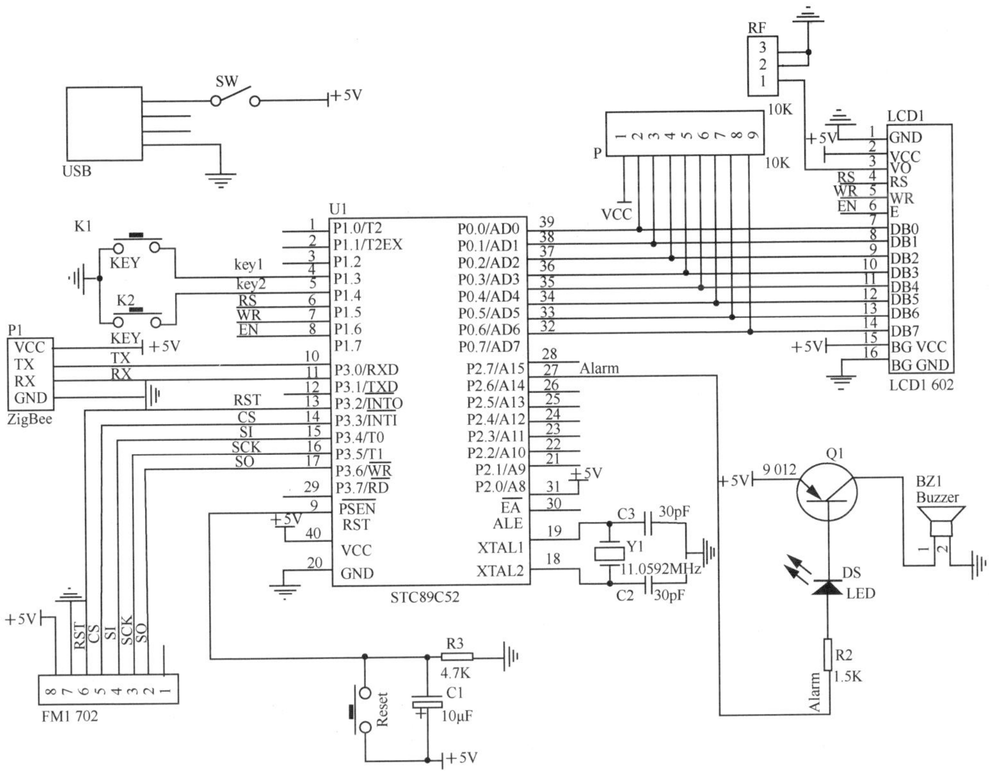

图 4-3 系统电路连接图

引脚 P3.3~P3.7 与 FM1702 高频读卡模块的 5 个串行外设引脚连接；STC89C52 的 I/O 引脚 P0.0~P0.7 的端口线与 LCD1602 的 DB0~DB7 引脚连接；STC89C52 的 P1.5~P1.7 引脚分别与 LCD1602 的 RS、WR、EN 引脚连接。上电时，如果系统初始化成功会提示“请刷卡”，系统初始化失败 LCD 显示界面会一直停留在初始化界面。其中，最小系统还需要包含复位电路与时钟振荡电路。

（2）FM1702 高频读卡模块：RFID 系统使用 FM1702 高频读卡芯片。其中单片机使用串行外设接口（SPI）和 FM1702 模块完成通信，对高频读卡芯片里的寄存器进行设置。因为 FM1702 高频读卡芯片内部拥有集成化非常高的电路，所以在高频读卡模块外部连接少许电路就可以运行，通过串行外设接口（SPI）就可以直接与单片机引脚连接起来。FM1702 高频读卡模块适用于以下几种场合：物流产业对物品基本信息的识别读取及计费系统的读卡器应用等。

（3）ZigBee 无线通信模块：批发市场收购时需要从标签上读取信息并短距离无线传送到主机上，因此本次设计使用 ZigBee 通信模块进行数据的无线传输。ZigBee

模块采用IEEE 802.15.4协议，内部使用具有高集成模拟调制解调电路的CC2530芯片，利用传统串口装置完成数据传送，可以用于点对点通信，免开发。在使用前需要对ZigBee无线传输模块进行配置：进入设置模式，设置波特率，设置信道，设置工作模式，确认设置。

ZigBee 模块的基本参数是：最高传输速率可以达到 3300bit/s；工作电压为3.0~5.5V；工作电流小于30mA；通信接口为UART串口支持8种常用波特率，可以满足一般通信设备与PC相连；信道符合IEEE 802.15.4的16个信道划分；工作频率为2400~2500MHz；最大传输范围可以达到250m。

（4）LCD1602液晶显示屏电路连接模块：LCD1602与STC89C52的管脚相连部分：LCD1602数据接口线和STC89C52的P1.0~P1.7 8个管脚相连，其中P1.5管脚用于控制数据与指令寄存器的选择，P1.6管脚用于控制1602液晶显示屏的读写，P1.7管脚用于控制使能端；LCD1602第三个引脚连接一个10kΩ的电位器，用于限流以及调节屏幕对比度。

（5）USB转串口模块电路模块：USB转串口模块核心是CH340G芯片。CH340G转接芯片可以实现USB转串口和USB转打印口的功能。在串口模式下，CH340G转接芯片可以为电脑扩大异步串口功能，也可以提供一种串口装置，转化为USB总线的Modem联络信号。USB转串口模块电路具有以下特点：支持3.3V电源电压与5V电源电压两种电压方式；利用外加电平转换设备，可以连接RS232、RS485等一些常用接口；可以与PC主机Windows 8串口驱动软件兼容，不用更改驱动。为了向STC89C52内烧录程序，以及将电脑一端ZigBee接收的数据传送到上位机界面上，在系统硬件设计时，需要利用USB转串口模块。

（6）报警电路模块：报警电路由PNP型三极管与直流蜂鸣器组成。将STC89C52单片机的P2.4引脚设置为高电平状态，三极管处于导通状态，这时电流从+5V电源流经三极管的发射极与集电极，流向蜂鸣器的GND端，有电流流过的蜂鸣器就会发出声音进行报警。当STC89C52的P2.4引脚设置为低电平时，三极管Q1处于截止状态，蜂鸣器BZ1处于断路状态，因此蜂鸣器会停止发出声音。因此通过调节STC89C52的P2.4引脚高电平时间可以调节蜂鸣器BZ1的报警时间。

（7）FM1702高频读卡模块复位电路模块：FM1702高频读卡模块使用按键复位电路，当STC89C52单片机系统发生故障（死循环）时，按下Reset按键，可以让电路系统复位，单片机系统可以处于初始化运行状态，这时FM1702高频读写模块重新进行刷卡操作。

4.4　系统软件设计

系统主程序流程如图 4-4 所示，单片机系统的运行是由 Keil 软件烧录的 C 语言程序决定的，有固定的运行顺序。在硬件系统工作时，需要对单片机系统进行初始化，之后对卡进行验证操作，如果被读取的卡是非法卡，则读卡失败，如果被读取的卡是合法卡，则将合法卡的 ID 显示在 LCD 的第一行上，在第二行显示“IC OK”，将数据通过串口通信的方式传输到单片机。

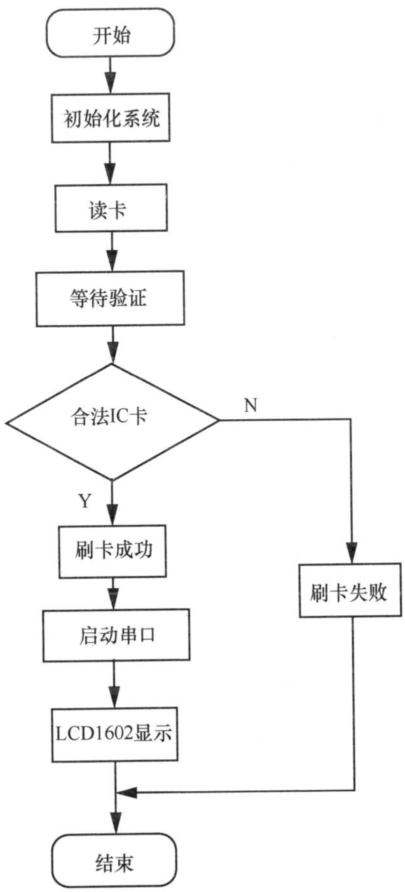

图 4-4　系统主程序流程

在进行串口通信时，不但显示界面要与电脑管理里的 COM 口保持一致，而且上位机、单片机与 ZigBee 模块之间需要保持波特率一致，才可以实现硬件电路与上位机的数据传输。单片机在串口通信中主要使用的波特率是 9600、14400、19200 等几种。在考虑通信方式、经过理论计算之后，本设计在单片机的通信中使用了 9600 的波特率，ZigBee 无线模块也使用 9600 的波特率，所以在上位机的显示界面上需要设置 9600 的波特率，才可以完成单片机系统与上位机的串口通信。串口通信的流程如图 4-5 所示。

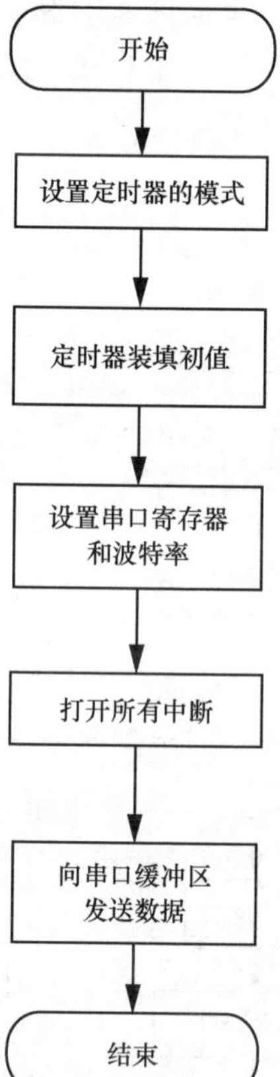

图 4-5　串口通信流程

在 LCD1602 上显示时，为了使 LCD 显示数据，要在主控制器中编写程序。子程序都需要对每行字符串的每行字符进行判断，直到显示到最后一个字符，然后行数自加一。LCD1602 显示子程序流程如图 4-6 所示。

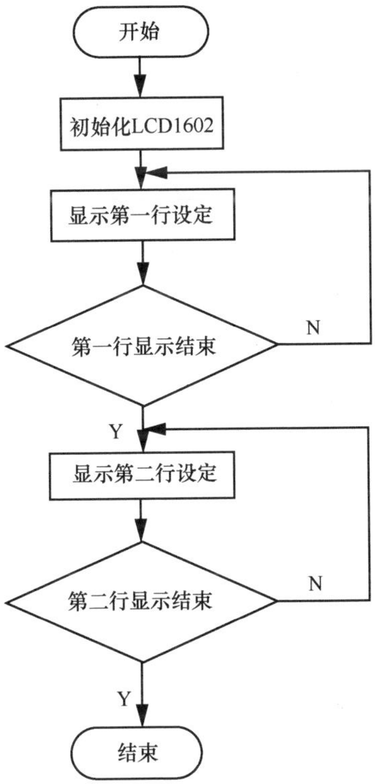

图 4-6 LCD1602 显示子程序流程

4.5 系统程序实现

在农产品收购监控系统中，通过 Keil 软件进行 STC89C52 的 C 语言程序设计[14]。主要实现的功能为：对标签输入密码使其成为合法标签，之后验证是否合法，并获取标签里的 ID，将 ID 显示在 LCD 显示屏上，并通过异步串行通信将其传输到上位机显示界面上，数据的传输是通过 ZigBee 无线通信、USB 转串口以及 CH340G 驱动完成的，主要包括 MF1702 操作程序、LCD1602 显示程序与通信程序[15]。

Keil 软件开发平台界面如图 4-7 所示，在程序里声明的 UART_Init 子函数中，URAT 将计算机外部来的串行数据转换为 8byte; TMOD 是单片机的定时器控制寄存器；0X20 指的是定时器 1 不响应外部中断，定时方式为“8 位自动充值定时”，定时器为第二种工作方式；TH1=0xfd 是根据定时器初值计算的，波特率为 9600；之后分别进行中断清零、启动定时器 1、打开所有中断等操作[10-17]。ZigBee 串口传送部分程序如下所示。

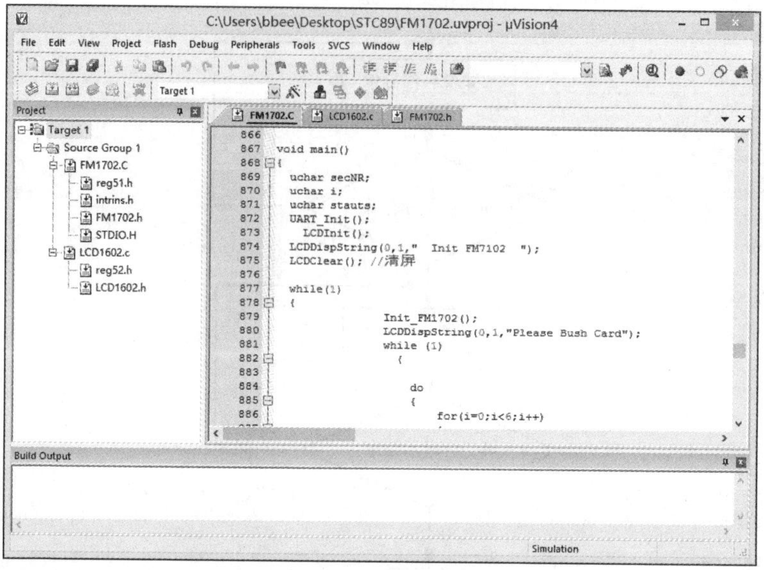

图 4-7 Keil 软件开发平台

```
Void UART_Init（）
{
TMOD=0x20;
TH1=0xfd;
TL1=0xfd;
SCON=0x50;
TI=0;
RI=1;
TR1=1;
ES=1;
EA=1;
}
```

进入刷卡模式后，将卡内块 0 存储的 16 位密码给变量 ctime。如果密码为 8888，LCD 第一行显示卡的 ID，第二行上显示“IC OK”并且将卡内的数据传到串口，之后延迟 200ms，蜂鸣器发出声音。如果密码为 1111，不发送数据，蜂鸣器间断发声。把卡拿开后，LCD 清屏并在第一行显示“请刷卡”。刷卡部分程序如下：

```
if（flag==0）
{
```

```
ctimeH=RevBuffer[2];
ctimeL=RveBuffer[3];
ctime=ctimeH;
ctime<<=8;
ctime=ctime+ctimeL;
if（ctime==8888）
{
    LCDDispString（0，2，“IC OK”）;
    Send（UID[0]; Send（UID[1]; Send（UID[2];Send（UID[3];
    alarm=0;delay_ms（200）; alarm=1;
}
else
{
    LCDDispString（0，2，“IC NO Register”）;
    alarm=0;delay_ms（100）; alarm=1;delay_ms（100）;
        alarm=0;delay_ms（100）; alarm=1;delay_ms（100）;
    alarm=0;delay_ms（100）; alarm=1;delay_ms（100）;
    alarm=0;delay_ms（100）; alarm=1;
}
}
LCD1602 显示子程序如下所示：
void LCDDispString（unsigned char x，unsigned char y，unsigned char string）
{
while（string!=0）
{
    LCDDsipChar（x，y，string++）;
    x++;
}
}
```

4.6　上位机运行结果

本次上位机设计使用的是 VB6.0 可视化程序设计软件，主要目的是实现硬件的串口通信以及 ZigBee 传输，对数据进行上位机界面显示。所完成的界面信息显示明确，易于操作，可以添加用户，具有用户登录功能，可以进行生鲜农产品的信息录入，拥有标签 ID 信息调用的数据库，同时能够实现生鲜农产品的入库信息查询。

在数据传输上，对 ZigBee 通信节点和 USB 转串口节点提供 5V 供电，并下载一个 CH340G 驱动，完成 USB 转串口功能，之后在上位机界面设置 COM1 串口，硬件系统识别标签后，生鲜农产品的各种信息实时显示在上位机界面上。

通过测试结果得知，ZigBee 的通信波特率为 9600，数据位为 8 位，当前农产品批次编号为 C51F941C，农产品信息为：番茄重量 40kg，总价 78 元，存储在二号库，低温保存 45 天，显示当前入库时间为 2017 年 5 月 9 日 09:31:03 以及该批次录入数据库时间为 2017 年 5 月 9 日。这些信息都会保存在上位机上，可以设置保存路径。显示界面如图 4-8 所示。

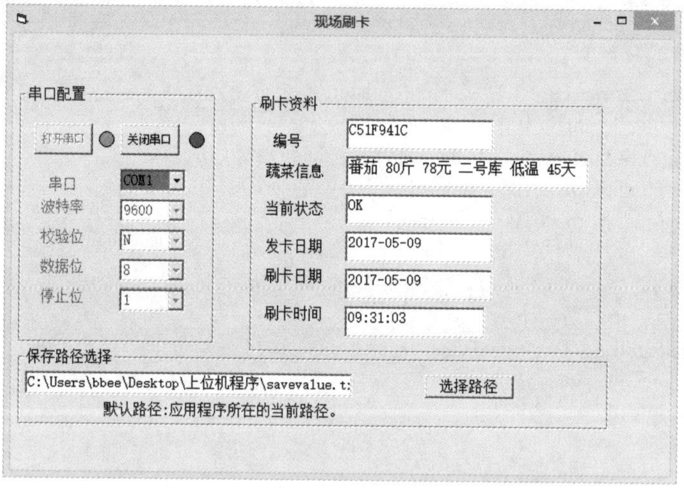

图 4-8　信息显示界面

用户登录界面用于用户的权限处理，只有当用户的名字与其所持有的密码正确时才可以完成登录操作，进入系统的主界面。用户添加界面用于添加新的用户权限，需要添加新的用户名以及新的密码，之后还需要确认新密码。登录界面如图 4-9 所示，添加用户界面如图 4-10 所示。

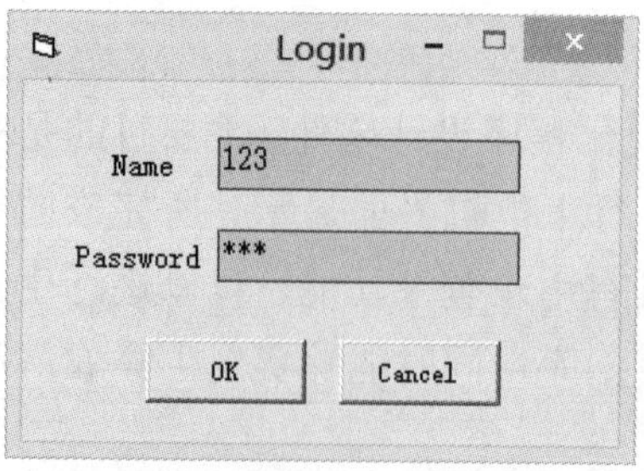

图 4-9　登录界面

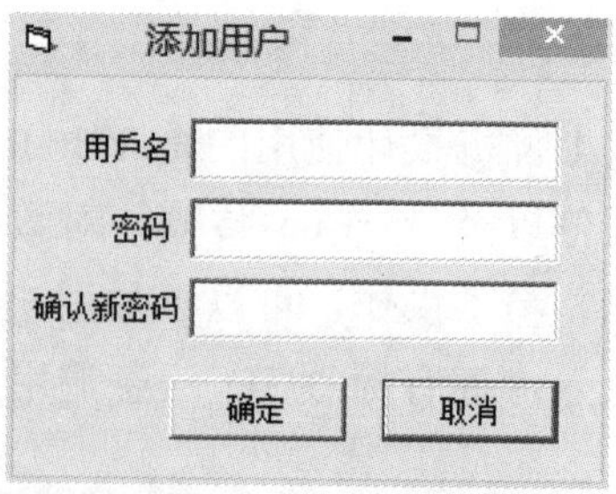

图 4-10　用户添加界面

用户删除界面用来删除一些用户的权限，只要输入要删除的用户然后在表格里找到所要删除用户的各种信息，之后单击“删除”按钮，就可以完成用户的删除操作。用户的删除界面如图 4-11 所示。

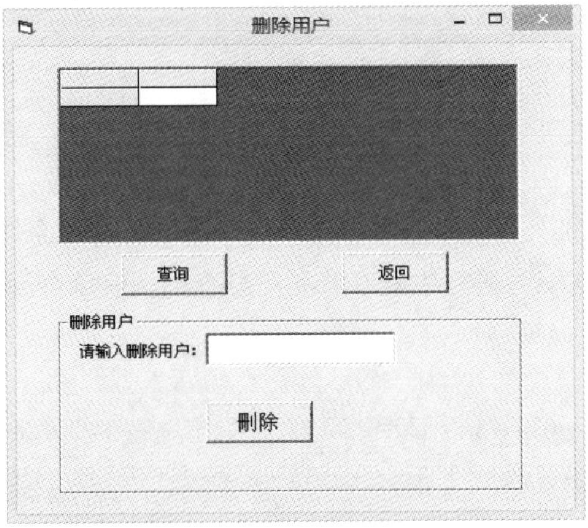

图 4-11　用户删除界面

在发卡管理界面，可以实现某一批次生鲜农产品编号的录入，并记录相应批次的生鲜农产品的各种信息，同时记录信息的录入时间。当信息输入完成后，单击“添加”按钮，就可以将信息存入数据库中，当入库的信息有错误时，可以通过单击“取消”按钮，进行数据录入的取消操作。信息录入界面如图 4-12 所示。

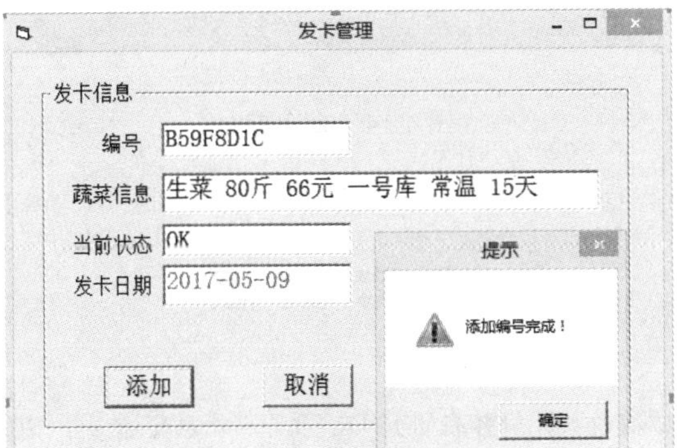

图 4-12　信息录入界面

上位机的数据库是为了记录某一批次（编号）生鲜农产品的各种基本信息以及这一批次生鲜农产品的入库日期，并显示现在是否处于库存状态。数据库信息显示如图 4-13 所示。

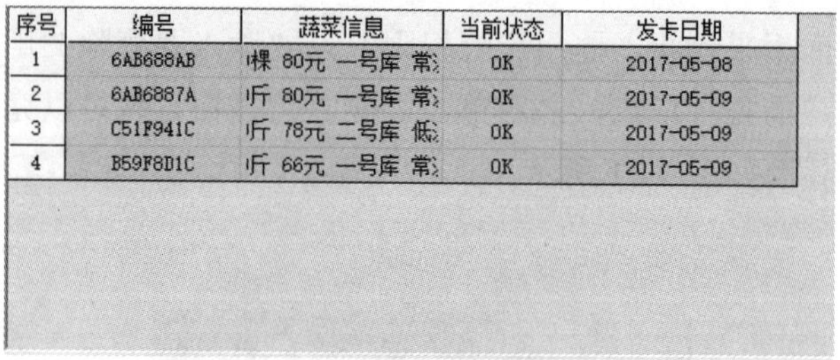

图 4-13　数据库界面

生鲜农产品入库批次查询界面可以显示农产品的各种信息以及这一批次的入库时间，可以通过入库批次编号进行生鲜农产品信息查询。信息查询界面如图 4-14 所示。

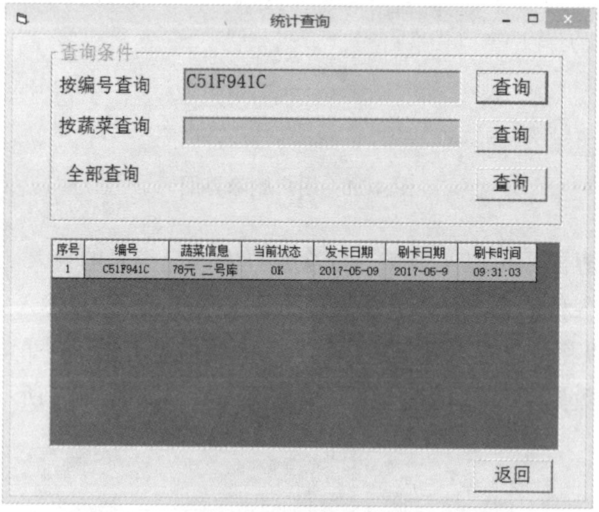

图 4-14　查询界面

参 考 文 献

[1] 廖伟. 物联网发展指数及其评价体系研究[D]. 北京：北京交通大学, 2014.

[2] 赵志军，沈强. 物联网架构和智能信息处理理论与关键技术[J]. 电子技术应用，2011，37(6): 10-18.

[3] 杨洪霆. 基于 RFID 技术的医药供应链追溯系统的应用研究[D]. 上海：华东理工大学, 2013.

[4] 黎安. 基于的农产品跟踪与追溯体系的研究[D]. 南京：南京农业大学, 2009.

[5] 张保岩. 基于的无公害蔬菜质量安全管理系统设计与实现[D]. 天津：天津大学, 2012.

[6] 唐珂. 国外农业物联网技术发展及对我国的启示[J]. 中国科学院院刊, 2013, 25(6): 30-48.

[7] 梁晨. 基于物联网的安全认证协议研究与设计[D]. 西安: 西安电子科技大学, 2011.

[8] 沈苏彬, 毛燕琴, 范曲立, 等. 物联网概念模型与体系结构[J]. 南京邮电大学学报(自然科学版), 2010, 30(4): 1-8.

[9] 李志宇. 物联网技术研究进展[J]. 计算机测量与控制, 2012, 20(6): 1445-1448.

[10] 孙其博, 刘杰, 黎羴, 等. 物联网: 概念、架构与关键技术研究综述[J]. 北京邮电大学学报, 2010, 33(3): 1-9.

[11] 钱志鸿, 王义君. 面向物联网的无线传感器网络综述[J]. 电子与信息学报, 2013, 35(1): 215-227.

[12] 梁华军. 基于 ARM9 与 ZigBee 无线监测系统的开发研究[D]. 广州: 华南理工大学, 2012.

[13] 颜伟, 赵阳, 王恩荣, 等. 射频识别系统电磁辐射干扰特征快速分析与抑制[J]. 中国电机工程学报, 2012, 32(9): 161-166.

[14] 谭忠顶. 射频识别技术跟踪定位图书馆乱架图书的策略比较[J]. 广西科学院学报, 2011, 27(3): 228-231.

[15] 段国文, 王殊. 基于 RFID 的无线传感器网络节能 MAC 技术[J]. 计算机应用学报, 2007, 8(8): 62-68.

[16] 王桃. 基于 WIFI 的煤矿井下生产环境监测与预警系统研究[D]. 西安: 西安建筑科技大学, 2013.

[17] 钟永峰, 刘永俊. ZigBee 无线传感器网络[M]. 北京: 北京邮电大学出版社, 2011: 62-68.

第5章

物流园安全管理系统

5.1 生鲜农产品批发市场车辆管理系统

智能农产品批发市场车辆管理系统是一个针对市场内进出采购的车辆进行管理的系统，目的在于提高对进出采购的车辆的管理效率，减少管理费用。根据当前农产品批发市场车辆管理系统的发展趋势，以黄淮农产品市场为背景，设计了车辆管理系统的系统总体框图，给出了车辆管理系统硬件部分设计的电路原理图以及软件部分设计的程序流程图。主要分析了 RFID（Radio Frequency Identification，射频识别）设计电路、报警电路、模拟门开关的继电器电路、12864 液晶显示屏电路以及 STC89C52 单片机最小系统。识别系统主要由 RFID 模块、单片机控制模块、射频天线以及非接触式 IC 卡组成。车辆管理系统的软件部分主要是程序设计，包括系统识别 IC 卡并将信息传到上位机的过程，还有开发上位机来实现各种功能的管理界面，主要能实现管理人员注册卡、用户注册卡、充值查询余额、查询车辆信息，还能实现车辆的计时计费、统计进出车辆数等功能[1-3]。

5.1.1 系统整体方案设计

智能农产品批发物流园车辆管理系统由信息获取模块、数据传输处理模块、功能实现模块组成。如图 5-1 所示，信息获取模块由 RFID 模块和信息查询模块组成；数据传输处理模块由信息传递模块和数据库管理模块组成；功能实现模块由单片机控制模块、数据存储模块、继电器模块、蜂鸣器模块以及液晶显示模块组成[4-9]。

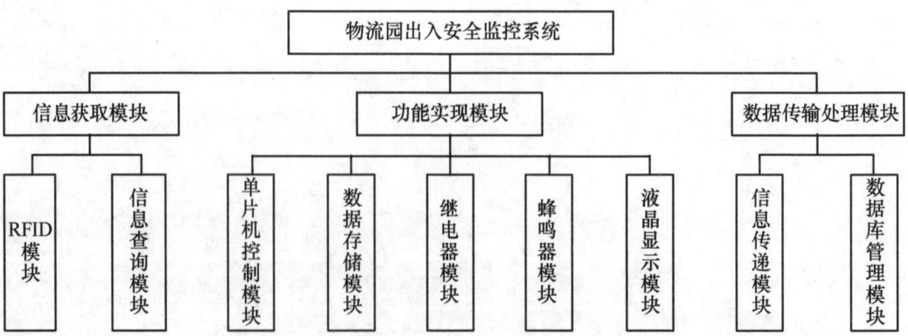

图 5-1 物流园车辆管理系统总体结构功能

5.1.2　系统硬件电路设计

智能农产品批发物流园车辆安全监控系统电路原理如图 5-2 所示，整个车辆管理系统最主要的部分就是硬件部分的 RFID 系统。硬件系统主要以 STC89C52 单片机控制模块为基础，由 RFID-RC552 识别模块、继电器模块、AT24C02 存储器模块、报警模块、指示灯、按键、晶振、复位模块、pl2303 通信接口模块、USB 接口的电源供电模块和 12864 液晶显示屏等模块组成。STC89C52 单片机作为控制核心控制着其他各个模块的工作，本系统中单片机与上位机之间采用 pl2303 串行通信接口进行通信[10-13]。

（1）单片机最小系统

STC89C52 单片机的 18 引脚和 19 引脚接晶振，再各接一个电容接地就构成了晶振电路；从 VCC 接一个电容，电容的另一端接一个电阻接地，把单片机的第 9 引脚接进去就构成了复位电路；在 P0 口接一个上拉电阻，就组成了单片机最小系统[14]。

（2）RFID 读取模块

系统 RFID 读取模块主要由 MFRC522 芯片和 RFID 模块组成，被焊接在一块电路板上构成 RFID-RC552 高度集成板，MFRC522 芯片是一种集成度高、能读写、非接触式 IC 卡芯片，芯片内部已经定义好了非接触式通信方式的协议，能够快速地读取加密后的 IC 卡信息，与主机之间通过 SPI 相连。RFID 模块接 3.3V 电压供电，通过串行通信接口直接与 CPU 主板进行通信，运行稳定、可靠，读卡的距离较远[15-16]。

（3）12864 液晶显示屏电路

12864 液晶显示屏的 D2、D3 和 D19 引脚接的是+5V 电源，它的 D1 和 D20 引脚接地，D15~D17 引脚接的是 STC89C52 单片机的 PSB 和 RST 引脚，D4~D6 引脚分别接的是单片机的 P0.0~P0.2 引脚，D7~D14 引脚接的是单片机的 P1.0~P1.7 引脚。在单片机的控制下 12864 液晶显示屏显示对应信息。

（4）AT24C02 存储器电路

AT24C02 存储器的 SCL 引脚是串行时钟输入线，接单片机的 P0.6 引脚，当有数据信息发送或接收时，从该引脚输入。SDA 引脚是串行数据地址线，它是双向传输的[31]，接单片机的 P0.5 引脚，它主要用来传送地址、发送和接收数据。A0、A1、A2 这 3 个地址输入引脚用来接外部器件，GND 接地引脚和 WP 写保护引脚都接单片机的 VSS 引脚，VCC 引脚接的是电源[17]。

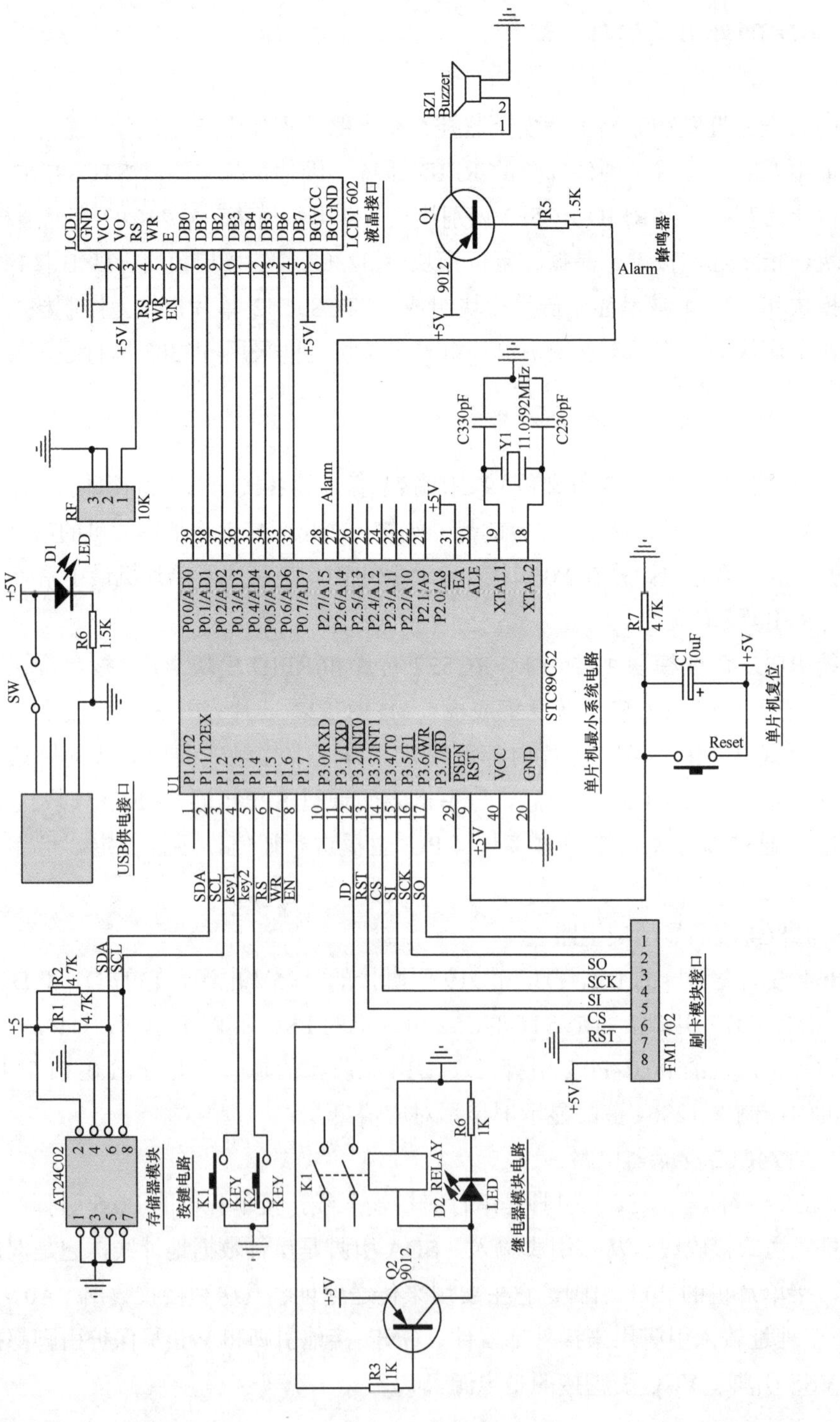

图 5-2　物流园车辆安全监控系统电路原理

（5）自动开关门控制模块电路

系统采用 9012 型号三极管来驱动和控制继电器工作，继电器的工作电压为 5V，和单片机的工作电压一样。9012 型三极管是 PNP 型，起放大电流的作用，继电器的接通和断开分别接控制着门的开和关[18]。当 P0.4 引脚为低电平时三极管饱和，此时会有电流流过继电器线圈，继电器会因为有电流流过而吸合，控制自动开关门的两根线接通，门自动打开；当 P0.4 引脚为高电平时三极管不导通，继电器的线圈没有电流流过，继电器不会吸合则门不会打开。在单片机输出 P2.6 引脚和三极管的基极之间串联一只电阻起到隔离限流作用，三极管的集电极接继电器，三极管的发射极接地。

（6）报警模块电路

系统报警电路主要由蜂鸣器和 9012 型号三极管共同组成，单片机的 P0.3 引脚和三极管之间连接一个电阻起隔离限流作用，工作原理是因为 9012 型号的三极管是 PNP 型，当单片机的 P0.3 引脚变成高电平时，就会有电流经过蜂鸣器和三极管的极电极流向地端，三极管导通，蜂鸣器有电流流过所以发出警报。当单片机 P0.3 引脚变成低电平时，三极管将不会导通，电流将流向电阻，没有电流流过蜂鸣器，所以蜂鸣器不会发出警报，整个报警电路只要控制单片机 P0.3 引脚的高低电平就可控。

5.1.3 系统软件设计

（1）系统整体程序流程

系统整体程序流程如图 5-3 所示。在刷卡之后，若系统不能识别则重新刷卡，如果不能识别次数大于 3 次，则自动结束。若

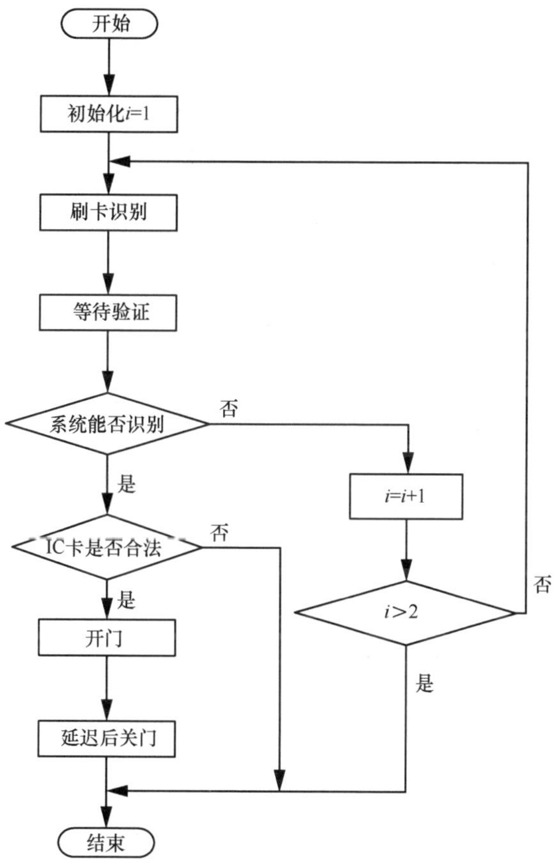

图 5-3 系统整体程序流程

为可识别卡，再判断卡片是否合法，若为合法卡，打开门禁开关，延迟后再关闭；若不能识别，则由人工进行处理[19-20]。

（2）LCD1602 液晶显示子程序流程

LCD1602 液晶显示子程序流程如图 5-4 所示。

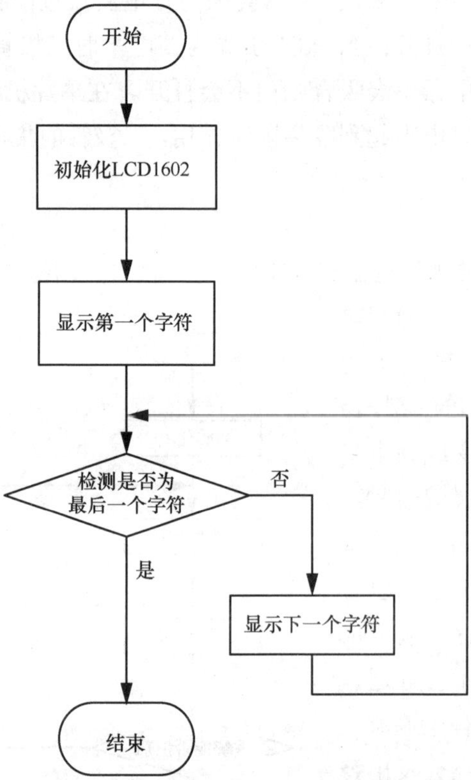

图 5-4　LCD1602 液晶显示子程序流程

5.2　安全监控系统

本设计拟从防火、防盗这两个方面对生鲜农产品物流园安全监控系统进行分析、设计。安全监控系统拟以主控单片机、传感器实时检测和 GSM（Global System for Mobile Communications，全球移动通信系统）通信技术相结合，构成一套安全可靠的物流园防火防盗报警系统[21]。系统总体组成包括单片机 STC89C52、GSM 通信模块 SIM900A、烟雾传感器 MQ-2、温度传感器 DS18B20、热释电红外传感器、声光报警模块及 LCD1602 液晶显示模块等。该系统具有使用方便、价格便宜的特点，适合作为生鲜农产品物流园的安全监控系统[22]。

5.2.1 系统整体方案设计

系统预实现以下功能。

① 采用多种传感器对现场情况进行测量，将测量到的数据在 LCD1602 上实时显示出来。

② 利用 GSM 网络的短消息业务将实时数据及异常情况发送到中央控制室，并且通过单片机的控制，对现场进行相应的预处理。

③ 通过市面上流行的手机助手等软件，将手机中的短信导入 Excel 表格里保存，方便后期生鲜农产品追溯数据库的建立。

系统设计路线将主控单片机、传感器实时检测和 GSM 通信技术相结合，构成一个安全可靠的物流园防火防盗报警系统[23]，系统总体方案如图 5-5 所示。系统总体组成包括单片机 STC89C52、GSM 通信模块 SIM900A、烟雾传感器 MQ-2、温度传感器 DS18B20、热释电红外传感器、声光报警模块及 LCD1602 液晶显示模块等[24]。

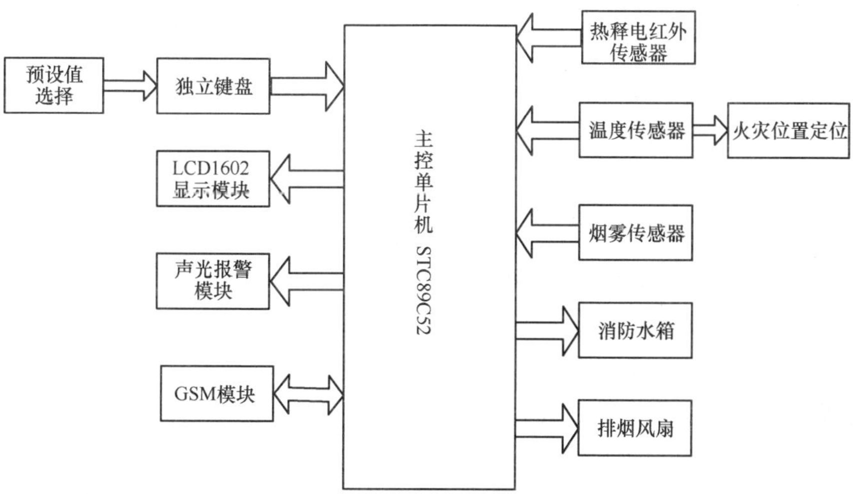

图 5-5 安全监控系统总体方案

基于各个传感器对现场进行数据采集，通过 GSM 网络的短信息模块进行数据的传输。单片机负责对各子模块进行控制处理和短消息的接收与分析。针对防火，采用温度传感器与烟雾传感器配合工作；液晶显示屏实时显示环境的烟雾浓度、温度，当环境烟雾浓度与温度值均大于预设值时，声光报警器响起，单片机控制消防水箱和排烟风扇对火灾进行预处理。利用 GSM 模块，将火灾的实时状态传输到中央控制室[25-30]。针对防盗，采用热释电红外探测器，当检测到室内有异常人员走动时，声光报警器响起。系统报警器内提供多种外接电源，避免诸如断电意外的发生。在数据的保存方面，通过市面上流行的手机助手等软件，将手机中的短信导入 Excel 表格里保存，方便生鲜农产品追溯数据库的建立，实现数据的共享。

5.2.2 安全监控系统电路设计

系统以 STC89C52 单片机为核心，主要包括 9 个电路部分：单片机最小系统、液晶显示电路、温度传感器电路、烟雾传感器电路、热释电红外传感电路、GSM 模块电路、蜂鸣器报警电路、排烟风扇电路、控制按键电路。其原理如图 5-6 所示。

（1）单片机最小系统

单片机最小系统包括单片机、复位电路、晶振周期电路。复位操作使单片机恢复初始化状态，外接晶振是为了产生时钟信号。STC89C52 的正常工作电压是直流电 3.3～5.5V。为了方便统一供电，本系统中的 VCC 均采用+5V 直流电源供电。第 40 引脚 VCC 接+5V 直流电源，第 20 引脚 GND 接地[31]。

（2）液晶显示电路

课题中采用 LCD1602 显示屏对现场烟雾值、温度值进行实时显示，当发生火灾时，显示 64 位序列码及火灾发生的地点，它作为主要的人机交互界面，具有良好的显示效果[32]。

（3）温度传感器电路

DS18B20 温度传感器有 3 个引脚，分别用于接地、接电源、接单片机的 I/O 口，结构简单，不需要外部电路设计就可以测量现场温度。DS18B20 有内部电源和外接电源两种方式，相比而言，外接电源供电更加方便，易于操作，可与系统共用一个直流电源[33]。因此本系统直接将温度传感器 DATA 引脚与单片机的 P2.0 相连，VCC 外接+5V 直流电压。从图 5-7 的步骤中可以看出，DS18B20 的硬件结构简单，对其进行数据的读取会花费很长时间。这对安全监控系统的响应来说是一个缺点，应通过软件上的设计将通信时间降到最短。

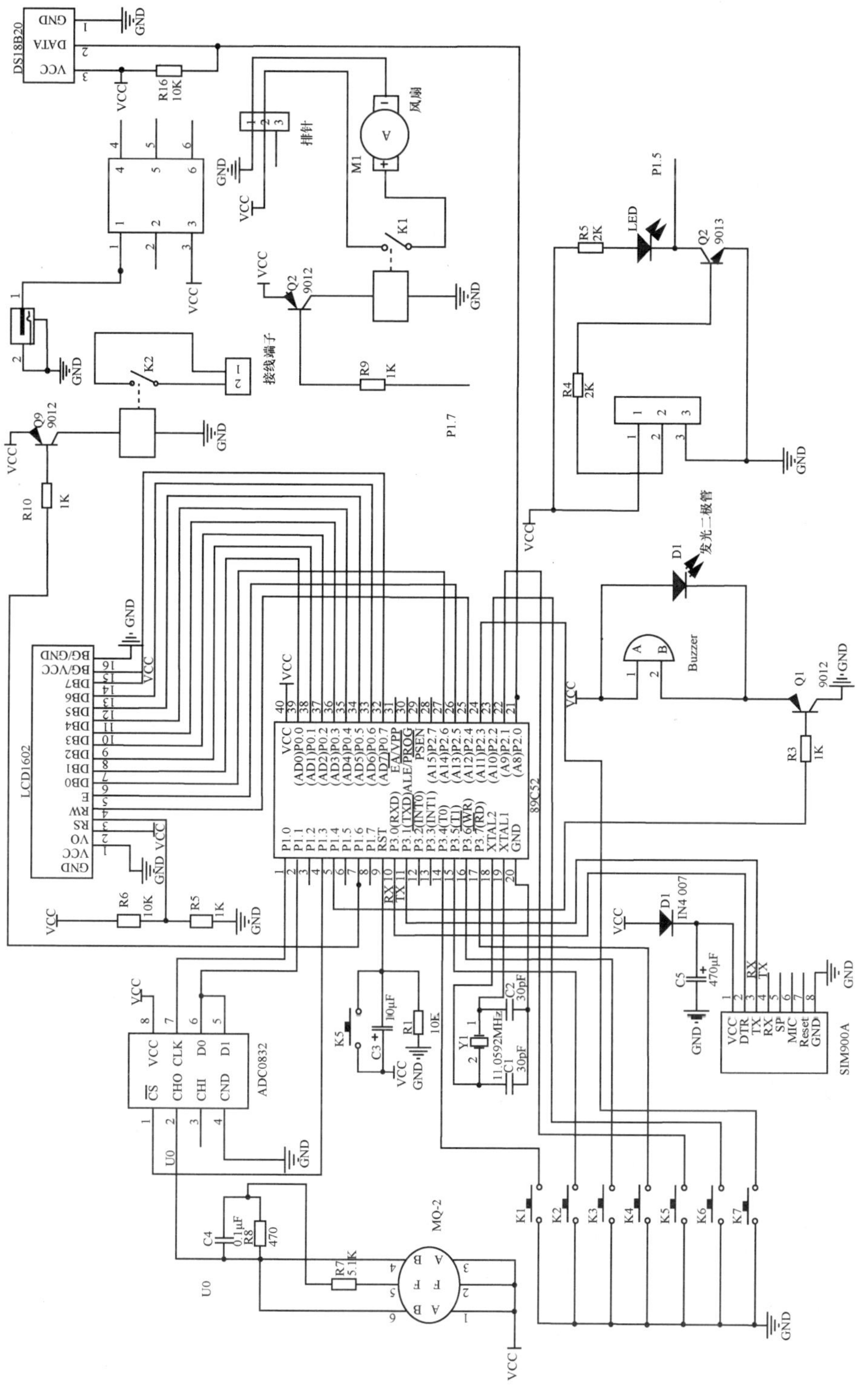

图 5-6　安全监控系统电路

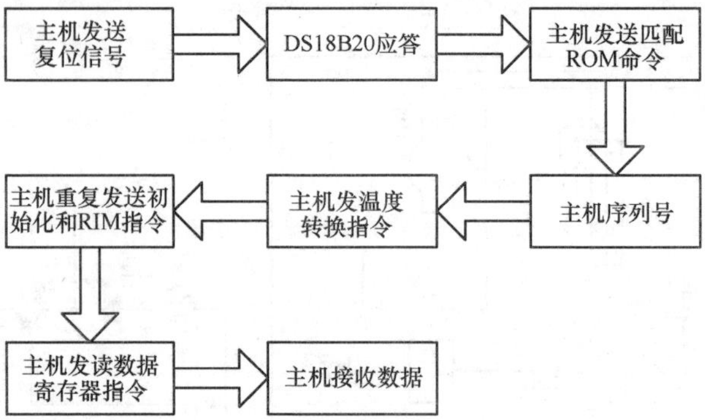

图 5-7　DS18B20 读取操作步骤

（4）烟雾传感器电路[34-38]

MQ-2 烟雾传感器对气体的浓度非常灵敏，可以提前根据烟雾浓度迅速判别火灾的大小。它有 6 个引脚，MQ-2 的 1、2、3 引脚连接在一起，统一接+5V 的直流电源，5 号引脚接电阻 R7 后再接地，起到保护传感器的作用，4、6 引脚并联，一方面与电阻 R8 和电容 C4 并联后接地，另一方面 U0 为模拟信号输入连接到 ADC0832 芯片 CH0 上。MQ-2 烟雾传感器的工作电压是 0~5V，为了使传感器工作时的温度在正常范围内，需要与+5V 的直流电压相连[39]。为了满足烟雾传感器的输出电压，R8 取值 470Ω，C4 取值 0.1μF。ADC0832 的 CH0 通道接烟雾传感器输出电信号 U0。它是通过放大电路、A/D 转换而来的，最终实现与单片机电平对等的关系，其检测原理如图 5-8 所示。

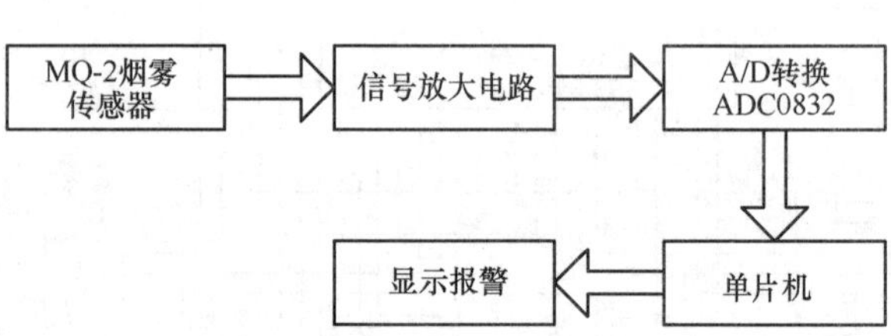

图 5-8　MQ-2 烟雾传感器检测原理

（5）热释电红外传感电路

当有人进入时，LED 灯亮起，并且通过 GSM 模块给中央控制室的手机发送警报消息。外接直流电源+5V，通过 P1.5 口与单片机相连。

（6）GSM 模块电路

GSM 模块是本系统的重要组成部分，它是现场与监控中心的通信桥梁，将现场发生的情况通过短信实时发送给监控中心。引脚 1 接整流二极管后与+5V 的直流电源连接，第 3、4 引脚与单片机的 P3.1、P3.0 相连，第 8 引脚接地。

（7）蜂鸣器报警电路

该电路的关键是如何通过控制电压的大小使三极管 Q1 导通。当进行按键设定阈值、手机号码时，若温度传感器、烟雾传感器和热释电红外传感器检测到异常情况，单片机通过 P1.4 向三极管 Q1 发出低电平信号，使三极管 Q1 导通，此时和蜂鸣器、发光二极管构成通路，蜂鸣器响起，发光二极管亮起。

（8）排烟风扇电路

对于一个安全可靠的监控系统来说，事故发生后通过反馈这一关键信息对现场进行预处理显得尤为重要。当现场检测到的烟雾值大于预设值时，继电器 K1 吸合，排烟风扇立即进行排烟工作，使物流园内的烟雾值迅速降低，风扇的工作由单片机 P1.7 控制，排针上的 VCC 是外接+5V 的直流电源。当现场检测到的烟雾值和温度值均大于预设值时，单片机控制继电器 K2 吸合，水泵立即喷水，可扑灭小型火灾，对于大型火灾则进行预处理，为消防人员灭火留下充足的时间，使损失降到最低。通过 P1.6 与单片机通信，VCC 是外接+5V 的直流电源，接线端子直接与消防水箱相连。

（9）控制按键电路

K1、K2、K3、K4、K5、K6、K7 键分别由单片机 P3.4、P3.5、P3.6、P3.7 控制，K1 是打电话键，为了确认现场与中央监控室是否处于正常通信状态；K2 是短信键；K3 是布防键；K4 是撤防键；K5 是预设温度值、烟雾值加减后的确定键；K6 是预设温度值、烟雾值“+”键；K7 是预设温度值、烟雾值“−”键。K5、K6、K7 键的设定是为了可以根据季节温度、烟雾值的变化，自动化地选择预设值，并且将预设值显示在 LCD1602 显示屏上。

5.2.3 系统软件设计

基于安全监控系统的整体要求以及各个模块的功能需求，在硬件选型、电路原理图设计完成的基础上需要软件的支持，方能使整个系统正常工作。为了方便软件编程，对每个模块都画出程序流程图，并对各个模块的功能进行逐一分析，便于主程序的调用。流程图在能够完成要求的前提下，应能实现路线最优、循环次数最少，以减少单片机读取程序的时间，使各个模块响应速度达到最佳状态[40]。

（1）主控系统程序设计

系统由主控程序开始运行，与此同时完成 I/O 口定义，LCD1602 液晶显示，温度传感器、烟雾传感器和中断子程序等模块的初始化，接着进行手机号码、温度值、烟雾值的预设，通过“+”“−”键实现预设值的改变，可适应不同手机号码、预设值的选定，然后各传感器读取现场的情况，并将其实时显示在液晶显示屏上。当现场的温度值大于或等于预设值时，蜂鸣器响起报警，将报警消息通过 GSM 网络的短消息业务发送到中央控制室的手机上；当烟雾值大于或等于预设值时，蜂鸣器响起报警，通过 GSM 模块发送报警消息到中央控制室的手机上，同时单片机驱动电机使排烟风扇立即工作；当检测到现场有异常人员存在时，蜂鸣器响起报警，报警短信发送到中央控制室的手机上；当温度值和烟雾值均大于或等于预设值时，蜂鸣器响声时间最久，单片机控制消防水箱、排烟风扇立即工作，对火灾进行预处理[41-42]。与此同时，火灾的报警信息发送到中央控制室，火灾发生的地点也会显示在 LCD1602 显示屏上。主控程序流程如图 5-9 所示。

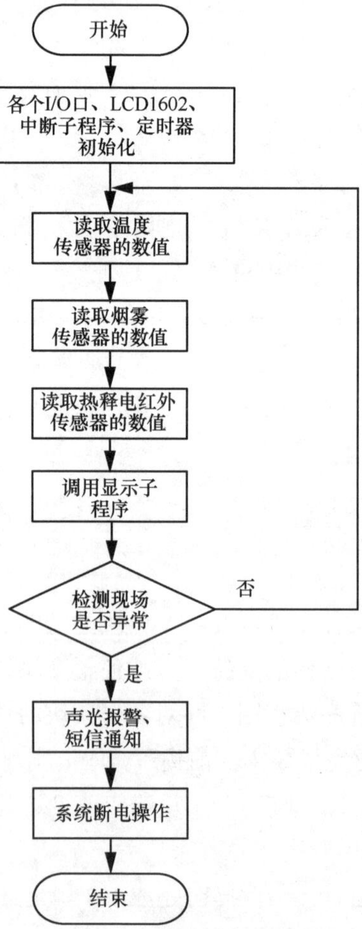

图 5-9　主控系统程序流程

（2）显示模块程序设计

LCD1602 作为人机交互界面，可以将数据显示在液晶显示屏上，更加直观地表现出现场的变化。当进行手机号码、打电话确认、布防撤防确认、温度值、烟雾值的预设定时，都需要调用显示模块程序，将其显示在显示屏上。各个传感器检测现场的情况时，也需要调用它，将现场温度值、烟雾浓度值显示出来，所以显示模块程序的设计就显得特别重要。而对于 LCD1602 显示模块来说，重要的就是向芯片中写命令、写数据和显示，其中显示位置的设定是关乎显示效果好坏的关键。其程序流程如图 5-10 所示。

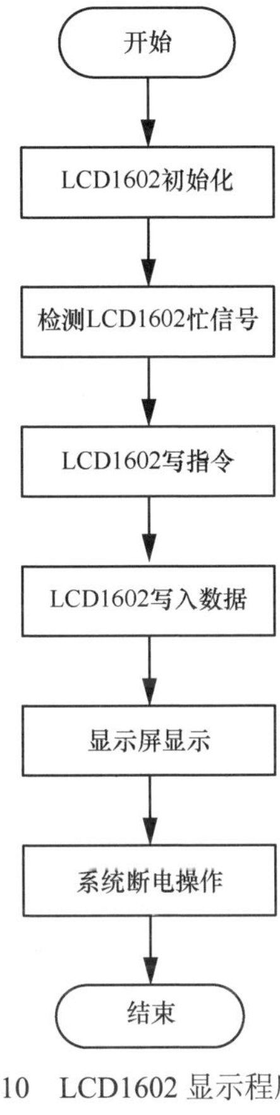

图 5-10　LCD1602 显示程序流程

（3）热释电红外传感器程序设计

热释电红外传感器的功能是检测现场是否有偷盗行为的出现，当检测到异常情况时，声光报警响起、GSM 报警短信发送，它的程序流程如图 5-11 所示。

（4）温度传感器程序设计

温度传感器 DS18B20 单数据线与单片机相接，结构简单，但却增加了编程的复杂性。当出现温度值大于或等于预设值时，报警器响起，单片机控制 GSM 模块发送温度过高的消息[43]。由于其有唯一的 64 位序列码，本设计中用于定位火灾发生地点，让附近的人们能够及时赶到现场，对火灾救援给予一定的帮助，它的程序流程如图 5-12 所示。

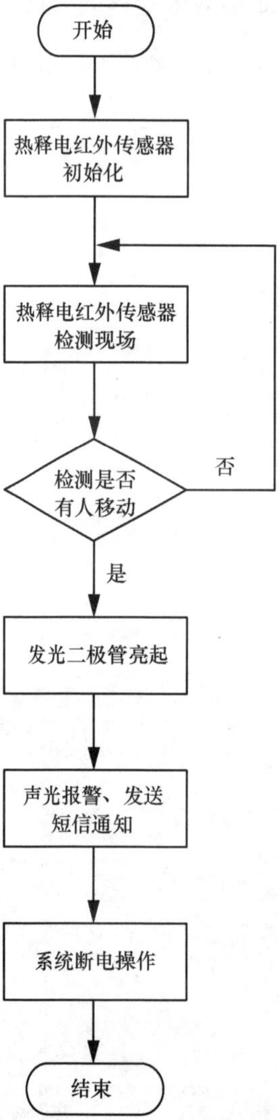

图 5-11　热释电红外传感器程序流程

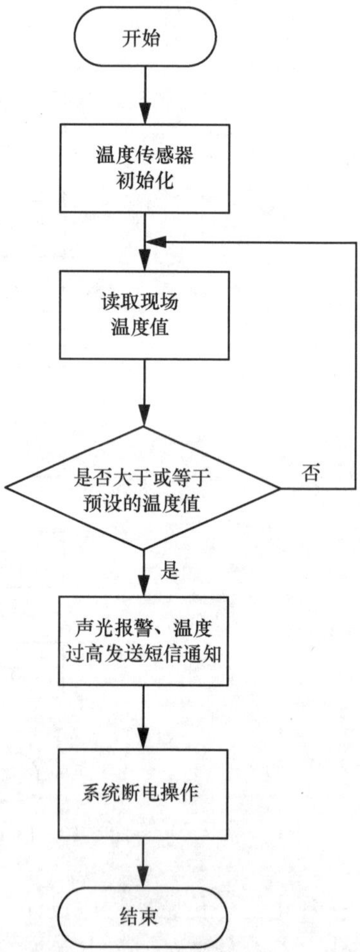

图 5-12　温度传感器程序流程

（5）烟雾传感器程序设计

当程序进入主程序时，烟雾传感器对现场的烟雾浓度进行实时检测，由于它的输出是模拟信号，需要将其信号传送到 ADC0832 上，经过 A/D 转换后，数值在液晶显示屏上显示出来，如图 5-13 所示。当烟雾浓度值大于或等于预设值时，主控程序收到这一信号，立即调用声光报警子程序，单片机控制排烟风扇工作，同时调用 GSM 模块程序，将烟雾浓度过高这一消息发送到中央控制室的手机上。整个过程的流程如图 5-14 所示。

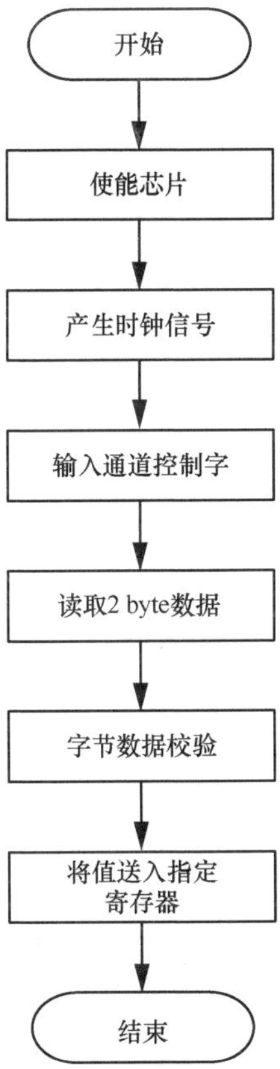

图 5-13　ADC0832 芯片的程序流程

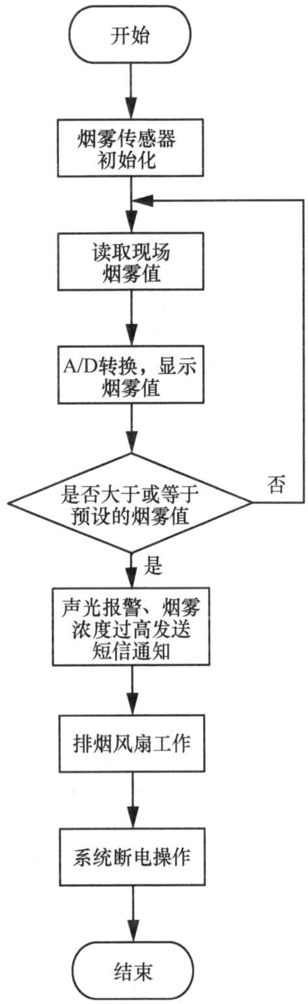

图 5-14　烟雾传感器程序流程

（6）GSM 模块程序设计

GSM 模块的程序设计是整个系统重要的一环，关系到能否将报警消息传送到中央监控室的手机上。当各个传感器检测到现场出现异常情况时，立即调用 GSM 子程序，GSM 网络短消息的发送通过 AT 指令建立两者的通信，完成报警短消息的发送。当按键 1 时，程序流程如图 5-15 所示；当按键 3 时，程序流程如图 5-16 所示。

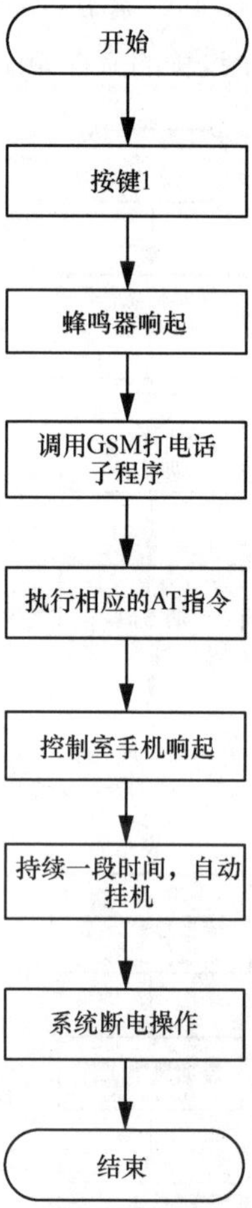

图 5-15　按键 1 程序流程

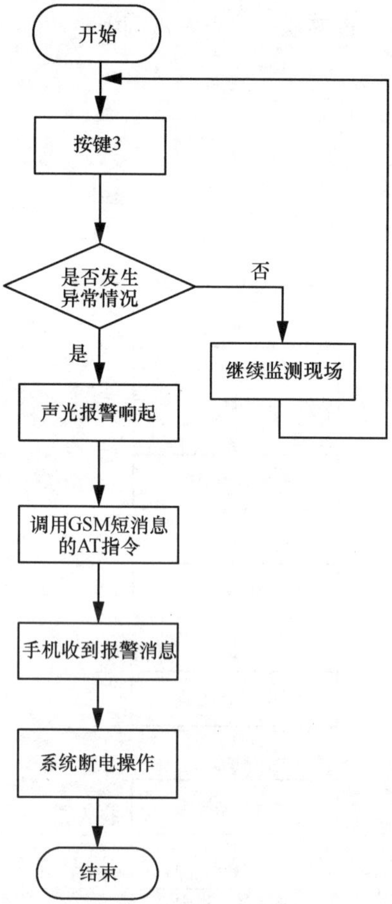

图 5-16　按键 3 程序流程

本课题为了实现防火防盗报警功能[44-45]，设计了 7 个按键。在按键按下和断开时，触点会发生抖动现象。为了使该动作不被误读，要进行去抖处理。在按键较少的情况下，可采用去抖电路，按键较多时，宜采用软件延迟的方法。本设计为了简单，选择调用延迟函数来消抖，通过发光二极管的亮灭来判断是否将键按下，其去抖程序流程如图 5-17 所示。

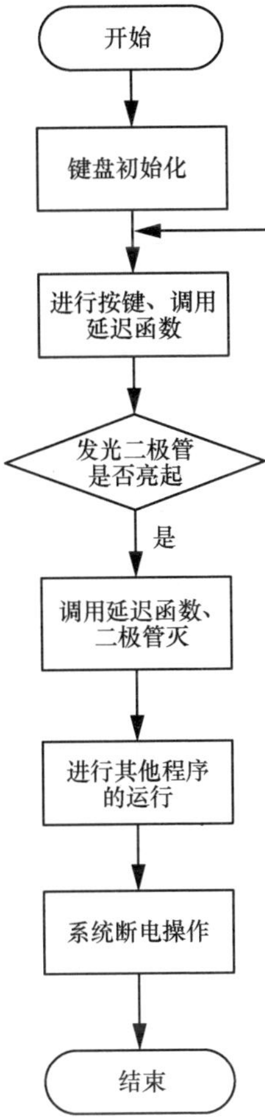

图 5-17 按键去抖操作程序流程

参考文献

[1] 任辉. 基于 ETC 的校园智能车辆管理系统研究[D]. 武汉: 武汉科技大学, 2012.

[2] 赵娣. 车辆管理系统的设计与实现[D]. 济南: 山东大学, 2007.

[3] 楼鹤. 车辆识别及车辆信息管理系统的设计与实现[D]. 成都: 电子科技大学, 2013.

[4] 马巧梅. 基于 STC89C52 的智能门禁系统的设计[J]. 机械制造与自动化, 2017, 46(5): 235-238.

[5] 赵建光, 范晶晶. 基于 RFID 的智能小区车辆管理系统研究[J]. 河北建筑工程学院学报, 2012, 30(3): 70-73.

[6] 张坤. 智慧小区门禁系统的设计与实现[D]. 重庆: 重庆邮电大学, 2017.

[7] 孙晓伟, 李天平. 基于 RFID 的小区车辆管理系统[J]. 山东师范大学学报(自然科学版), 2017,

32(4): 56-60, 67.
[8] 白天瑰. RFID 和 VLPR 技术在酒钢智能门禁系统中的应用[D]. 兰州: 兰州理工大学, 2017.
[9] 梁佩仪, 吴晓君, 朱齐媛. 基于 STC89C52 单片机的宿舍门禁管理系统设计[J]. 佳木斯职业学院学报, 2015(2): 328.
[10] 田野, 郝芸. 基于 RFID 的车辆管理系统设计[J]. 电子设计工程, 2013, 21(10): 143-146.
[11] 王伟, 常中华, 张元斌. 基于 RFID 的车辆管理系统的设计与实现[J]. 科技视界, 2013(9): 16-17.
[12] 杨洋, 朱彩莲. 基于车牌识别及 RFID 技术的小区车辆管理系统设计[J]. 江西电力职业技术学院学报, 2012, 25(1): 31-33, 68.
[13] 陈锦. 基于射频识别技术的门禁系统研究[D]. 武汉: 武汉理工大学, 2010.
[14] 康秀光, 刁宏轩, 刘立峰. 基于 RFID 技术的车辆管理系统设计[J]. 黑龙江科技信息, 2009(3): 51.
[15] 王书林. 基于 RFID 的智能车辆管理系统[J]. 电子技术与软件工程, 2016(6): 113.
[16] 张志强. 基于 RFID 的企事业单位的车辆管理系统设计与应用[J]. 电子设计工程, 2014, 22(10): 32-33, 37.
[17] 曾玖长. 基于 Web 的公司公务车辆管理系统的设计与实现[D]. 南昌: 江西财经大学, 2016.
[18] 丁昌华, 路小波. 无线射频识别技术在车辆识别系统中的应用研究[J]. 交通科技与经济, 2006(1): 89-90.
[19] 贾华伟, 朱勇, 赵广鸣. 基于 RFID 的智能车辆管理系统[J]. 物联网技术, 2013, 3(8): 30-32, 37.
[20] 赵欣. 基于 RFID 技术的边防部队车辆管理系统的设计与实现[D]. 西安: 西安电子科技大学, 2015.
[21]方浚丞, 包敬海, 梁韶华. 基于GSM的远程火灾报警系统设计[J]. 钦州学院学报, 2016, 31(10): 30-34.
[22] 廉保旺, 李勇, 张怡, 等. 智能火灾报警控制系统设计与实现[J]. 西北工业大学学报, 2009, 17(4): 520-524.
[23] 刘叶冰, 赵小平, 孙丽. 住宅智能化的产业化问题[J]. 工程设计 CAD 与智能建筑, 2010(8): 45-46.
[24] 周峰. 防火防盗报警管理系统的设计与实现[D]. 成都: 电子科技大学, 2013.
[25] 韩斌杰, 杜新颜, 张建斌. GSM 原理及网络优化[M]. 北京: 机械工业出版社, 2009.
[26] 刘清. 基于 GSM 数字移动通信系统的无线网络优化方案[D]. 郑州: 解放军信息工程大学, 2008.
[27] 袁汶雯. GSM 无线数据传输的研究与应用[D]. 杭州: 浙江大学, 2003.
[28] 李俊. GSM 系统中的移动定位技术研究[D]. 长沙: 国防科学技术大学, 2002.
[29] 李迎春, 张佑生. GSM 短消息在无线数据采集与监控中的应用[J]. 计算机工程与应用, 2004(3): 213-215.
[30] 王锋, 林建辉. GSM 短信平台的设计[J]. 中国测试技术, 2005, 31(3): 101-102.
[31] 谢卫华. 基于单片机的家庭智能防火防盗系统[D]. 哈尔滨: 东北林业大学, 2010.
[32] 涂亚平. 基于 GSM 的远程防火防盗报警系统[D]. 上海: 东华大学, 2016.
[33] 郑道林, 孙耀杰, 左兆辉. 基于 MQ-2 与 GSM 的 CO 监测报警系统的设计[J]. 电子设计工程,

2014, 22(4): 162-164.
[34] 甘勇，宋春来. 数字温度传感器 DS18B20 在多点测温系统中的应用[J]. 河南农业大学学报，2001, 35(4): 391-393.
[35] 王磊，王军，基于 SIM900A 的嵌入式远程家电控制器设计[J]. 苏州科技学院学报，2014，27(1): 76-79.
[36] 何健. 基于 DS18B20 传感器测温系统的设计与实现[J]. 湖南农机, 2013, 40(3): 66-67.
[37] 刘西秀，张民，刘勇. GSM 技术在远程监测系统中的应用[J]. 仪表技术与传感器，2012(10): 79-84.
[38] 杨海波，张玮，刘晓静，等. 一种基于数字温度传感器 DS18B20 的多功能电子温度计设计[J]. 中国医学物理学杂志, 2013, 30(1): 3890-3893.
[39] ARORA A, DUTTA P, BAPAT S, et al. Line in the sand: a wireless senor network for target detection classification and tracking[J]. Computer Networks, 2004(5): 605-634.
[40] 李元臣，刘维群. 基于 GSM 模块的远程监控系统[J]. 测控自动化, 2007, 23(10): 90-91.
[41] 志辉，吕辉，车佳佳，等. 家庭智能化防火防盗报警系统设计[J]. 河南理工大学学报，2009, 28(2): 207-210.
[42] 潘朝，黄小巧，黄佳，等. 基于 GSM 短信的智能家居控制系统的设计[J]. 电子测量技术, 2013, 36(6): 121-124.
[43] 王大雷，姚积欢，王楠，等. 基于 STM32 和 GSM 的家庭智能防火防盗报警系统设计[J]. 宿州学院学报, 2016, 31(7): 106-115.
[44] 孙丘伟，余臻. 基于 GSM 的短信报警收发平台设计[J]. 福州大学学报, 2008, 36(21): 44-48.
[45] 万求，李淼，张建，等. GSM 短信传送文件的方法的研究与实现[J]. 计算机工程与应用，2006, 42(32): 122-124.

第 6 章

基于物联网的物流园水电监控系统

随着经济的发展和人们生活水平的不断提高，各行各业对水电的需求越来越大，在能源紧缺而又不可或缺的今天，科学、及时、有效地进行用水用电管理和安全监测，对我国建立节约型、和谐型社会起着积极重要的作用。本章主要研究基于物联网的水表、电能表数据的远程采集和水网电网负荷的远程实时监测管理。采用的远程监控与数据采集（Supervisory Control and Data Acquisition，SCADA）系统是以计算机为基础的生产过程控制与调度自动化系统，它对现场的运行设备进行监视和控制，以实现数据采集、设备控制、测量、参数调节以及各类信号报警等各项功能。克服了目前水网电网负荷管理中存在的问题，较好地满足了水电自动化管理的实时性、可靠性、数据精确性、异地管理方便等需求，达到了合理调度水电资源分配、发现故障、消除隐患、节约水电资源的目的。系统分别从以下几个方面进行了创新。

在线监测管理系统的硬件平台采用当今比较新的 4G 通信技术实现数据传输，对用户水表、电表数据全部采用远程自动采集。基于对功能、性能、功耗、成本及便利性等多方面的考虑，SCADA 系统中带有 4G 模块的采集终端选用了嵌入式系统，采用基于 4G 和 TCP 的自定义应用协议，支持电表和水表负荷数据的远程传输。结合系统实际功能需求，将软件系统划分为操作员管理模块、用户信息管理模块、抄表与控制管理模块、集中器管理模块和系统监控 5 个主要功能模块，各个模块又各自实现了相应的功能，达到了预期的效果。

该系统采用先进的嵌入式移动网络模块、4G 通信技术和 TCP 的自定义应用协议等，实现远程数据通信，通过对远程智能水表、电表数据进行采集、统计、分析、参数设置、异常报警、负荷调整、调度自动化，实现了系统的智能远程抄表和远程水电负荷的实时动态监测和控制，达到水网电网负荷优化、经济运行的目的。该成果还可应用在其他的远程无线监控系统中，具有广阔的应用前景和较好的社会和经济效益。

6.1 关键技术

将信息技术应用于水电系统，提高用水用电管理水平的需要，也是信息技术迅速发展的必然。目前种类繁多的负载对水电的要求也各不相同，本章研究的基于物联网技术的物流园水电监控系统就为企业提供了一种投资较少、安装及维护方便、通信可靠、计量准确的科学用水用电管理解决方案。它是一项集计算机、数字通信等多种技术于一体的高新技术，而且是一项较为复杂的系统工程，随着近年来计算机技术、物联网技术和微电子技术的飞速发展，越来越多的新技术应用于自动抄表系统，它们能够降低设备成本，提高可靠性、准确性和抄表效率，已展现出十分广阔的应用前景。在基于物联网技术的物流园水电监控系统中，数据通信部分的研究是一项重要内容，它影响到整个系统的规模、分散程度。SCADA 系统具有结构紧凑、功能强和实时性强等特点，又可利用 4G 网络进行数据传输，扩展了 SCADA 系统的应用范围。运用计算机对水、电进行监测并与生产计划进行统一调度，可以很好地实现节能降耗的目的。该系统具有计量准确、通信可靠、抄表方便、功耗低等远程抄表系统的优点，集采集、存储、传输、处理、计算、显示、查询、打印等一系列功能于一身，同时具有远程监控、远程维护的功能。下面对在物联网环境下生鲜农产品物流园水电监控系统中用到的关键技术进行介绍。

6.1.1 物联网技术

物联网通过射频识别（RFID）、红外感应器、全球定位系统等相关技术实现物与物、物与人、人与人的更广范围的信息互连。物联网以计算机技术为基础，通过把传感器作为各个节点接入通信网络中，围绕信息的获取、传输、处理和分析进行整个网络的信息流动。物联网可分为感知互动层、网络服务层及应用服务层 3 个层次，其结构如图 6-1 所示。

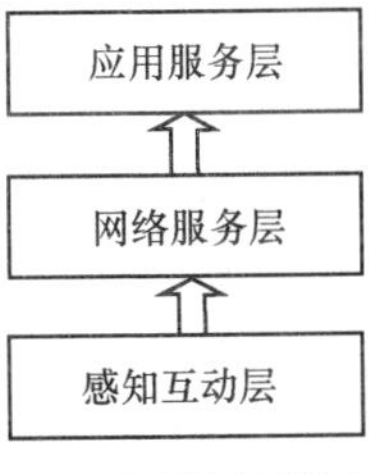

图 6-1 物联网层次结构

从物联网体系结构中可以看到：感知互动层、网络服务层和应用服务层既独立又相互联系，数据信息从最低层向上一层传送，感知互动层位于体系结构的最底层，是物联网的基础部分也是关键部分，由各类传感器设备来感知外部客观物体的物理信息，对采集的物理信息进行信号处理从而将其转化为电信号，电信号从网络服务层传输到应用服务层，再由应用服务层对数据信息完成物联网用户所需的应用功能。

感知互动层由各种功能的信息采集设备终端（如传感器等）组成，主要采用传感器技术、组网技术组建传感器网络。传感器网络分为有线传感网络和无线传感网络，无线传感网络主要有蓝牙传输技术、Wi-Fi 无线技术和 ZigBee 无线传输技术。一般选择相应的传感器作为感知设备，传感器的性能直接关系到感知信息采集的准确性。

网络服务层是用来传输电磁信号的外部网络，其主要由无线传输网络、Internet 及信息处理平台组成，通常选择 Internet、LAN 和无线通信网等进行信息传输，网络传输层在相应的传输协议及串口的程序设计下，负责信息数据的安全传输。

应用服务层是用户直接使用的一层，主要根据物联网用户的要求实现终端的相应功能，是物联网中采集信息传输的终端，该层主要通过感知层采集来的外部信息来实现物联网用户想要完成的功能，一般需要监控界面软件，实现对信息的处理、分析，达到物联网用户的意愿。

6.1.2 大数据技术

“大数据”是指以多元形式，由多个来源组成的庞大数据组。大数据无法用单台计算机进行处理，需要采用分布式计算架构。其特色是对海量数据的挖掘，主要依托云计算的分布式处理、分布式数据库、云存储和虚拟化技术。大数据具有 4V 特点：Volume（大量）、Velocity（高速）、Variety（多样）、Value（价值）。

- Volume 是指数据量非常庞大，数据信息量一般接近 EB（Exabyte）级。
- Variety 是指数据种类繁杂。数据被分作结构化数据和非结构化数据两类。结构化数据是指那些比较普遍的而且可以以文档形式来存储的数据；但是如今，非结构化数据呈爆炸式增长，比如音乐、照片、电影、位置等，这样的非结构化数据就对数据处理技术提出了非常高的要求。
- Value 是指数据的价值密度低。数据量的大小与价值密度的大小成反比关系。
- Velocity 是指操作数据的速度快。这个特点主要用于区别当下研究的大数据技术与早期的大数据技术。据有关报道，在 3~4 年之后，全世界的数据总量可能增至 36ZB。大数据领域里有一句话：处在既是挑战又是机遇的“大数据海洋”中，速度即生命。

大数据技术指的是从大量而且不同种类的数据当中，迅速获取有用信息的各种技术的集合。广泛地说，大数据技术是技术的集合，而不是单纯的一项技术，其具体包含的技术可以大致分为两大类。从处理数据本身的角度分类有：海量数据存储技术、数据高速传输技术、数据检索技术等；从数据的运算、分析角度来说有：实时数据处理技术、数据分析技术、云计算技术等。其中，云计算技术是当前研究得相对较多的一种计算技术，它产生于众多大型互联网公司处理海量数据的实践。云计算技术是一种可以提供可用的、便捷的、按需的网络访问模式，通过进入可以配置的资源共享区，快速提供资源。云计算技术具有如下特点：云计算技术是一种计算模式，有自身时间和网络存储的能力；云计算技术是一条接入路径，通过标准机制进行访问，借助广泛接入网络来获得计算能力；云计算技术是一项可以伸缩的技术，在互联网环境中，其计算能力可以快速地根据实际需要增强或者减弱，“弹性”很大。

6.1.3　嵌入式技术

嵌入式系统一般指非 PC 系统，它以应用为中心，以计算机技术为基础，软硬件可裁剪，适应应用系统对功能、可靠性、成本、体积、功耗严格要求的专用计算机系统，它包括硬件和软件两部分：硬件包括处理器/微处理器、存储器及外设器件和 I/O 端口、图形控制器等；软件包括操作系统软件（要求实时和多任务操作）和应用程序。应用程序控制着系统的运行，而操作系统控制着应用程序编程与硬件的交互作用。有时设计人员把这两种软件组合在一起。这种系统具有软件代码小、高度智能化、响应速度快等特点，特别适合于要求实时和多任务的体系。嵌入式系统的特点有以下几个。

（1）面向特定应用

嵌入式系统通常是面向特定应用的，嵌入式 CPU 与通用型 CPU 的最大不同就是嵌入式 CPU 大多工作在为特定用户群设计的系统中，通常都具有功耗低、体积小、集成度高等特点，能够把通用 CPU 中许多由板卡完成的任务集成在芯片内部，从而有利于嵌入式系统设计趋于小型化，移动能力大大增强，跟网络的耦合也越来越紧密。

（2）高效性

嵌入式系统的硬件和软件都必须高效率地设计，量体裁衣、去除冗余，力争在同样的硅片面积上实现更高的性能，这样才能在具体应用中对处理器的选择更具有竞争力。

（3）生命周期长

嵌入式系统和具体应用有机地结合在一起，其升级换代也是和具体产品同步进行的，因此嵌入式系统产品一旦进入市场，都具有较长的生命周期。

（4）程序固化

为了提高执行速度和系统可靠性，嵌入式系统中的软件一般都固化在存储器芯片或单片机本身中，而不是存储于磁盘等载体中。

（5）嵌入式系统开发需要开发工具和环境

嵌入式系统本身不具备自主开发能力，即使设计完成以后用户通常也不能对其中的程序功能进行修改，必须有一套开发工具和环境才能进行开发。开发时往往有主机和目标机的概念，主机用于程序的开发，目标机作为最后的执行机，开发时需要交替结合进行。

6.1.4 嵌入式系统的体系结构

一般而言，整个嵌入式系统的体系结构可以分成 4 个部分：嵌入式处理器、嵌入式外围设备、嵌入式操作系统和嵌入式应用软件，如图 6-2 所示。

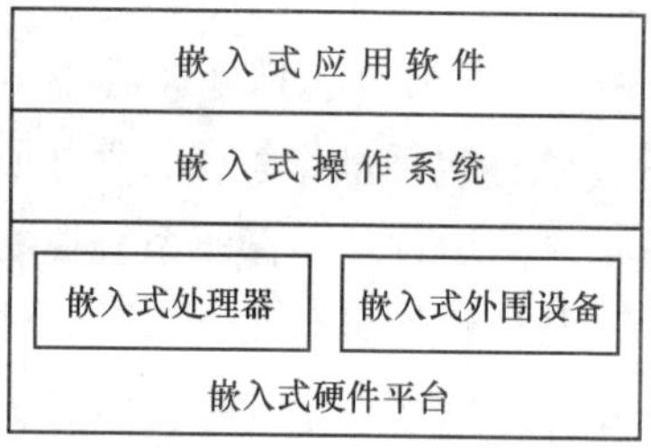

图 6-2 嵌入式系统的体系结构

（1）嵌入式处理器

嵌入式系统的核心是各种类型的嵌入式处理器。嵌入式处理器与通用处理器最大的不同点在于：嵌入式 CPU 大多工作在为特定用户群专门设计的系统中，它将通用 CPU 中许多由板卡完成的任务集成到芯片内部，从而有利于嵌入式系统在设计时趋于小型化，同时还具有很高的效率和可靠性。嵌入式处理器的体系结构经历了从 CISC（复杂指令集）至 RISC（精简指令集）和 Compact RISC 的转变，位数则由 4 位、8 位、16 位、32 位逐步发展到 64 位。目前常用的嵌入式处理器可分为：低端的嵌入式微控制单元（Micro Controller Unit，MCU）、中高端的嵌入式微处理单元（Embedded Micro Processor Unit，EMPU）、用于计算机通信领域的嵌入式 DSP 处理器（Embedded Digital Signal Processor，EDSP）和高度集成的嵌入式片上系统（System on Chip，SOC）。嵌入式微处理器就是和通用计算机的微处理器对应的 CPU，在应用中一般是将微处理器装配在专门设计的电路板上，在母板上只保留和嵌入式相关的功能，以大幅度减小系统体积和功耗。嵌入式 CPU 在功能上和标准 CPU 基本一致，具有体积小、重量轻、成本低、可靠性高的优点，但在电路板上必须包括 ROM、RAM、总线接口和相关外设。嵌入式 CPU 及其存储器、总线、外设等被安装在一块电路板上，称为单板计算机。目前的嵌入式处理器主要有 MIPS、PowerPC、x86、Motorola、68000、ARM 系列等。

（2）嵌入式外围设备

在嵌入式系统的硬件系统中，除了处理器以外，用于完成存储、通信、调试、显示等辅助功能的其他部件事实上都可以算作嵌入式外围设备。目前常用的嵌入式外围设备按功能可以分为存储设备、通信设备和显示设备 3 类。

存储设备主要用于各类数据的存储，常用的有静态易失型存储器（RAM、SRAM）、动态存储器（DRAM）和非易失型存储器（ROM、EPROM、EEPROM、Flash）3 种，其中 Flash 凭借其可擦写次数多、存储速度快、存储容量大、价格便宜等优点在嵌入式领域内得到了广泛应用。目前存在的绝大多数通信设备都可以直接在嵌入式系统中应用，包括：RS-232 接口（串行通信接口）、SPI（串行外围设备接口）、IrDA（红外线接口）、I2C（现场总线）、USB（通用串行总线接口）、Ethernet（以太网接口）等。由于嵌入式应用场合的特殊性，通常使用的外围显示设备是阴极射线管（CRT）、液晶显示器（LCD）和触摸板（Touch Panel）等。

（3）嵌入式操作系统

为了使嵌入式系统的开发更加方便和快捷，需要有专门负责管理存储器分配、中断处理、任务调度等功能的软件模块，这就是嵌入式操作系统。嵌入式操作系统是用来支持嵌入式应用的系统软件，是嵌入式系统极为重要的组成部分，通常包括：与硬件相关的底层驱动程序、系统内核、设备驱动接口、通信协议、图形用户接口（GUI）等。嵌入式操作系统具有通用操作系统的基本特点，如：能够有效管理复杂的系统资源，能够对硬件进行抽象，能够提供库函数、驱动程序、开发工具集等。但与通用操作系统相比，嵌入式操作系统在系统实时性、硬件依赖性、软件固化性以及应用专用性等方面，具有更加鲜明的特点。同时，嵌入式系统的运行环境和应用场合也决定了嵌入式系统具有区别于其他操作系统的一些特点。

（4）嵌入式应用软件

嵌入式应用软件是针对特定应用领域，基于某一固定的硬件平台，从而达到用户预期目标的计算机软件。由于用户任务可能有时间和精度上的要求，因此有些嵌入式应用软件需要特定嵌入式操作系统的支持。嵌入式应用软件和普通应用软件有一定的区别，它不仅要求其在准确性、安全性和稳定性等方面能够满足实际应用的需要，而且还要尽可能地进行优化，以减少对系统资源的消耗，降低硬件成本。

6.1.5 嵌入式系统的开发

相比于在 Windows 环境下的开发应用程序，嵌入式系统的开发有着很多不同，不同的硬件平台和操作系统带来了许多附加的开发复杂性。嵌入式系统的开发过程如图 6-3 所示。

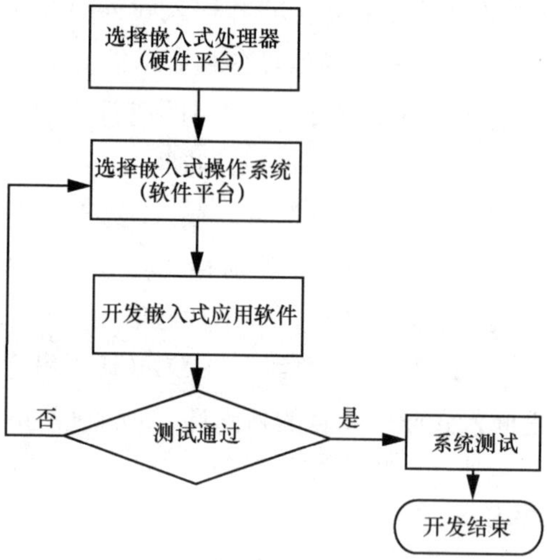

图 6-3 嵌入式系统的开发过程

嵌入式系统发展到今天，对应于各种微处理器的硬件平台一般都是通用的、固定的、成熟的，这就大大减少了由硬件系统引入错误的机会。此外，由于嵌入式操作系统屏蔽了底层硬件的复杂性，使得开发者通过操作系统提供的 API 函数就可以完成大部分工作，因此大大简化了开发过程，提高了系统的稳定性。嵌入式系统的开发者现在已经从反复进行硬件平台设计的过程中解脱出来，从而可以将主要精力放在满足特定的需求上。

嵌入式系统通常是一个资源受限的系统，因此直接在嵌入式系统的硬件平台上编写软件比较困难，有时候甚至是不可能的。目前，一般采用的解决办法是，首先在通用计算机上编写程序，然后通过交叉编译生成目标平台上可以运行的二进制代码，最后再下载到目标平台上的特定位置上运行。

需要交叉开发环境（Cross Development Environment）的支持是嵌入式应用软件开发的一个显著特点，交叉开发环境是指编译、链接和调试嵌入式应用软件的环境，它与运行嵌入式应用软件的环境有所不同，通常采用宿主机/目标机模式，如图 6-4 所示。

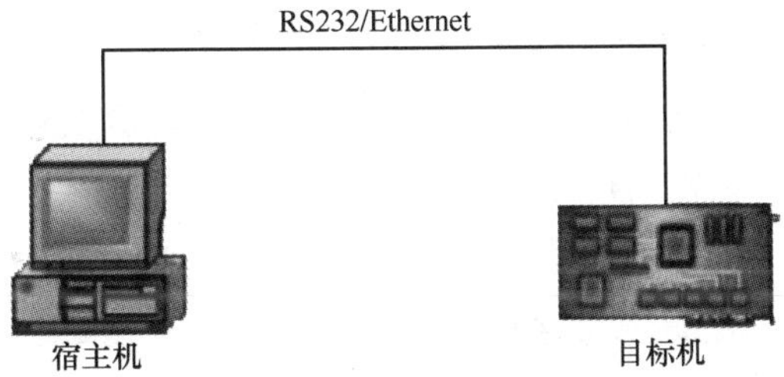

图 6-4　宿主机/目标机模式

宿主机（Host）是一台通用计算机（如 PC 或者工作站），它通过串口或者以太网接口与目标机通信。宿主机的软硬件资源比较丰富，不但包括功能强大的操作系统（如 Windows 和 Linux），而且还有各种各样优秀的开发工具（如 WindRiver 的 Tornado、Microsoft 的 Embedded Visual C++等），能够大大提高嵌入式应用软件的开发速度和效率。

目标机（Target）一般在嵌入式应用软件开发期间使用，用来区别与嵌入式系统通信的宿主机，它可以是嵌入式应用软件的实际运行环境，也可以是能够替代实际运行环境的仿真系统，但软硬件资源通常都比较有限。嵌入式系统的交叉开发环境一般包括交叉编译器、交叉调试器和系统仿真器，其中交叉编译器用于在宿主机上生成能在目标机上运行的代码，而交叉调试器和系统仿真器则用于在宿主机与目标机间完成嵌入式软件的调试。在采用宿主机/目标机模式开发嵌入式应用软件时，首先利用宿主机上丰富的资源和良好的开发环境开发和仿真调试目标机上的软件，然后通过串口或者网络将交叉编译生成的目标代码传输并装载到目标机上，并在监控程序或者操作系统的支持下利用交叉调试器进行分析和调试，最后目标机在特定环境下脱离宿主机单独运行。

（1）建立交叉开发环境

建立交叉开发环境是进行嵌入式软件开发的第一步，目前常用的交叉开发环境主要有开放和商业两种类型。开放的交叉开发环境的典型代表是 GNU 工具链，目前已经能够支持 x86、ARM、MIPS、PowerPC 等多种处理器。商业的交叉开发环境则主要有 Metrowerks Code Warrior、ARM Software Development Toolkit、SDS Crosscompiler、WindRiver Tornado、Microsoft Embedded Visual C++等。

（2）交叉编译和链接

在完成嵌入式软件的编码之后，需要进行编译和链接以生成可执行代码。由于开发过程大多是在 Intel 公司 x86 系列 CPU 的通用计算机上进行的，而目标环境的处理器芯片却大多为 ARM、MIPS、PowerPC、DragonBall 等系列的微处理器，这就要求在建立好的交叉开发环境中进行交叉编译和链接。

交叉编译器和交叉链接器是能够在宿主机上运行，并且能够生成在目标机上直接运行的二进制代码的编译器和链接器。

嵌入式系统在链接过程中，通常都要求使用较小的函数库，以便最后产生的可执行代码尽可能地小，因此实际运用时一般使用经过特殊处理的函数库。

目前嵌入式的集成开发环境都支持交叉编译和交叉链接，如 WindRiver Tornado 和 Microsoft Embedded Visual C++等，编写好的嵌入式软件经过交叉编译和交叉链接后通常会生成两种类型的可执行文件：用于调试的可执行文件和用于固化的可执行文件。

（3）交叉调试

嵌入式软件经过编译和链接后，即进入调试阶段。调试是软件开发过程中必不可少的一个环节，嵌入式软件开发过程中的交叉调试与通用软件开发过程中的调试方式有所不同。在通用软件开发中，调试器与被调试的程序往往运行在同一台计算机上，调试器是一个单独运行的进程，它通过操作系统提供的调试接口来控制被调试的进程。而在嵌入式软件开发中，调试时采用的是在宿主机和目标机之间进行的交叉调试，调试器仍然运行在宿主机的通用操作系统之上，但被调试的进程却是运行在基于特定硬件平台的嵌入式操作系统中，调试器和被调试进程通过串口或者网络进行通信，调试器可以控制、访问被调试进程，读取被调试进程的当前状态，并能够改变被调试进程的运行状态。

交叉调试（Cross Debug）又常常被称为远程调试（Remote Debug），是一种允许调试器以某种方式控制目标机上被调试进程的运行方式，并具有查看和修改目标机上内存单元、寄存器以及被调试进程中变量值等各种调试功能。一般而言，远程调试过程的结构如图 6-5 所示。

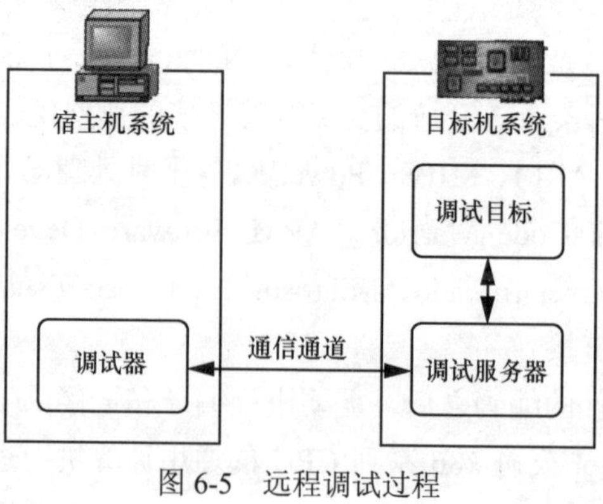

图 6-5　远程调试过程

6.1.6 ASP技术

ASP（Active Server Page，动态服务器页面）是微软公司推出的一种用以取代CGI（Common Gateway Interface，通用网关接口）的技术，它可以与数据库和其他程序进行交互，是一种简单、方便的编程工具。简单地说，ASP是一个位于服务器端的脚本运行环境，通过这种环境，用户可以创建和运行动态的交互式Web服务器应用程序，如交互式动态网页，包括使用HTML表单收集和处理信息、上传与下载等。

ASP使用的ActiveX技术基于开放设计环境，用户可以自己定义和制作组件加入其中，使自己的动态网页几乎具有无限的扩充能力，这是传统的CGI等程序所远远不及的地方。ASP开发的网络数据库体系结构是三层B/S（浏览器/服务器）模式体系结构，其人机交互简单、直观，系统的开放性好，用户通过Internet或局域网就可以访问数据库。它通过在静态HTML内容中嵌入服务器脚本，实现网页内容的动态改变。ASP赖以运行的基础是Windows Web服务器IIS或PWS，使用的编程语言是脚本语言（VBScript 和 JavaScript）。三层B/S模式体系结构即用户层、中间层和数据层，用户层是客户界面层，即Web浏览器，它负责用户与应用程序的交互；中间层是业务逻辑层，即Web服务器和ASP程序，它是应用逻辑处理的核心，是具体应用的实现，是连接用户和数据库的中介和桥梁；数据层是数据库服务器，它通常是基于SQL的DBMS，实现数据的存储、数据的访问控制、数据完整性约束和并发控制等。

ASP程序位于Web服务器上，用来实现中间层业务逻辑。ASP与常见的在Client端实现动态主页的技术如JavaApplet、ActiveXControl、VBScript、JavaScript等不同，ASP中的命令和Script语句都是由服务器来解释执行的，执行结果产生动态生成的Web页面并送到浏览器；而Client端技术的Script命令则由浏览器来解释执行。由于ASP是在服务器端解释执行的，开发者可以不必考虑浏览器是否支持ASP；同时由于它在服务器端执行，开发者也不必担心别人下载程序从而窃取编程逻辑。ASP通过后缀名为.asp的ASP文件来实现，一个.asp文件相当于一个可执行文件，因此必须放在Web服务器上有可执行权限的目录下。当用户从浏览器输入了.asp文件的地址后，浏览器就将这个URL请求发给WebServer，如果WebServer上装了ASP，就调用ASP。ASP读出相应的.asp文件，解释并执行命令，动态生成一个HTML页面回传到WebServer，然后WebServer再把结果发送给浏览器。ASP文件的制作和HTML类似，且和HTML开发集成，可以在同一个过程中完成，利用ASP将可以执行的脚本嵌入 HTML 文件中（将 HTML 文件的后缀名改为.asp），这使得 HTML 文件的编写与脚本的开发融合在一起。通过 ASP 内置的对象、服务器组件可以完成非常复杂的任务，而且用户还可以自己开发或利用别人开发的服务器组件完成专门的任务。ASP 内置对象是 ASP 的核心，ASP 的主要功能都是建立在这些内置对象的基础之上的。ASP 内置对象是指对象本身内置于 ASP 中，使用时不需要设置即可运行。

ASP 提供了 6 个最常用的内置对象，它们在 ASP 中起着非常重要的作用，包括 Request、Response、Server、Application、Session 和 Error。每个对象都提供了一系列的集合、属性和方法。

ASP 有以下几个特点。

- 使用 VBScript、JavaScript 等简单易懂的脚本语言，同时结合 HTML 代码，即可快速地完成网站的应用程序。
- 使用普通的文本编辑器，如 Windows 的记事本，即可进行编辑设计，而利用诸如 Frontpage 或者 Dreamweaver 等所见即所得的网页编辑软件可以快捷方便地进行编辑，易学易用。
- 与浏览器无关，用户端只要使用可执行 HTML 代码的浏览器，即可浏览 ASP 所设计的网页内容。ASP 所使用的脚本语言（VBScript、JavaScript）均在 Web 服务器端执行，用户端的浏览器不需要能够执行这些脚本语言。
- ASP 能与任何 ActiveX Scripting 语言相容。ActiveX Server Components（ActiveX 服务器元件）具有无限可扩充性。可以使用 Visual Basic、Java、Visual C++、COBOL 等编程语言来编写所需要的 ActiveX 服务器元件。
- ASP 的源程序，不会被传到客户端浏览器，因而可以避免所写的源程序被他人剽窃，也提高了程序的安全性。

ASP 的功能如下。

- 处理由浏览器发送到服务器的表单输入。
- 访问和编辑服务器端的数据库表，使用浏览器就可以输入、更新和删除服务器中数据库的内容。
- 读写 Web 服务器的文件，实现计数器、留言簿、聊天室等功能。
- 由 Cookies 读写用户端的硬盘文件，以记录有关数据。
- 实现多个主页间的信息共享，便于开发复杂的电子商务应用系统。
- 使用 VBScript 或 JavaScript 等简易的脚本语言，结合 HTML 代码，可快速完成站点的应用程序，产生或更改在客户端执行的脚本语言。
- 扩充能力强，可利用多种语言制作 ActiveX 服务器组件以满足不同的应用需求。

6.1.7 Dreamweaver

Dreamweaver 是美国 Macromedia 公司开发的集界面制作和管理网站于一身的所见即所得网页编辑器，它是第一套针对专业网页设计师特别发展的视觉化网页开发工具，利用它可以轻而易举地制作出跨越平台和浏览器限制的充满动感的网页。

Dreamweaver、Flash 以及在 Dreamweaver 之后推出的针对专业网页图像设计的 Fireworks，三者被 Macromedia 公司称为 Dreamteam，足见市场的反响和 Macromedia 公司对它们的信赖。说到 Dreamweaver，首先应该了解一下网页编辑器的发展过程，随着互联网的家喻户晓及 HTML 技术的不断发展和完善，随之产生了众多网页编辑器，从网页编辑器基本性质可以分为所见即所得网页编辑器和非所见即所得网页编辑器，两者各有千秋。

Macromedia Dreamweaver MX 2004（以下简称 DW MX 2004），是 Macromedia 最新开发的 HTML 编辑器，用于对 Web 站点、Web 页面和 Web 应用程序进行设计、编码和开发。DW MX 2004 包含一个崭新、简洁、高效的界面，且性能也得到了改进。此外，还包含了众多新增的功能，改善了软件的易用性并使用户无论处于设计环境还是编码环境都可以方便地生成页面。功能简介如下。

- 简洁高效的设计和开发界面：界面更易于使用，可使用户的工作效率和工作质量得到提高。
- “插入”栏的改进：简洁高效的新外观，占用更少的工作区空间，还新增加了一个“收藏”类别，用户可以对“插入”栏进行自定义，将最常使用的对象放置在该栏上。
- 表格编辑可视化：在表格中进行列调整操作时能看到实际效果。用户界面改进，可得到最大的可用工作区，更清晰地显示上下文和焦点，更易于使用和更具逻辑性。
- 起始页：使用户能够访问最近使用过的文件，创建新文件和访问 DW MX 2004 资源。起始页会在用户启动 DW MX 2004 或尚未打开文档时显示。
- 保存桌面选项：使用户可以选择重新启动 DW MX 2004 时重打开上一次使用的文档。
- 完全支持 Unicode：DW MX 2004 支持 Internet Explorer 所支持的所有文本编码方式。用户可以使用几乎所有系统中安装的语言字体，DW MX 2004 会正确地显示和保存这些字体。

- 安全 FTP：使用户能够完全加密所有文件传输。
- 增强的 CSS 功能：提供了一个更为精巧的方法来进行样式设计及提高设计交互性。
- 动态跨浏览器验证：在用户保存文档时自动检查当前文档的跨浏览器兼容性问题。

6.1.8 Photoshop

Photoshop 可分为图像编辑、图像合成、校色调色及特效制作部分。

图像编辑是图像处理的基础，可以对图像做各种变换（如放大、缩小、旋转、倾斜、镜像、透视等），也可进行复制、去除斑点、修补、修饰图像的残损等。这在婚纱摄影、人像处理制作中有非常大的用场，去除人像上不满意的部分，进行美化加工，得到让人非常满意的效果。

图像合成则是将几幅图像通过图层操作、工具应用合成完整的、传达明确意义的图像，是美术设计的必经之路。Photoshop 提供的绘图工具可以让外来图像与创意很好地融合。

校色调色是 Photoshop 中深具威力的功能之一，可方便快捷地对图像的颜色进行明暗、颜色编码的调整和校正，也可在不同颜色间进行切换以满足图像在不同领域（如网页设计、印刷、多媒体等方面）的应用。

特效制作在 Photoshop 中主要由滤镜、通道及工具综合应用完成。图像的特效创意和特效字的制作，如油画、浮雕、石膏画、素描等常用的传统美术技巧都可藉由 Photoshop 特效完成。而各种特效字的制作更是很多美术设计师热衷于研究 Photoshop 的原因。

6.1.9 IIS

IIS（Internet Information Server）是微软公司主推的服务器，IIS 与 Windows NT Server 完全集成在一起，因而用户能够利用 Windows NT Server 和 NTFS（NT File System，NT 的文件系统）内置的安全特性，建立强大、灵活而安全的 Internet 站点。IIS 支持 HTTP（Hypertext Transfer Protocol，超文本传输协议）、FTP（File Transfer Protocol，文件传输协议）以及 SMTP（Simple Mail Transfer Protocol，简单邮件传输协议），通过使用 CGI 和 ISAPI，IIS 可以得到高度的扩展。

IIS 的一个重要特性是支持 ASP。IIS 3.0 版本以后引入了 ASP，可以很容易地张贴动态内容和开发基于 Web 的应用程序。对于诸如 VBScript、JavaScript 开发软件，或者 Visual Basic、Java、Visual C++开发系统，IIS 都提供强大的本地支持。

6.2　基于物联网的物流园水电监控系统体系结构

水电监控系统的硬件平台采用当今比较新的 GPRS（General Packet Radio Service，通用分组无线服务）技术实现数据传输，对用户水表电表数据全部采用远程自动采集。本系统设计中采用的是 GPRS 接入公网（Internet）的组网方案。系统数据传输的工作原理为：终端通过 RS485 接口和采用嵌入式网络模块 NetBox 2 的集中器，接收用户水表电表的数据，然后将数据打成 IP 包，通过 GPRS 模块内置 SIM 卡搜索 GPRS 网络后接入，处理后采用基于 GPRS 和 TCP 的自定义应用协议，分组数据经封装后，发送到外部 Internet，再通过 Internet 服务器，将数据发送到数据处理中心和负荷监控中心。这种组网方式资费低，前期投资少，实施方便。

基于对功能、性能、功耗、成本及便利性等多方面的考虑，本系统中带有 GPRS 模块的采集终端选用了嵌入式系统 NetBox2，集中器采用嵌入式网络模块 NetBox 2，以工业级品质嵌入式 32 位微处理器 i386EX 为核心，支持 GPRS、RS485/232 等通信方式，以类 DOS 操作系统为软件平台，应用程序设计采用 EDrive 事件驱动的应用程序框架。由于 NetBox2 本身资源的限制，没有编译环境，所以其上软件的开发在另外一台 PC 上进行，这时，这台 PC 称为开发主机，NetBox2 称为目标机，二者通过串口线路连接起来。开发主机运行 Windows 操作系统，使用 Borland C++进行软件的编译、调试。由于 NetBox2 采用了 FAT 文件系统、DOS 兼容的操作系统，支持串口调试，同时 Borland C++提供了远程调试工具（TD），所以，目标机软件的开发方法是，在开发主机上生成客户端程序，通过串口上传到 NetBox2，然后在开发主机上使用 TD 通过串口进行远程调试，直至调试成功，程序在 NetBox2 上独立运行。

基于 NetBox2 提供的嵌入式 TCP/IP 协议库，实现基于 GPRS 的远程数据传输。集中器与电能表通信采用行业标准《多功能电能表通信协议》（2008 年最新修订实施版 DL/T645-2007），与水表通信采用行业标准《户用计量仪表数据传输技术条件》（CJ/T188-2004）。集中器与监控主机的通信数据格式，采用基于 GPRS 和 TCP 的自定义应用协议，支持电表和水表负荷数据的远程传输。 集中器启动后向监控主机发起 TCP 连接，连接建立后立即向主机通告自己的集中器号，主机写入数据库集中器表中。系统结构如图 6-6 所示。

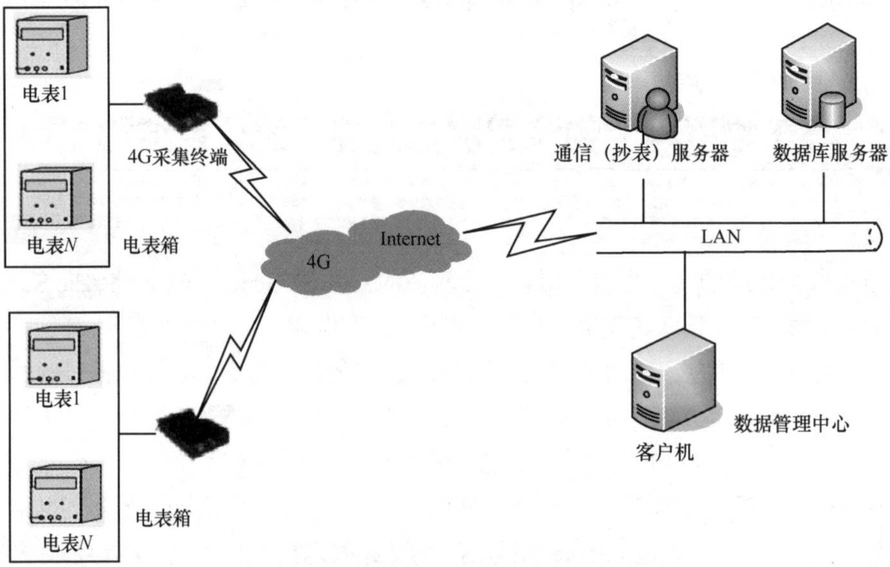

图 6-6　系统硬件结构

结合系统实际功能需求，将软件系统划分为操作员管理模块、用户信息管理模块、抄表与控制管理模块、集中器管理模块和系统监控模块 5 个主要功能模块，各个模块又各自实现了相应的功能，达到了预期的功能。系统功能模块框架如图 6-7 所示。

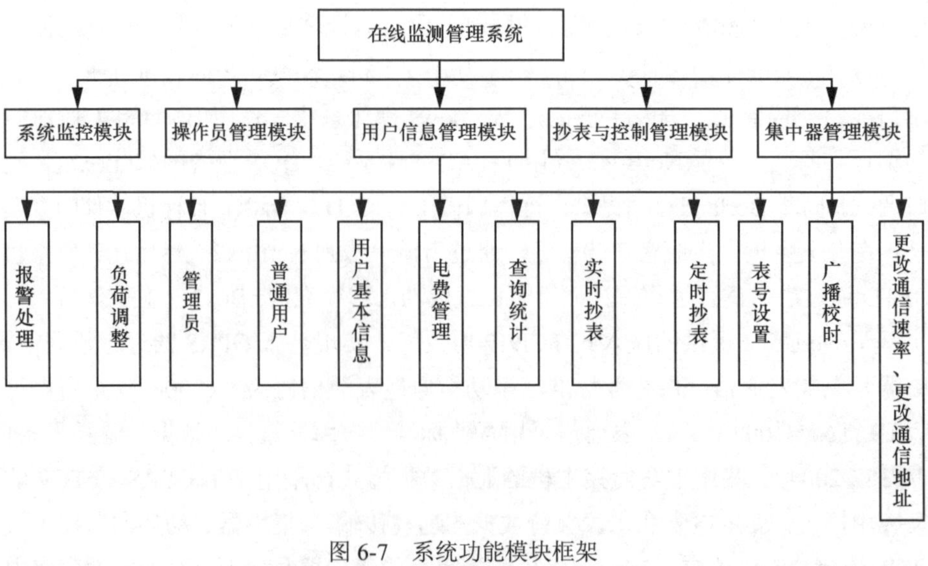

图 6-7　系统功能模块框架

6.3 集中器管理模块的设计

集中器管理模块的硬件分为采集模块、抄表主机以及 485 通信 3 部分，如图 6-8 所示。基于对功能、性能、功耗、成本及便利性等多方面的考虑，本系统中带有 GPRS 模块的采集终端选用了嵌入式系统 NetBox2。

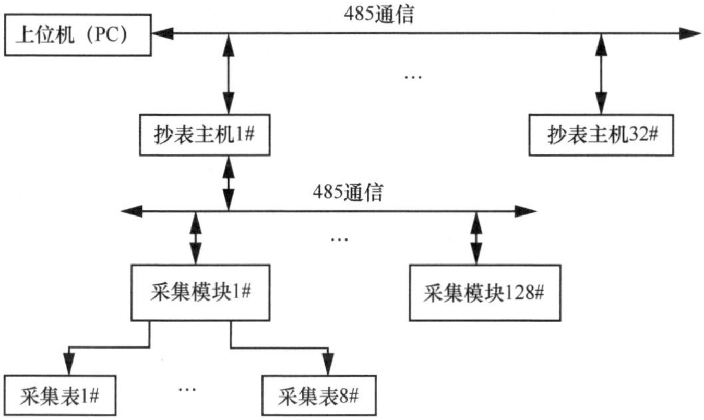

图 6-8　集中器管理模块的硬件结构

6.3.1　带有 GPRS 模块的数据采集终端设计

NetBox2 是一个具有网络接口的嵌入式网络模块，选用了 32 位的 Intel 386EX CPU 作为处理器核心。386EX 是工业级品质嵌入式 CPU 的典型代表，是当今欧美工业嵌入式领域使用最为广泛的嵌入式 CPU，具有宽温度范围、高可靠性和兼容性强的特点，广泛应用于电力、工业、农业等对环境和稳定性要求较高的场合。NetBox2 嵌入式网络模式如图 6-9 所示。

NetBox2 的主要技术指标如下：

- 24MHz Intel 386EX 高性能、32 位微处理器；
- 640KB 常规内存，1MB 高端内存；
- 512KB Flash 存储器，DOS 兼容的 FAT 文件系统；
- 10BASE-T 以太网接口；

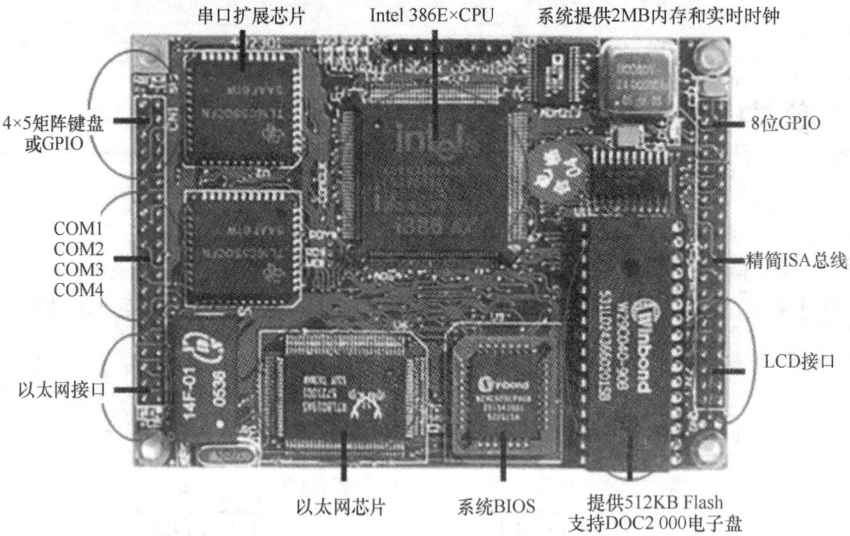

图 6-9　NetBox2 嵌入式网络模块

- GPRS 通信接口；
- 4 个标准 RS232 串口，支持各种应用扩展；
- 1 个 RS485 接口；
- 支持大多数 LCD 显示模块；
- 支持 4×5 矩阵键盘；
- 双 WDT 机制，确保系统在恶劣环境中的可靠启动；
- PC 兼容的 CMOS 掉电保护实时时钟；
- PC 兼容的 BIOS 及 PC/DOS 兼容的程序运行环境；
- 支持各种基于 TCP/IP 的网络应用，如以太网、GPRS、Web Server 等；
- BC3.1 集成开发环境，Turbo Debugger 源码调试（交叉调试环境）；
- 供电电压为 5V±5%；工作电流为 280mA；
- 模块尺寸为 98mm×71mm，2 个 40 芯双排 IDC 插针；
- 工作温度为−20℃~65℃；工作湿度为 5%~95%。

6.3.2　基于 NetBox2 的软件开发方法

由于 NetBox2 本身资源的限制，没有编译环境，所以其上软件的开发在另外一台 PC 上进行，这时，这台 PC 称为开发主机，NetBox2 称为目标机，二者通过串口线路连接起来。开发主机运行 Windows 操作系统，使用 Borland C++进行软件的编译、调试。由于 NetBox2 采用了 FAT 文件系统、DOS 兼容的操作系统，支持串口调试，同时 Borland C++提供了远程调试工具（TD），所以，目标机软件的开发方法是：在开发主机上生成客户端程序，通过串口上传到 NetBox2，然后在开发主机上使用 TD 通过串口进行远程调试，直至调试成功，程序在 NetBox2 上独立运行。软件开发方法如图 6-10 所示。

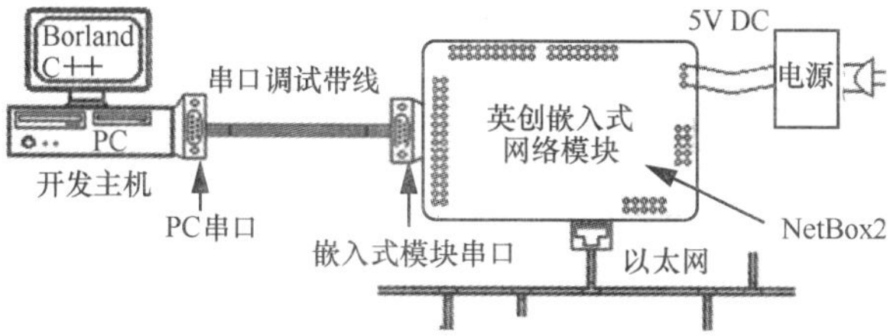

图 6-10　基于 NetBox2 的软件开发方法示意图

NetBox2 提供的嵌入式 TCP/IP 协议库（如图 6-11 所示）是一个基于标准 TCP/IP 协议的 Borland C++ TCP/IP 开发库，它提供了几十个集成度很高、可用性和灵活性很强的 TCP/IP 函数，能有效地支持以太网、GPRS、CDMA 等通信方式，并能在嵌入式模块上稳定运行，充分发挥硬件的网络功能，这为网络应用提供了支持和便利，可以使用此协议库实现基于 GPRS 的远程数据传输。

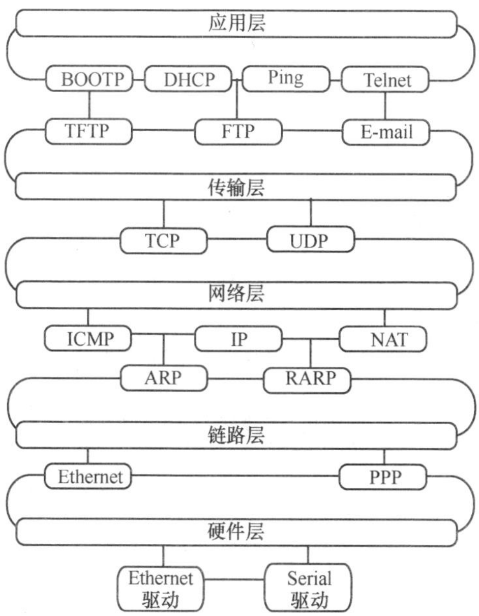

图 6-11　嵌入式 TCP/IP 协议库

6.3.3 集中器与监控主机通信数据格式

监控主机通信数据格式见表 6-1，其功能码取值以及功能见表 6-2。

表 6-1 数据格式

字段	长度/byte	说明
集中器号	4	接收或发送数据的集中器
功能码	1	见表 6-2
序号	4	匹配请求与应答
数据域长度	1	
数据域	可变	格式随功能码变化

表 6-2 功能码取值及功能

取值	功能
0	集中器向监控主机的通告
1	读集中器数据
2	写集中器数据
3	读电表数据
4	写电表数据
5	读电表通信地址
6	写电表通信地址
7	冻结电表数据
8	校时
9	更改电表通信速率
10	电表清零
11	电表最大需量清零
12	电表事件清零
13	更改电表密码

功能码为 0：用于集中器主动向主机通告事件，不需主机应答。现定义为通告集中器号，此时数据域为空。

表 6-3 为集中器向主机通告自己的集中器号字段信息及取值。

表 6-3 字段信息及取值

字段	取值/16 进制
集中器号	00000001
功能码	00
序号	00000001
数据域长度	00
数据域	

功能码为 3：用于主机读电表数据的请求和应答。请求时数据域为读取的电表通信地址、数据标识。集中器应答时，若是正确应答，功能码仍为 3，数据域为读取的电表通信地址、数据标识和值；若是错误应答，功能码为 3+64 即 67（43H），数据域为 1byte 错误代码。

读电表数据时数据域格式见表 6-4，其可用数据标识见表 6-5。

表 6-4　读电表数据时数据域格式

数据域	电表通信地址	12byte ASCII 表示的数字
	数据标识值	4byte

表 6-5　读电表数据时可用数据标识

数据标识/16 进制	数据值	单位	数据名称
00010000	4byte	kW·h	当前（*n*）总电量
00010100			当前（*n*）尖峰电量
00010200			当前（*n*）高峰电量 0
00010300			当前（*n*）平电量
00010400			当前（*n*）低谷电量
00010001	4byte	kW·h	（*n*−1）月总电量
00010101			（*n*−1）月尖峰电量
00010201			（*n*−1）月高峰电量 1
00010301			（*n*−1）月平电量
00010401			（*n*−1）月低谷电量
00010002	4byte	kW·h	（*n*−2）月总电量
00010102			（*n*−2）月尖峰电量
00010202			（*n*−2）月高峰电量 2
00010302			（*n*−2）月平电量
00010402			（*n*−2）月低谷电量
00010003	4byte	kW·h	（*n*−3）月总电量
00010103			（*n*−3）月尖峰电量
00010203			（*n*−3）月高峰电量 3
00010303			（*n*−3）月平电量
00010403			（*n*−3）月低谷电量
…	…	…	…
…	…	…	…
0001000C	4byte	kW·h	（*n*−12）月总电量

（续表）

数据标识/16 进制	数据值	单位	数据名称
0001010C			（n−12）月尖峰电量
0001020C			（n−12）月高峰电量 12
0001030C			（n−12）月平电量
0001040C			（n−12）月低谷电量
04000101	4byte	年、月、日、星期	电表日期 13
04000102	3byte	时分秒	电表时间 14
04000401	12byte	ASCII 数字	电表通信地址 15
04000402	12byte	ASCII	电表号 16
04000501	2byte		电表运行状态字 1
04000502			电表运行状态字 2
04000503			电表运行状态字 3　17
04000504			电表运行状态字 4
04000505			电表运行状态字 5
04000506			电表运行状态字 6
04000507			电表运行状态字 7
04000703	1byte		电表通信接口 1 速率
04000704	1byte		电表通信接口 2 速率 18
04000705	1byte		电表通信接口 3 速率
04000902	2byte		冻结数据模式 19
04000B01	2byte	第几日几时	每月第 1 结算日
04000B02	2byte	第几日几时	每月第 2 结算日 20
04000B03	2byte	第几日几时	每月第 3 结算日

表 6-6 为读当前总电量请求字段信息及取值。

表 6-6　字段信息及取值

字段	取值/16 进制
集中器号	00000001
功能码	03
序号	00000001
数据域长度	10
数据域	31323334353637383930313200010000

表 6-7 为读当前总电量正确应答字段信息及取值。

表 6-7　字段信息及取值

字段	取值/16 进制
集中器号	00000001
功能码	03
序号	00000001
数据域长度	14
数据域	3132333435363738393031320001000010A2B399

表 6-8 为读当前总电量错误应答字段信息及取值。

表 6-8　字段信息及取值

字段	取值/16 进制
集中器号	00000001
功能码	43
序号	00000001
数据域长度	01
数据域	01

功能码为 4：用于主机写电表数据的请求和应答。请求时数据域为要写的电表通信地址、数据标识和值。集中器应答时，若是正确应答，功能码仍为 4，数据域为已写的电表通信地址、数据标识和值；若是错误应答，功能码为 4+64 即 68（44H），数据域为 1byte 错误代码。

写电表数据时可用数据标识见表 6-9。

表 6-9　写电表数据时可用数据标识

数据标识/16 进制	数据值	单位	数据名称
04000402	12byte	ASCII	电表号
04000B01	2byte	第几日几时	每月第 1 结算日
04000B02	2byte	第几日几时	每月第 2 结算日
04000B03	2byte	第几日几时	每月第 3 结算日

表 6-10 为写每月第 1 结算日数据请求字段信息及取值。

表 6-10　字段信息及取值

字段	取值/16 进制
集中器号	00000001
功能码	04
序号	00000002
数据域长度	12
数据域	313233343536373839303132040000B011A00

表 6-11 为写每月第 1 结算日数据正确应答字段信息及取值。

表 6-11 字段信息及取值

字段	取值/16 进制
集中器号	00000001
功能码	04
序号	00000002
数据域长度	12
数据域	31323334353637383930313204000B011A00

表 6-12 为写每月第 1 结算日数据错误应答字段信息及取值。

表 6-12 字段信息及取值

字段	取值/16 进制
集中器号	00000001
功能码	44
序号	00000002
数据域长度	01
数据域	01

功能码为 5：用于主机读电表通信地址。请求时数据域为空。集中器应答时，若是正确应答，功能码仍为 5，数据域为 12byte ASCII 表示的地址；若是错误应答，功能码为 5+64 即 69（45H），数据域为 1byte 错误代码。

表 6-13 为读电表通信地址请求字段信息及取值。

表 6-13 字段信息及取值

字段	取值/16 进制
集中器号	00000001
功能码	05
序号	00000003
数据域长度	00
数据域	

表 6-14 为读电表通信地址正确应答字段信息及取值。

表 6-14 字段信息及取值

字段	取值/16 进制
集中器号	00000001
功能码	05
序号	00000003
数据域长度	0C
数据域	313233343536373839303132

表 6-15 为读电表通信地址正确应答字段信息及取值。

表 6-15　字段信息及取值

字段	取值/16 进制
集中器号	00000001
功能码	45
序号	00000003
数据域长度	01
数据域	01

功能码为 6：用于主机向电表写入通信地址。请求时数据域为要写的新地址。集中器应答时，若是正确应答，功能码仍为 6，数据域为 12byte ASCII 表示的地址；若是错误应答，功能码为 6+64 即 70（46H），数据域为 1byte 错误代码。

表 6-16 为写电表通信地址请求字段信息及取值。

表 6-16　字段信息及取值

字段	取值/16 进制
集中器号	00000001
功能码	06
序号	00000004
数据域长度	0C
数据域	313233343536373839303132

表 6-17 为写电表通信地址正确应答字段信息及取值。

表 6-17　字段信息及取值

字段	取值/16 进制
集中器号	00000001
功能码	06
序号	00000004
数据域长度	0C
数据域	313233343536373839303132

表 6-18 为写电表通信地址错误应答字段信息及取值。

表 6-18　字段信息及取值

字段	取值/16 进制
集中器号	00000001
功能码	46
序号	00000004
数据域长度	01
数据域	01

功能码为 8：广播校时，用于主机校正同一集中器下所有电表的时间。请求时数据域为新时间，包括年、月、日、时、分、秒 6byte。集中器应答时，若是正确应答，功能码仍为 8，数据域为 6byte 时间；若是错误应答，功能码为 8+64 即 72（48H），数据域为 1byte 错误代码。

表 6-19 为广播校时请求字段信息及取值。

表 6-19　字段信息及取值

字段	取值/16 进制
集中器号	00000001
功能码	08
序号	00000005
数据域长度	06
数据域	090729160300

表 6-20 为广播校时正确应答字段信息及取值。

表 6-20　字段信息及取值

字段	取值/16 进制
集中器号	00000001
功能码	08
序号	00000005
数据域长度	06
数据域	090729160300

表 6-21 为广播校时错误应答字段信息及取值。

表 6-21　字段信息及取值

字段	取值/16 进制
集中器号	00000001
功能码	48
序号	00000005
数据域长度	01
数据域	01

功能码为 9：更改电表与集中器通信的速率。请求时数据域为 12byte 电表通信地址和 1byte 新速率值。集中器应答时，若是正确应答，功能码仍为 9，数据域为 12byte 电表通信地址和 1byte 新速率值；若是错误应答，功能码为 9+64 即 73（49H），数据域为 1byte 错误代码。

表 6-22 为通信速率可用值。

表 6-22　通信速率可用值

1	2	3	4	5	6
600bit/s	1200bit/s	2400bit/s	4800bit/s	9600bit/s	19200bit/s

表 6-23 为更改通信速率请求字段信息及取值。

表 6-23　字段信息及取值

字段	取值/16 进制
集中器号	00000001
功能码	09
序号	00000006
数据域长度	0D
数据域	31323334353637383930313205

表 6-24 为更改通信速率正确应答字段信息及取值。

表 6-24　字段信息及取值

字段	取值/16 进制
集中器号	00000001
功能码	09
序号	00000006
数据域长度	0D
数据域	31323334353637383930313205

表 6-25 为更改通信速率错误应答字段信息及取值。

表 6-25　字段信息及取值

字段	取值/16 进制
集中器号	00000001
功能码	49
序号	00000006
数据域长度	01
数据域	01

功能码为 10：清空电表中存储的电量数据。请求时数据域为 12byte 电表通信地址。集中器应答时，若是正确应答，功能码仍为 10，数据域为 12byte 电表通信地址；若是错误应答，功能码为 10+64 即 74（4AH），数据域为 1byte 错误代码。

表 6-26 为电表清空请求字段信息及取值。

表 6-26　字段信息及取值

字段	取值/16 进制
集中器号	00000001
功能码	0A
序号	00000007
数据域长度	0C
数据域	313233343536373839303132

表 6-27 为电表清空正确应答字段信息及取值。

表 6-27　字段信息及取值

字段	取值/16 进制
集中器号	00000001
功能码	0A
序号	00000007
数据域长度	0C
数据域	313233343536373839303132

表 6-28 为电表清空错误应答字段信息及取值。

表 6-28　字段信息及取值

字段	取值/16 进制
集中器号	00000001
功能码	4A
序号	00000007
数据域长度	01
数据域	01

表 6-29 为错误代码。

表 6-29　错误代码

代码	含义
0	其他错误
1	集中器号错误
2	功能码错误
3	电表通信地址错误
4	电表无应答
5	集中器通信接口故障
6	无此数据标识
7	数据标识对应值为空
8	禁止写数据
9	欲写入的数据值有误
10	禁止更改通信速率

6.3.4　集中器的基本工作过程

集中器启动后向监控主机发起 TCP 连接，连接建立后立即向主机通告自己的集中器号，主机写入数据库集中器表中。监控主机每整点抄每电表的当前总电量，与上一个整点的总电量相减得到一个小时的电量，存入数据库日电量表中。每月第 1 日 1 时，抄每个电表上月总电量、尖峰电量、高峰电量、平电量和低谷电量，存入数据库月电量表中。如操作员有实时抄表动作，抄出当前总电量、尖峰电量、高峰电量、平电量和低谷电量，存入数据库实时电量表中。

6.4　在线监测管理系统的软件设计与开发

6.4.1　上位机（PC）控制软件

软件启动后，在主界面上以图标的形式列出已经登记在数据库中的集中器，并把状态标识为“未连接”(图标上有一个叉，表示集中器牌不可控状态)；然后，自动监听本机 33333 端口。若发现有集中器连接过来，则先判断该集中器是否已经在数据库中登记编号及通信地址等信息。若登记过，则在软件主界面上改变该集中器的状态，表示该集中器已经连接到服务器，处于可控状态（图标上有一个对号）。若发现集中器未在数据库中做过登记，则不予处理。

软件主界面如图 6-12 所示。

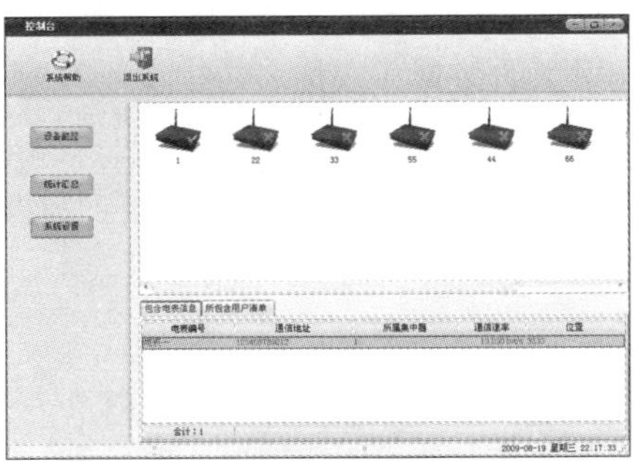

图 6-12　控制台主界面

集中器连接到服务器后，若因某种原因断开连接，服务器则会立即把该集中器的状态标识为“未连接状态”。处于可控状态的集中器，在主界面上找到代表该集中器的图标，单击右键，有快捷菜单，可对集中器发送命令进行控制。命令菜单如图 6-13 所示。

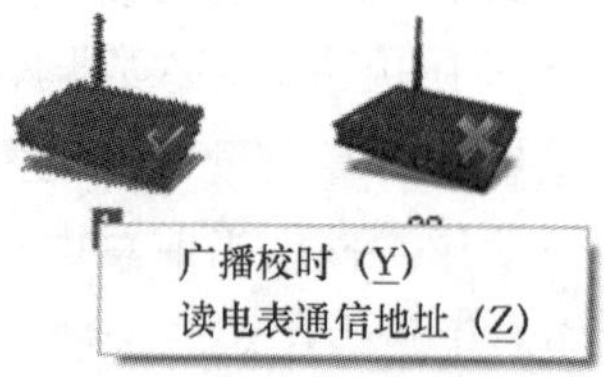

图 6-13　集中器控制菜单

程序主界面下方的表格显示的是对应的集中器下连接的电表信息及对应的用户信息。若需要对单个电表进行控制，可先单击选择相应的电表，然后单击鼠标右键，会看到如图 6-14 所示的电表控制菜单。

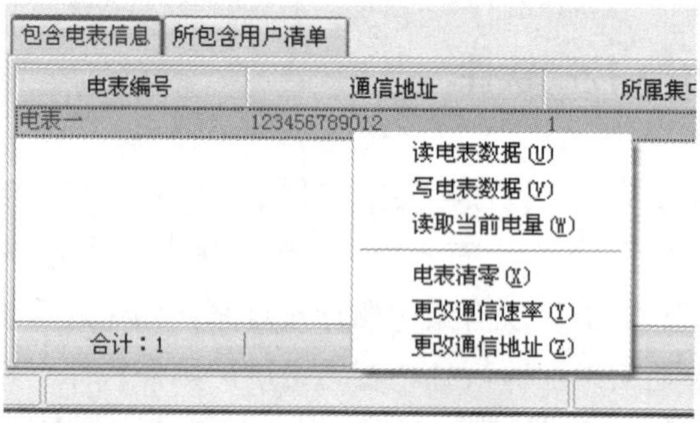

图 6-14　电表控制菜单

当通过软件向集中器或者电表发出控制命令后，集中器会首先接收到发出的命令。集中器执行对应的操作后，会返回对应的数据。集中器返回的数据有两种，一种是正确的数据；另一种是错误的数据（或称之为错误码）。当服务器上的软件接收到正确数据时，会对数据进行相应的处理、弹出提示信息或将数据保存到数据库中。若接收到的数据是错误码，则根据错误码将错误信息记录到数据库的日志中，以备查看。

6.4.2　软件模块划分

运行于服务器上的控制软件分为 3 个模块：主控制模块、统计管理模块、用户电量查询模块。主控制模块用于显示各集中器的状态及向集中器或者电表发送控制命令。统计管理模块提供 3 个功能，一是集中器状态统计；二是电表数据汇总；三是用户水电量查询。

集中器状态统计功能以表格的形式显示出当前有哪些集中器连接到服务器、哪些处于可控状态、哪些处于不可控状态，界面如图 6-15 所示。电表数据汇总模块主要用于查询各电表的电量数据，界面如图 6-16 所示。用户电量查询模块用于查询终端用户的用电数据，界面如图 6-17 所示。

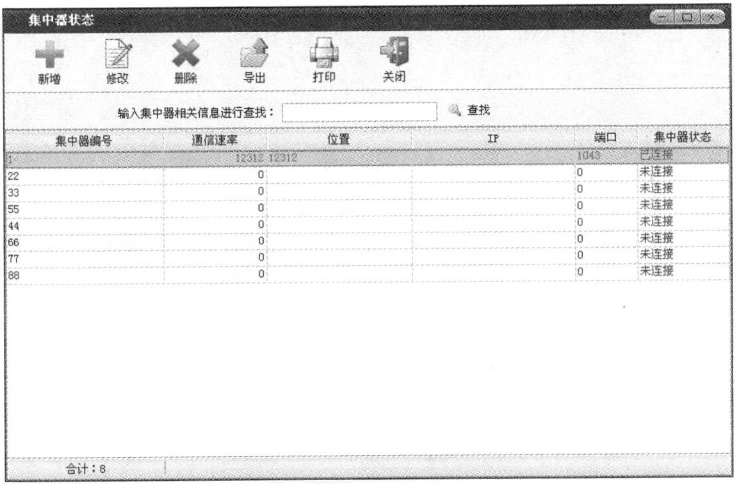

图 6-15　集中器状态统计

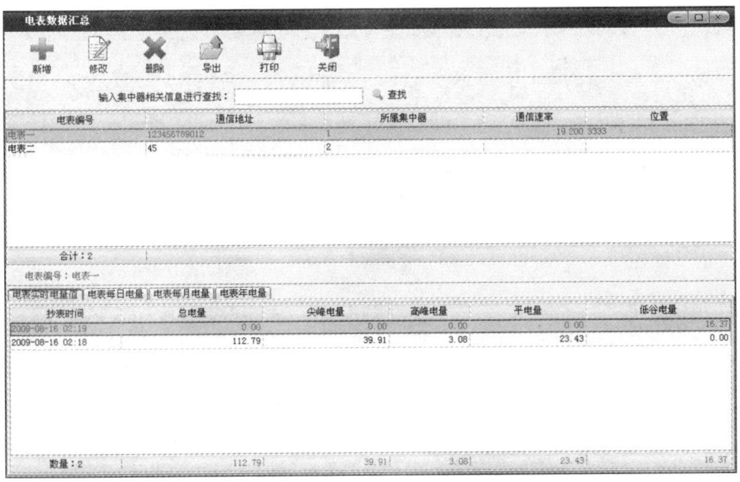

图 6-16　电表数据汇总

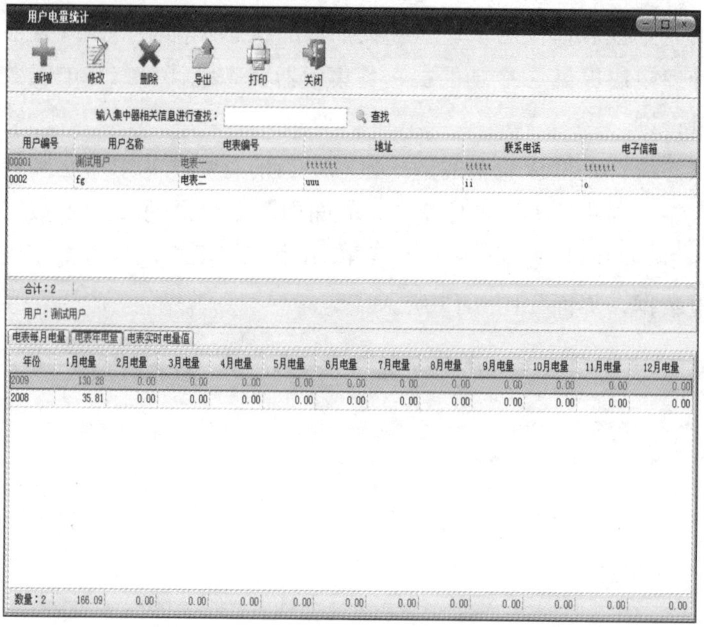

图 6-17　用户电量数据查询

6.4.3　系统设置模块

系统设置模块包含集中器设置、电表管理、操作员管理、用户管理、查看日志和更改密码的功能，如图 6-18 所示。

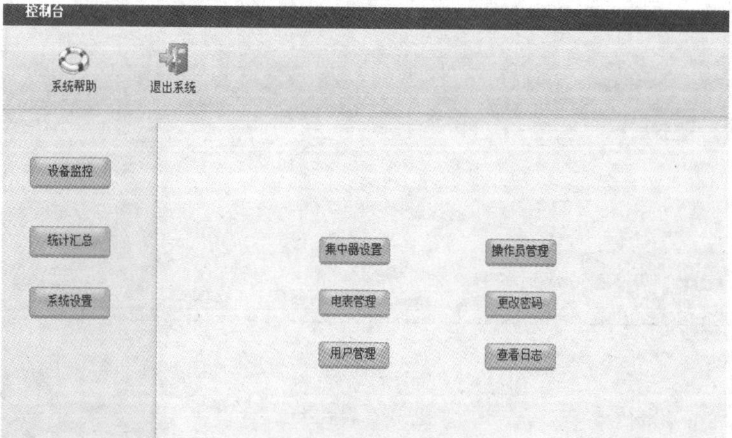

图 6-18　控制台界面

集中器设置用于登记系统将要控制的集中器信息，这些信息将会在主界面上以图标的形式标识出来，如图 6-19 所示。电表管理用于登记各个电表的信息，登记电表信息时，需要设置电表所连接的集中器，如图 6-20 所示。操作员管理用于登记登录本软件、对系统进行控制的操作人员信息，如图 6-21 所示。用户管理用于登记使用该系统进行抄表的具体用户信息，建立用户信息时，需要设置各用户所使用的电量表，如图 6-22 所示。

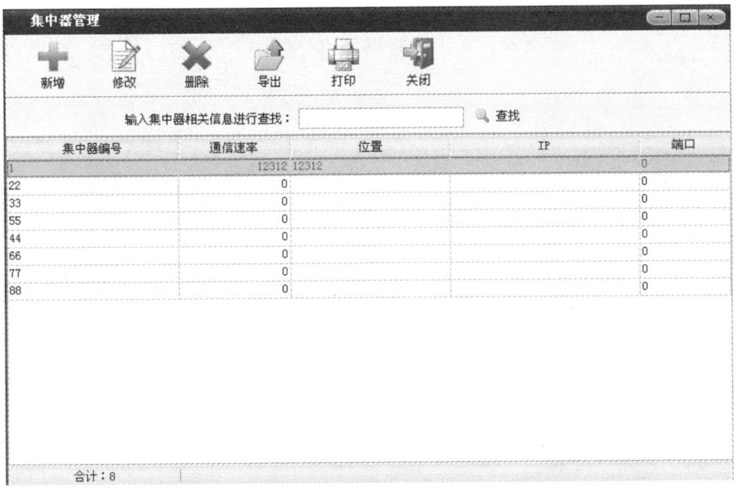

图 6-19 集中器管理界面

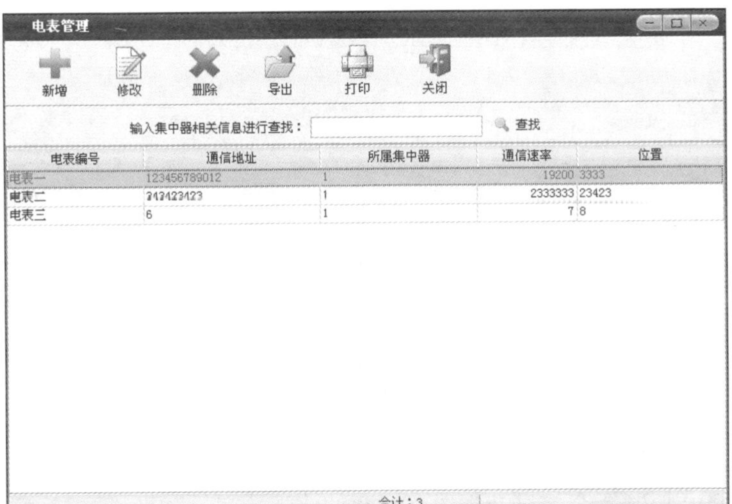

图 6-20 电表管理界面

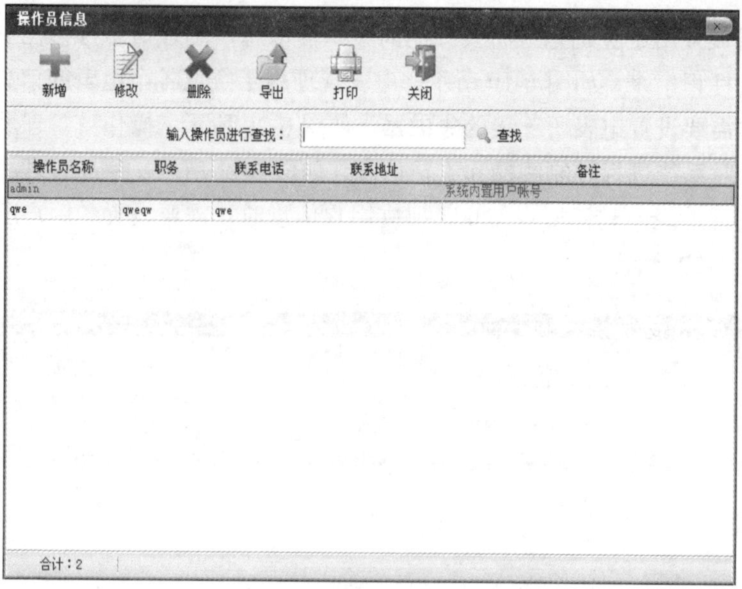

图 6-21 操作员管理界面

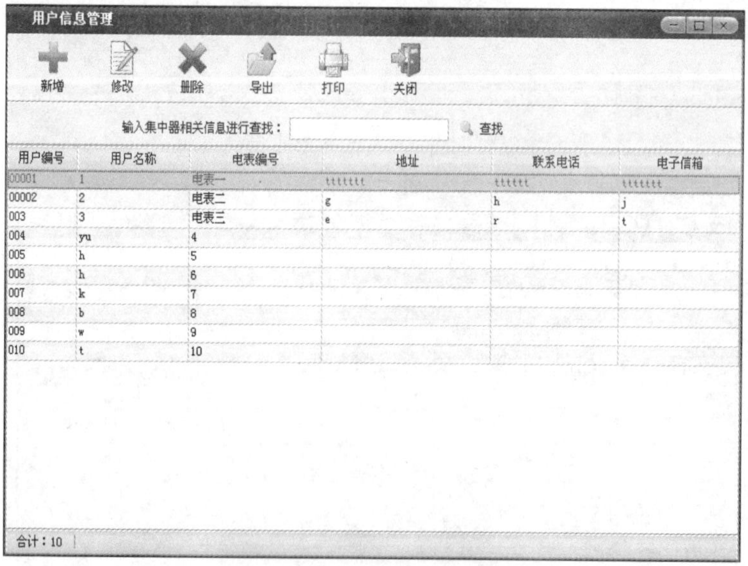

图 6-22 用户信息管理界面

查看日志功能允许操作员查询系统运行过程中自动记录的日志信息，包括系统启动退出信息、控制命令信息及集中器返回的错误信息，如图 6-23 所示。

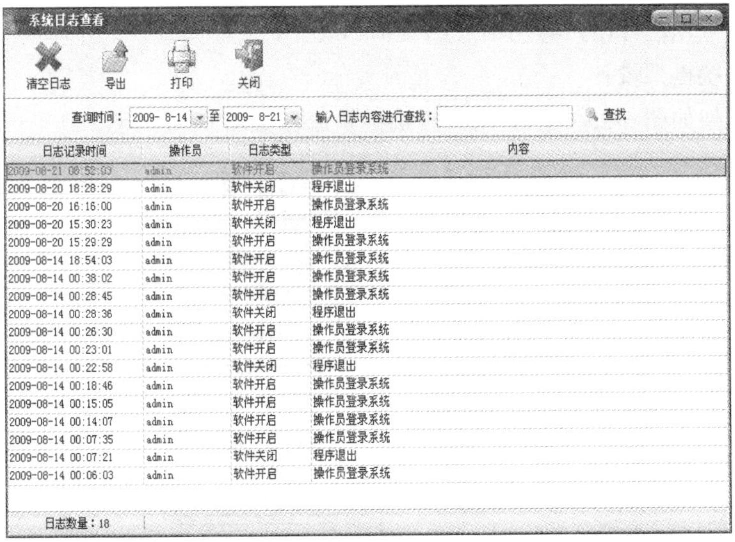

图 6-23　查看日志界面

更改密码功能用于当前操作员更改自己的登录密码，如图 6-24 所示。

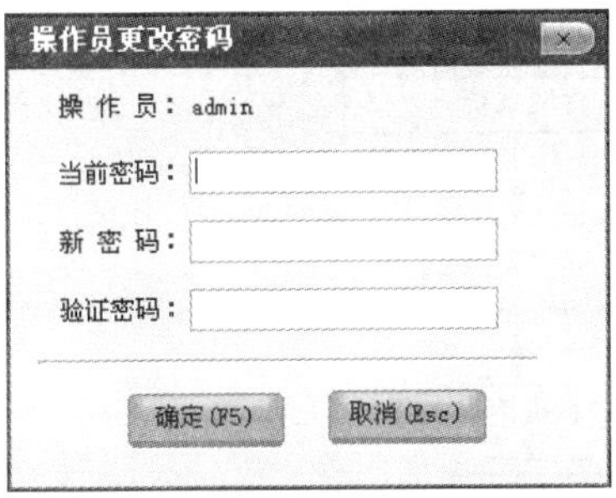

图 6-24　操作员更改密码界面

6.4.4　用户信息管理模块

（1）系统功能概述

用户信息管理模块提供一个基于互联网和浏览器的用户水电信息查询和水电政策新闻发布平台；用户通过输入自己的姓名和密码，正确登录后即可进入该系统进行个人资料信息和个人电量信息的查询；用户可以指定和选择年、月、日、实时等来查询自己的电量信息；用户可以浏览最新的关于水电政策的信息；用户可以查看关于该系统的常见问题的解答和帮助；管理员可以进行用户信息的添加、删除和修改；管理员可以进行用户费用信息的查询和统计。

（2）系统框架设计

整体框架如图 6-25 所示。用户查询模块流程如图 6-26 所示。

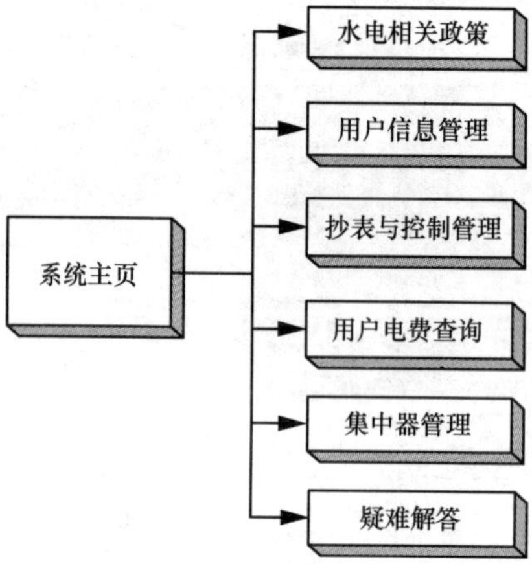

图 6-25　系统整体框架

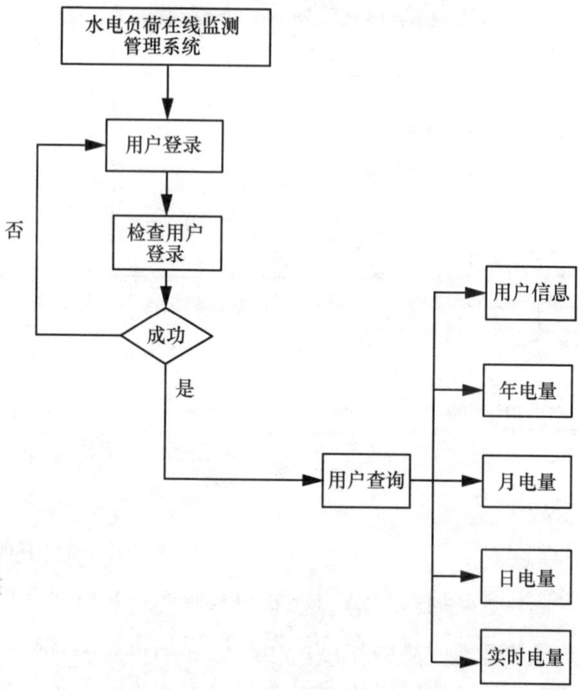

图 6-26　用户查询模块流程

6.4.5　系统主要界面

界面是实现人机交互的重要手段，在进行界面设计时要做到结构清晰、风格统一、布局合理、简洁明了、色彩搭配协调。连贯、和谐、风格独特的友好使用界面，给人层次分明、赏心悦目的感觉。主界面如图 6-27 所示，用户登录界面如图 6-28 所示。

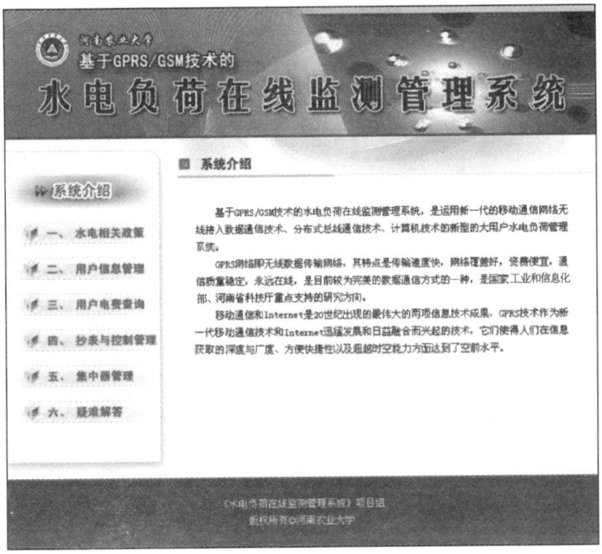

图 6-27　主界面

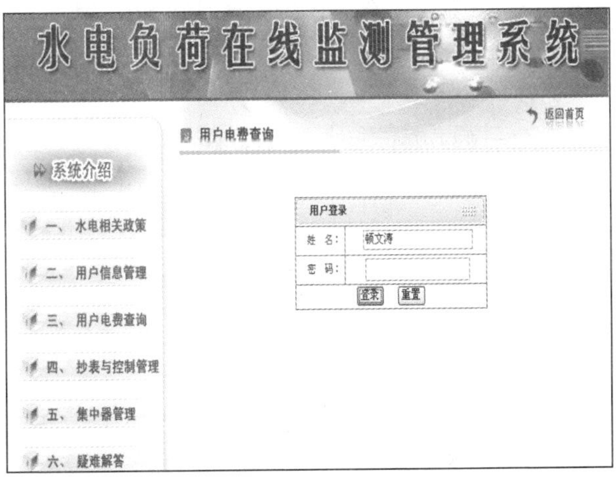

图 6-28　用户登录界面

用户查询界面如图 6-29 所示，水电政策界面如图 6-30 所示。

（a）

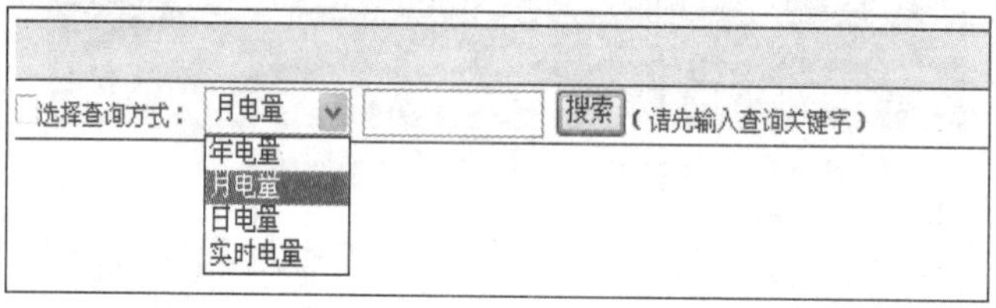

（b）

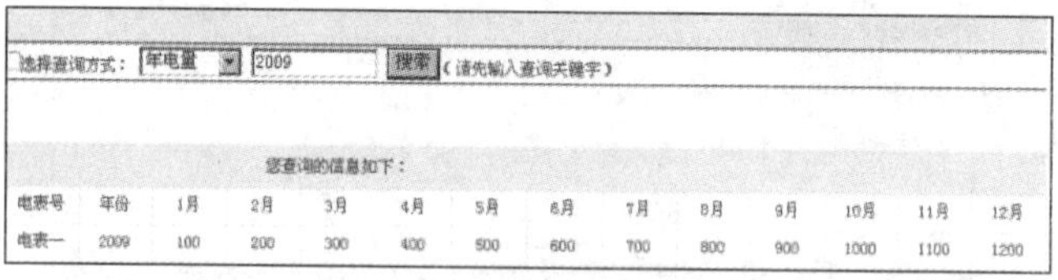

（c）

图 6-29　用户查询界面

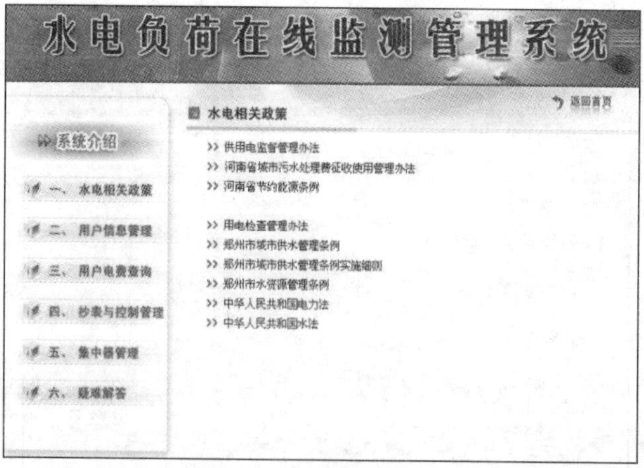

图 6-30　水电政策界面

6.4.6　管理员操作模块设计

管理员登录界面如图 6-31～图 6-38 所示。

图 6-31　管理员登录界面

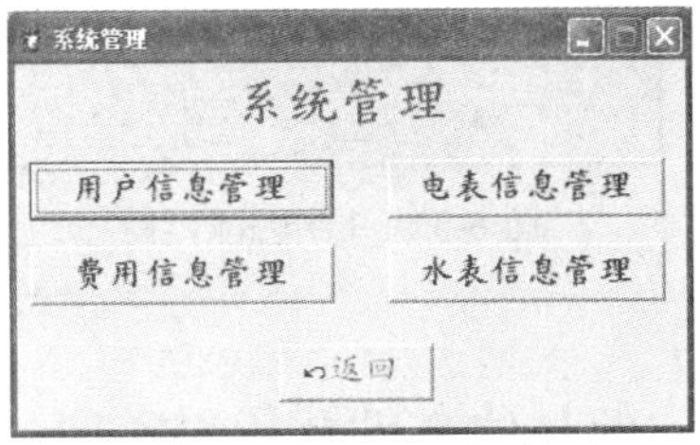

图 6-32　系统管理界面

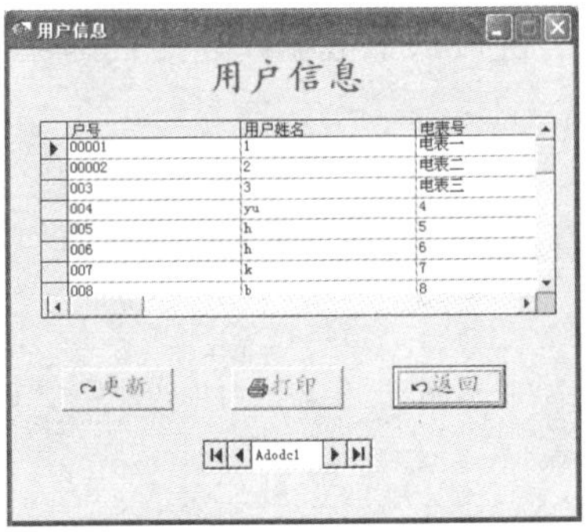

图 6-33　用户信息管理界面

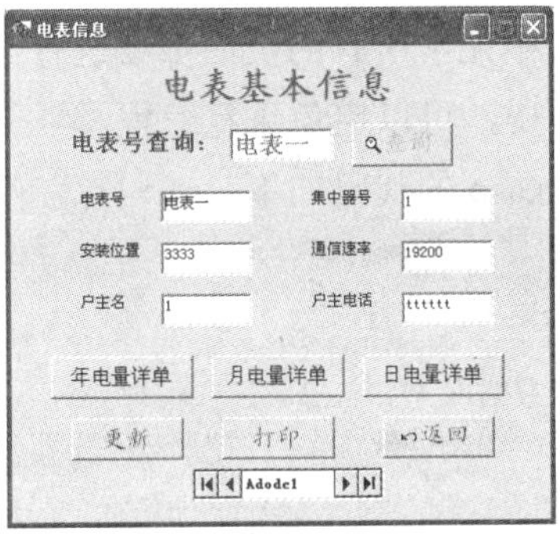

图 6-34　电表基本信息管理界面

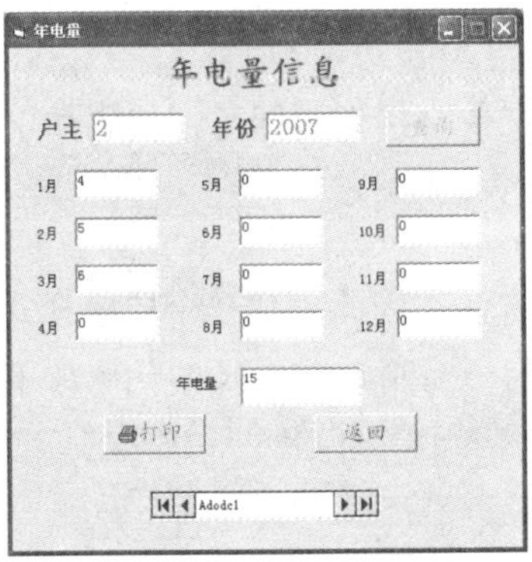

图 6-35　年电量信息界面

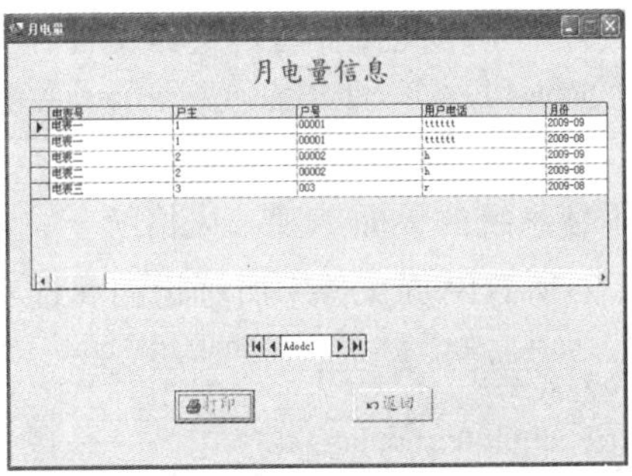

图 6-36　月电量信息界面

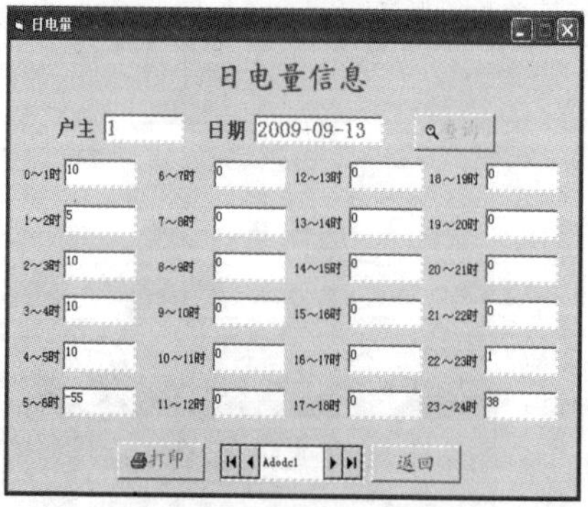

图 6-37　日电量信息界面

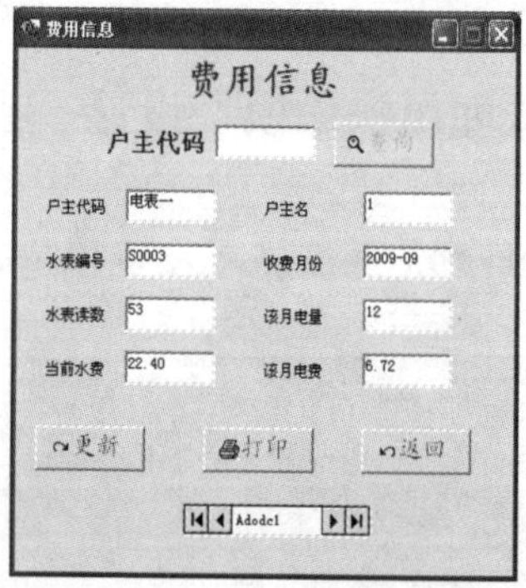

图 6-38　费用信息管理界面

6.4.7　内部具体文件及代码实现

（1）数据库连接页 Conn.asp

系统中几乎所有的页面都要进行数据库的链接，把数据库连接代码保存在页面 Conn.asp 中，可以避免重复编程。

Conn.asp 的代码如下：

```
<%'数据库连接
'定义 conn 和 connstr 变量
dim conn，connstr
'连接数据库 WEPMS，设置用户名为 sa，密码为 1234567，服务器为远程服务器 IP 地址
connstr="Driver={sql
server};uid=sa;pwd=1234567;database=WEPMS;SERVER=202.196.80.235"
'创建一个 ADO Connection 对象
set conn=server.createobject（"ADODB.CONNECTION"）
'打开数据库
conn.open connstr
%>
```

在文件中引用此文件时，把该文件作为头文件直接调用即可，代码如下：

```
<!--#include file="Conn.asp"-->
```

（2）层叠样式表文件 Css.css

为了使系统的界面美观、风格统一、修改方便，因此创建一个层叠样式表文件 Css.css，对所有网页文件中所标记的属性实行统一控制。Css.css 的代码如下：

```
body {background:#8D8D8D;margin:0 auto; text-align:left; padding:0; font-size:14px;
line-height:22px;}
td，p{margin:0; padding:0;}
.cnt846 {background:#FFF; width:846px; margin:0 auto;}
.left_bj { background: url（../images/left_bj.jpg） repeat-y center;}
```

```
.foot_bj { background: url（../images/foot_bj.jpg） repeat-x center; color:#FFF; font-size:14px;
text-align:center; padding:28px 0 0 0;  height:67px; line-height:22px;}
.foot_bj a:link，.foot_bj a:visited{color:#FFF;}
.shipin_bj { background: url（../images/shipin_bj.jpg） no-repeat right; padding:30px 0 0px 50px;
height:355px;}
.text {font-size:14px; line-height:24px;width:534px; padding:10px; text-align:left;}
.text a:link，.text a:visited{color:#1301C7; text-decoration:none;}
.zz {
    font-size: 12px;
    color: #333333;
}
.aa {
    color: #FF0000;
    font-weight: bold;
}
```

（3）用户登录页 Login.asp

用户必须输入正确的姓名和密码才能进行下一步操作，如果不输入或者输入错误都会给出相应的提示。

```
<html>
<head>
<meta http-equiv="Content-Type" content="text/html; charset=gb2312">
<title></title>
<Link href="Css.css" rel=stylesheet>
</head>
<!--#include file="Conn.asp"-->
<body>
<table width="100%"  border="0" cellspacing="0" cellpadding="0">
  <tr>
    <td align="center">  </td>
  </tr>
  <tr>
    <td align="center"><table width="267" border="0" cellpadding="0" cellspacing="1"
bgcolor="#5B7656">
        <tr align="center">
          <td height="30" colspan="2" align="left" background="Images/bgimg.gif"><b>
        用户登录</b></td>
          </tr>
        <form name="form1" method="post" action="Login.asp?action=ChkLogin">
        <tr bgcolor="#FFFFFF">
          <td width="75" height="30">  姓  名：</td>
          <td width="203" height="30"> <input type="text" name="cname"></td>
        </tr>
        <tr bgcolor="#FFFFFF">
          <td height="30">  密码：</td>
```

```
            <td height="30"> <input type="password" name="pwd"></td>
        </tr>
        <tr align="center" bgcolor="#FFFFFF">
            <td height="25" colspan="2">
        <input type="submit" name="Submit" value="登录">  
        <input type="reset" name="reset" value="重置">
        </td>
        </tr>
      </form>
        </table>
  </td>
</tr>
<%
if Request ("action")  = "ChkLogin" Then
    Call ChkLogin ()
  end if
%>
<%
    Sub ChkLogin ()
    Dim cname
    Dim pwd

    cname = Trim (Request.Form ("cname"))
    pwd   = Trim (Request.Form ("pwd"))

    if cname = "" Or pwd = "" Then
        Response.Write "<Script>alert ('请输入你的用户名或密码！') ;</Script>"
        Response.End
    else
        Set Rs = Server.CreateObject ("ADODB.Recordset")
        Sql = "Select * From customer where cname = '"&cname&"'"
        Rs.Open Sql, conn, 3, 3

        if Rs ("cname")  = cname And Rs ("pwd")  = pwd Then
            Session ("cname")  = Rs ("cname")
            Response.Redirect "adminbook.asp"
        else
            Response.Write "<Script>alert ('用户名或密码错误，请重新输入！') ;</Script>"
            Response.End
        end if
        Rs.Close
        Set Rs = nothing
        Conn.Close
          Set Conn = nothing
    end if
```

```
    end Sub
  %>
</table>
</body>
</html>
```

（4）用户查询页面中涉及数据库操作的相关代码

```
Set Rs = Server.CreateObject（"ADODB.Recordset"）
   if Request（"action"）  = "Find" Then
      key = Trim（Request（"key"））
if Request（"select"）  = "yy" Then
      Sql = "Select * From yeardata Where yy Like '%"&key&"%' "
         ElseIf Request（"select"）  = "mm" Then
      Sql = "Select * From monthdata Where mm Like '%"&key&"%' "
         ElseIf Request（"select"）  = "dd" Then
      Sql = "Select * From daydata Where dd Like '%"&key&"%' "
      else if Request（"select"）  = "rdate" Then
      Sql = "Select * From realtimedata Where rdate Like '%"&key&"%' "
            Else
            Response.Write "<Script>alert（'查询错误！'）;</Script>"
            Response.End
      end if
   else
         Sql = "Select * From yeardata，monthdata，daydata，realtimedata "
      end if
   Rs.Open Sql，conn，3，3

      if IsNumeric（Request（"Page"））=false Or Request（"Page"）="" Then
               Page=1
               else
               Page=CInt（Request（"Page"））
               end if
         Rs.PageSize=10
      if Rs.Eof And Rs.Bof Then
 Response.Write "<tr align='center' bgcolor='#FFFFFF'><td height='25' colspan='9'>没有搜索到相
关的信息！</td></tr>"
         Response.End
               Else
      myPageSize=Rs.PageSize
      Rs.AbsolutePage=Page
      do while not Rs.Eof And myPageSize>0
```

（5）年电量信息查询中涉及数据库操作的相关代码

```
 SELECT dbo.yeardata.aid， dbo.customer.aid AS Expr1， dbo.customer.cname，
 dbo.yeardata.yy， dbo.yeardata.m1， dbo.yeardata.m2， dbo.yeardata.m4，
      dbo.yeardata.m3， dbo.yeardata.m5， dbo.yeardata.m6， dbo.yeardata.m7，
```

```
        dbo.yeardata.m8, dbo.yeardata.m9, dbo.yeardata.m10, dbo.yeardata.m11,
        dbo.yeardata.m12,
        SUM (dbo.yeardata.m1 + dbo.yeardata.m2 + dbo.yeardata.m3 + dbo.yeardata.m4 +
dbo.yeardata.m5
         + dbo.yeardata.m6 + dbo.yeardata.m7 + dbo.yeardata.m8 + dbo.yeardata.m9 +
dbo.yeardata.m10
         + dbo.yeardata.m11 + dbo.yeardata.m12)  AS ndl
    FROM dbo.customer INNER JOIN
        dbo.yeardata ON dbo.customer.aid = dbo.yeardata.aid
    GROUP BY dbo.yeardata.aid, dbo.customer.aid, dbo.customer.cname, dbo.yeardata.yy,
        dbo.yeardata.m1, dbo.yeardata.m2, dbo.yeardata.m4, dbo.yeardata.m3,
        dbo.yeardata.m5, dbo.yeardata.m6, dbo.yeardata.m7, dbo.yeardata.m8,
        dbo.yeardata.m9, dbo.yeardata.m10, dbo.yeardata.m11, dbo.yeardata.m12
```

（6）日电量信息查询中涉及数据库操作的相关代码

```
    SELECT a.cid AS Expr29, a.cname AS Expr26, a.aid AS Expr30, b.*, b.h1 - b.h0 AS Expr1,
        b.h2 - b.h1 AS Expr2, b.h3 - b.h2 AS Expr3, b.h4 - b.h3 AS Expr4,
        b.h5 - b.h4 AS Expr5, b.h6 - b.h5 AS Expr6, b.h7 - b.h6 AS Expr7,
        b.h8 - b.h7 AS Expr8, b.h9 - b.h8 AS Expr9, b.h10 - b.h9 AS Expr10,
        b.h11 - b.h10 AS Expr11, b.h12 - b.h11 AS Expr12, b.h13 - b.h12 AS Expr13,
        b.h14 - b.h13 AS Expr14, b.h15 - b.h14 AS Expr15, b.h16 - b.h15 AS Expr16,
        b.h17 - b.h16 AS Expr17, b.h18 - b.h17 AS Expr18, b.h19 - b.h18 AS Expr19,
        b.h20 - b.h19 AS Expr20, b.h21 - b.h20 AS Expr21, b.h22 - b.h21 AS Expr22,
        b.h23 - b.h22 AS Expr23, b.jk - b.h23 AS Expr24
    FROM dbo.customer a INNER JOIN
            (SELECT d1.*, d2.h0 AS jk
           FROM daydata d1, daydata d2
           WHERE d1.aid = d2.aid AND CONVERT (datetime, d1.dd)  =  (CONVERT
(datetime, d2.dd)  - 1))  b ON a.aid = b.aid
```

（7）费用信息查询中涉及数据库操作的相关代码

```
    SELECT dbo.customer.aid, dbo.monthdata.aid AS Expr1, dbo.customer.cid,
        dbo.customer.cname, dbo.monthdata.mm, dbo.monthdata.z,
        dbo.monthdata.z * 0.56 AS Expr2
    FROM dbo.customer INNER JOIN
        dbo.monthdata ON dbo.customer.aid = dbo.monthdata.aid
```

（8）电表基本信息查询中涉及数据库操作的相关代码

```
    SELECT dbo.customer.aid, dbo.ammeter.aid AS Expr1, dbo.ammeter.hid,
        dbo.ammeter.aaddress, dbo.ammeter.aspeed, dbo.customer.cname,
        dbo.customer.cphone, dbo.ammeter.alocation
    FROM dbo.ammeter INNER JOIN
        dbo.customer ON dbo.ammeter.aid = dbo.customer.aid
```

6.5　系统的数据库设计

系统的数据库采用 SQL Server 2000，数据库的逻辑结构如下所示。

（1）电表数据逻辑结构见表 6-30，SQL Server 2000 设计图如图 6-39 所示。

表 6-30　ammeter 电表数据逻辑结构

aid	hid	aaddress	aspeed	alocation	Sum1	Sum2	Sum3
电表号	所在集中器号	电表通信地址	通信速率	安装位置	结算日 1	结算日 2	结算日 3

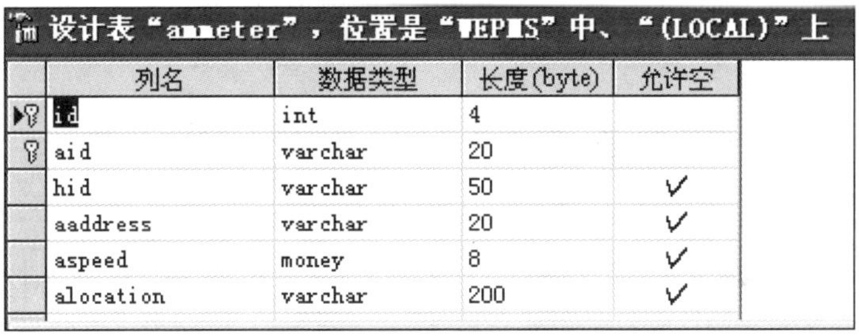

图 6-39　电表 SQL Server 设计图

（2）自动备份表数据逻辑结构见表 6-31，SQL Server2000 设计图如图 6-40 所示。

表 6-31　B_autosave 自动备份表数据逻辑结构

auto	minutes	path	Onexit
是否自动备份	间隔时间备份	备份路径	关闭程序时是否备份当前数据

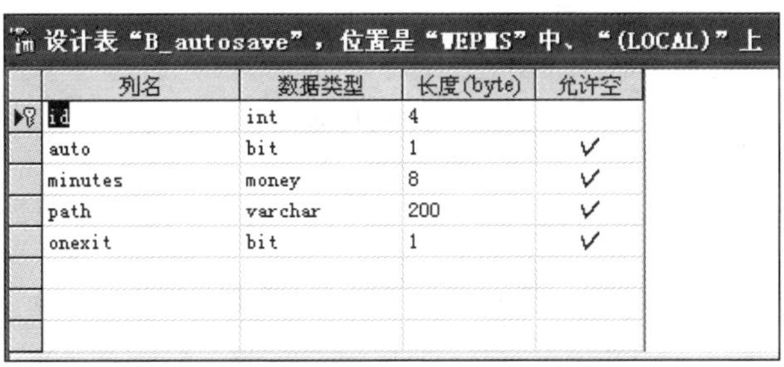

图 6-40　自动备份表 SQL Server 设计图

（3）日志表数据逻辑结构见表 6-32，SQL Server 2000 设计图如图 6-41 所示。

表 6-32　B_log 日志表数据逻辑结构

recordtime	operator	memory	candelete	ltype
记录的时间	当前的操作员	内容	是否允许删除日志	日志的类型（登录等操作）

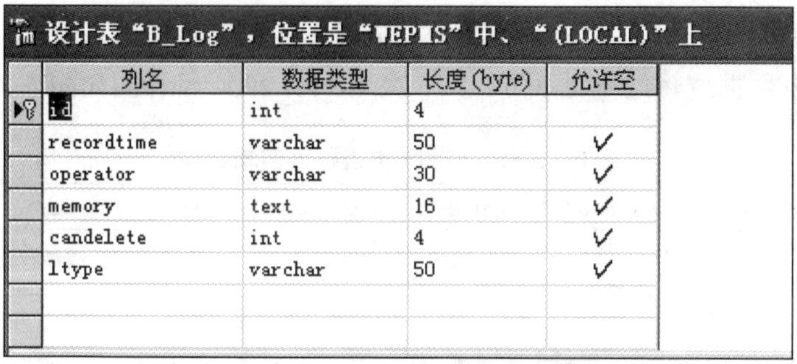

设计表“B_Log”，位置是“WEPMS”中、“(LOCAL)”上

列名	数据类型	长度(byte)	允许空
id	int	4	
recordtime	varchar	50	✓
operator	varchar	30	✓
memory	text	16	✓
candelete	int	4	✓
ltype	varchar	50	✓

图 6-41　日志表 SQLServer 设计图

（4）权限表数据逻辑结构见表 6-33，SQL Server 2000 设计图如图 6-42 所示。

表 6-33　B_right 权限表数据逻辑结构

uid	R1	R2	R3	R4	R5
管理员编号	权限 1	权限 2	权限 3	权限 4	权限 5

设计表“B_right”，位置是“WEPMS”中、“(LOCAL)”上

列名	数据类型	长度(byte)	允许空
id	int	4	
uid	varchar	50	
R1	varchar	50	✓
R2	varchar	50	✓
R3	varchar	50	✓
R4	varchar	50	✓
R5	varchar	50	✓

图 6-42　权限表 SQLServer 设计图

（5）用户表数据逻辑结构见表 6-34，SQL Server 2000 设计图如图 6-43 所示。

表 6-34　Customer 用户表数据逻辑结构

cid	cname	aid	caddress	cphone	cemail
户号	姓名	电表号	住址	电话	E-mail

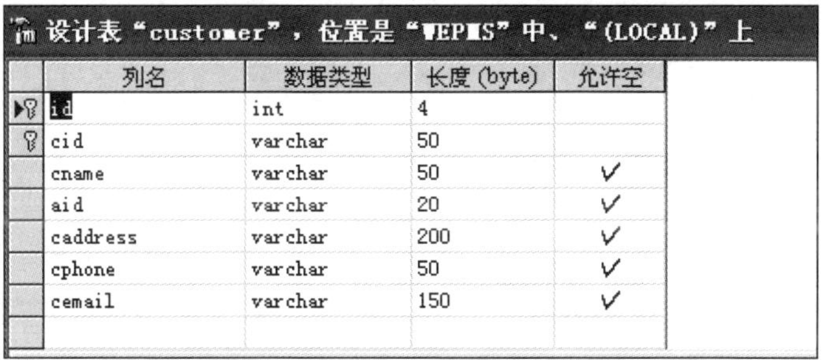

设计表"customer"，位置是"WEPMS"中、"(LOCAL)"上

列名	数据类型	长度(byte)	允许空
id	int	4	
cid	varchar	50	
cname	varchar	50	✓
aid	varchar	20	✓
caddress	varchar	200	✓
cphone	varchar	50	✓
cemail	varchar	150	✓

图 6-43　用户表 SQL Server 设计图

（6）集中器表数据逻辑结构见表 6-35，SQL Server 2000 设计图如图 6-44 所示。

表 6-35　Hub 集中器表数据逻辑结构

hid	hlocation	hport	hip	hspeed	anum	flag
集中器编号	位置	TCP 端口	IP 地址	通信速率	下连电表数量	集中器是否在线 状态标志 0 不在 1 在

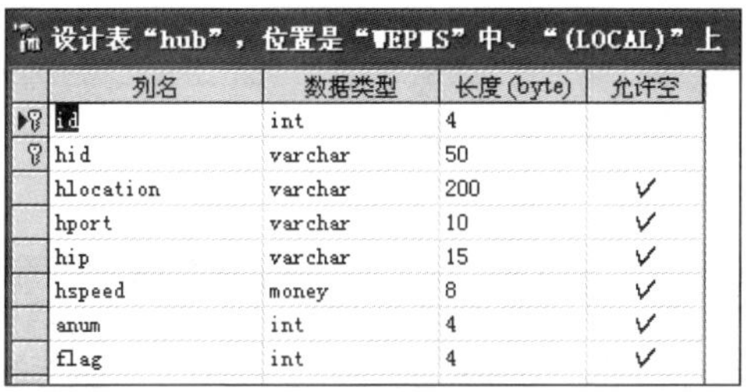

设计表"hub"，位置是"WEPMS"中、"(LOCAL)"上

列名	数据类型	长度(byte)	允许空
id	int	4	
hid	varchar	50	
hlocation	varchar	200	✓
hport	varchar	10	✓
hip	varchar	15	✓
hspeed	money	8	✓
anum	int	4	✓
flag	int	4	✓

图 6-44　集中器表 SQL Server 设计图

（7）日电量表数据逻辑结构见表 6-36，SQL Server 2000 设计图如图 6-45 所示。

表 6-36　日电量表数据逻辑结构

aid	dd	H0	…	H23
电表号	日期	0 时电量	…	23 时电量

（8）月电量表数据逻辑结构见表 6-37，SQL Server 2000 设计图如图 6-46 所示。

表 6-37　月电量表数据逻辑结构

aid	mm	z	j	g	p	d
电表号	月份	总电量	尖峰电量	高峰电量	平电量	低谷电量

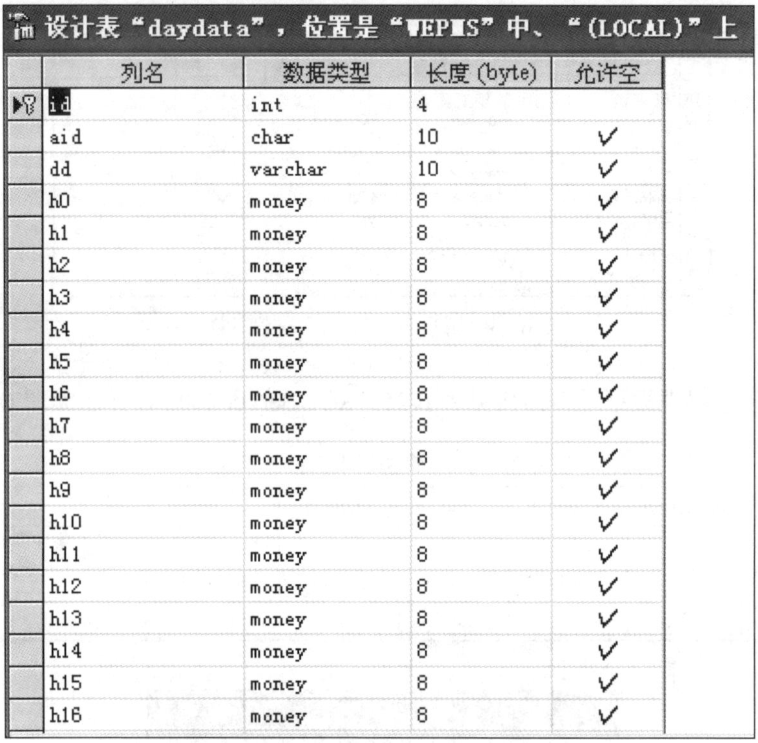

设计表“daydata”，位置是“WEPMS”中、“(LOCAL)”上

列名	数据类型	长度 (byte)	允许空
id	int	4	
aid	char	10	✓
dd	varchar	10	✓
h0	money	8	✓
h1	money	8	✓
h2	money	8	✓
h3	money	8	✓
h4	money	8	✓
h5	money	8	✓
h6	money	8	✓
h7	money	8	✓
h8	money	8	✓
h9	money	8	✓
h10	money	8	✓
h11	money	8	✓
h12	money	8	✓
h13	money	8	✓
h14	money	8	✓
h15	money	8	✓
h16	money	8	✓

图 6-45　日电量表 SQL Server 设计图

设计表“monthdata”，位置是“WEPMS”中、“(LOCAL)”上

列名	数据类型	长度 (byte)	允许空
id	int	4	
aid	varchar	50	✓
mm	varchar	10	✓
z	money	8	✓
j	money	8	✓
g	money	8	✓
p	money	8	✓
d	money	8	✓

图 6-46　月电量表 SQL Server 设计图

（9）年电量表数据逻辑结构见表 6-38，SQL Server 2000 设计图如图 6-47 所示。

表 6-38　年电量表数据逻辑结构

aid	yy	M1	…	M12
电表号	年份	1 月总电量	…	12 月总电量

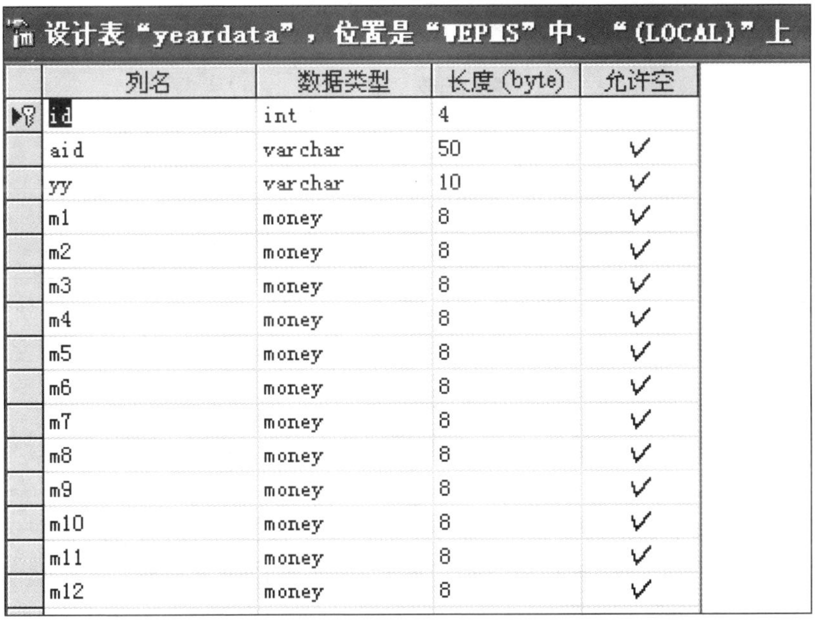

设计表 "yeardata"，位置是 "WEPMS" 中、"(LOCAL)" 上

列名	数据类型	长度 (byte)	允许空
id	int	4	
aid	varchar	50	✓
yy	varchar	10	✓
m1	money	8	✓
m2	money	8	✓
m3	money	8	✓
m4	money	8	✓
m5	money	8	✓
m6	money	8	✓
m7	money	8	✓
m8	money	8	✓
m9	money	8	✓
m10	money	8	✓
m11	money	8	✓
m12	money	8	✓

图 6-47　年电量表 SQL Server 2000 设计图

（10）实时电量表数据逻辑结构见表 6-39，SQL Server 2000 设计图如图 6-48 所示。

表 6-39　实时电量表数据逻辑结构

aid	rdate	z	j	g	p	d
电表号	时间	总电量	尖峰电量	高峰电量	平电量	低谷电量

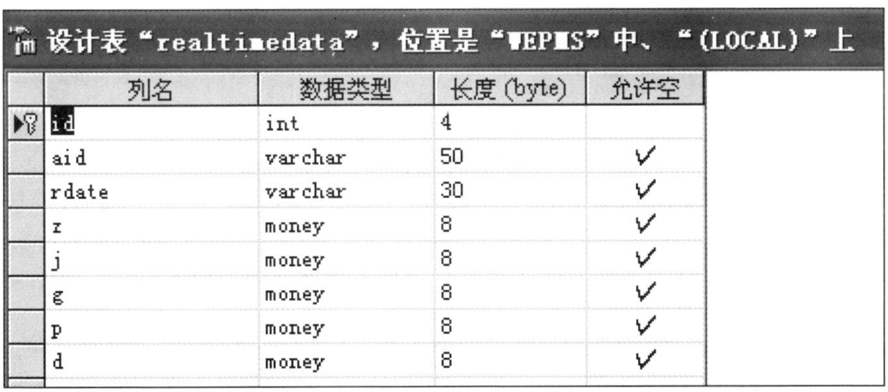

设计表 "realtimedata"，位置是 "WEPMS" 中、"(LOCAL)" 上

列名	数据类型	长度 (byte)	允许空
id	int	4	
aid	varchar	50	✓
rdate	varchar	30	✓
z	money	8	✓
j	money	8	✓
g	money	8	✓
p	money	8	✓
d	money	8	✓

图 6-48　实时电量表 SQL Server 2000 设计图

参考文献

[1] 任辉. 基于ETC的校园智能车辆管理系统研究[D]. 武汉: 武汉科技大学, 2012.

[2] 赵娣. 车辆管理系统的设计与实现[D]. 济南: 山东大学, 2007.

[3] 楼鹤. 车辆识别及车辆信息管理系统的设计与实现[D]. 成都: 电子科技大学, 2013.

[4] 马巧梅. 基于STC89C52的智能门禁系统的设计[J]. 机械制造与自动化, 2017, 46(5): 235-238.

[5] 赵建光, 范晶晶. 基于RFID的智能小区车辆管理系统研究[J]. 河北建筑工程学院学报, 2012, 30(3): 70-73.

[6] 张坤. 智慧小区门禁系统的设计与实现[D]. 重庆: 重庆邮电大学, 2017.

[7] 孙晓伟, 李天平. 基于RFID的小区车辆管理系统[J]. 山东师范大学学报(自然科学版), 2017, 32(4): 56-60, 67.

[8] 白天瑰. RFID和VLPR技术在酒钢智能门禁系统中的应用[D]. 兰州: 兰州理工大学, 2017.

[9] 梁佩仪, 吴晓君, 朱齐媛. 基于STC89C52单片机的宿舍门禁管理系统设计[J]. 佳木斯职业学院学报, 2015(2): 328.

[10] 田野, 郝芸. 基于RFID的车辆管理系统设计[J]. 电子设计工程, 2013, 21(10): 143-146.

[11] 王伟, 常中华, 张元斌. 基于RFID的车辆管理系统的设计与实现[J]. 科技视界, 2013(9): 16-17.

[12] 杨洋, 朱彩莲. 基于车牌识别及RFID技术的小区车辆管理系统设计[J]. 江西电力职业技术学院学报, 2012, 25(1): 31-33, 68.

[13] 陈锦. 基于射频识别技术的门禁系统研究[D]. 武汉: 武汉理工大学, 2010.

[14] 康秀光, 刁宏轩, 刘立峰. 基于RFID技术的车辆管理系统设计[J]. 黑龙江科技信息, 2009(3): 51.

[15] 王书林. 基于RFID的智能车辆管理系统[J]. 电子技术与软件工程, 2016(6): 113.

[16] 张志强. 基于RFID的企事业单位的车辆管理系统设计与应用[J]. 电子设计工程, 2014, 22(10): 32-33, 37.

[17] 曾玖长. 基于Web的公司公务车辆管理系统的设计与实现[D]. 南昌: 江西财经大学, 2016.

[18] 丁昌华, 路小波. 无线射频识别技术在车辆识别系统中的应用研究[J]. 交通科技与经济, 2006(1): 89-90.

[19] 贾华伟, 朱勇, 赵广鸣. 基于RFID的智能车辆管理系统[J]. 物联网技术, 2013, 3(8): 30-32, 37.

[20] 赵欣. 基于RFID技术的边防部队车辆管理系统的设计与实现[D]. 西安: 西安电子科技大学, 2015.

[21] 方浚丞, 包敬海, 梁韶华. 基于GSM的远程火灾报警系统设计[J]. 钦州学院学报, 2016, 31(10): 30-34.

[22] 廉保旺, 李勇, 张怡, 等. 智能火灾报警控制系统设计与实现[J]. 西北工业大学学报, 2009, 17(4): 520-524.

[23] 刘叶冰, 赵小平, 孙丽. 住宅智能化的产业化问题[J]. 工程设计CAD与智能建筑, 2010(8): 45-46.

[24] 周峰. 防火防盗报警管理系统的设计与实现[D]. 成都: 电子科技大学, 2013.
[25] 韩斌杰, 杜新颜, 张建斌. GSM 原理及网络优化[M]. 北京: 机械工业出版社, 2009.
[26] 刘清. 基于 GSM 数字移动通信系统的无线网络优化方案[D]. 郑州: 解放军信息工程大学, 2008.
[27] 袁汶雯. GSM 无线数据传输的研究与应用[D]. 杭州: 浙江大学, 2003.
[28] 李俊. GSM 系统中的移动定位技术研究[D]. 长沙: 国防科学技术大学, 2002.
[29] 李迎春, 张佑生. GSM 短消息在无线数据采集与监控中的应用[J]. 计算机工程与应用, 2004(3): 213-215.
[30] 王锋, 林建辉. GSM 短信平台的设计[J]. 中国测试技术, 2005, 31(3): 101-102.
[31] 谢卫华. 基于单片机的家庭智能防火防盗系统[D]. 哈尔滨: 东北林业大学, 2010.
[32] 涂亚平. 基于 GSM 的远程防火防盗报警系统[D]. 上海: 东华大学, 2016.
[33] 郑道林, 孙耀杰, 左兆辉. 基于 MQ-2 与 GSM 的 CO 监测报警系统的设计[J]. 电子设计工程, 2014, 22(4): 162-164.
[34] 甘勇, 宋春来. 数字温度传感器 DS18B20 在多点测温系统中的应用[J]. 河南农业大学学报, 2001, 35(4): 391-393.
[35] 王磊, 王军, 基于 SIM900A 的嵌入式远程家电控制器设计[J]. 苏州科技学院学报, 2014, 27(1): 76-79.
[36] 何健. 基于 DS18B20 传感器测温系统的设计与实现[J]. 湖南农机, 2013, 40(3): 66-67.
[37] 刘西秀, 张民, 刘勇. GSM 技术在远程监测系统中的应用[J]. 仪表技术与传感器, 2012(10): 79-84.
[38] 杨海波, 张玮, 刘晓静, 等. 一种基于数字温度传感器 DS18B20 的多功能电子温度计设计[J]. 中国医学物理学杂志, 2013, 30(1): 3890-3893.
[39] ARORA A, DUTTA P, BAPAT S, et al. Line in the sand: a wireless senor network for target detection classification and tracking[J]. Computer Networks, 2004(5): 605-634.
[40] 李元臣, 刘维群. 基于 GSM 模块的远程监控系统[J]. 测控自动化, 2007, 23(10): 90-91.
[41] 志辉, 吕辉, 车佳佳, 等. 家庭智能化防火防盗报警系统设计[J]. 河南理工大学学报, 2009, 28(2): 207-210.
[42] 潘朝, 黄小巧, 黄佳, 等. 基于 GSM 短信的智能家居控制系统的设计[J]. 电子测量技术, 2013, 36(6): 121-124.
[43] 王大雷, 姚积欢, 王楠, 等. 基于 STM32 和 GSM 的家庭智能防火防盗报警系统设计[J]. 宿州学院学报, 2016, 31(7): 106-115.
[44] 孙丘伟, 余臻. 基于 GSM 的短信报警收发平台设计[J]. 福州大学学报, 2008, 36(21): 44-48.
[45] 万求, 李淼, 张建, 等. GSM 短信传送文件的方法的研究与实现[J]. 计算机工程与应用, 2006, 42(32): 122-124.

第 7 章

库存监控系统

7.1 库存智能调度系统

库存智能调度系统主要解决目前对农业物联网技术格局影响最大的农产品调度等问题。系统设计包括登录界面的设计和后台界面设计。系统包括信息管理模块（包括农产品信息模块、供应商信息模块、收购商信息模块、仓库信息模块）以及系统的出库管理模块与入库管理模块。当数种果蔬处于不同的仓库中，调入或调出库存时，系统将实现自动选择剩余库存量合适的仓库，并实时显示信息、数据库中更新的数据等。整个生鲜农产品库存智能调度系统除需要手动输入调入调出量外，全部由系统程序自动实现[1-6]。

7.1.1 库存智能调度系统框架

生鲜农产品库存智能调度系统包括[7-8]：界面设计、信息显示模块设计和调度模块设计。其中的重要部分为登录界面的设计、后台界面的设计、信息查询模块的设计和出入库模块的设计。系统整体包括登录界面、后台界面及每一个小模块的界面设计以及农产品类别查询模块、农产品信息查询模块、供应商信息查询模块、收购商信息查询模块、仓库信息查询模块、入库管理模块和出库管理模块、库存管理模块和查询模块[9]。如图 7-1 所示，整个系统包括四大模块，四大模块又包括 14 个小模块，用户可通过正确的账号密码登录进入主系统中，按照自己的需求进入各个模块查询目的信息。先架构出整个系统需要实现的具体模块，再决定实现这些模块所需要的数据库内容，最后使用 SQL Server 2012 创建一个数据库，并创建多个数据库表保存所需要的信息。然后，使用 Visual Basic 6.0 创建一个工程，为使所有窗体可在一个后台界面使用，创建一个 MDI 窗体作为一个动态窗体，引入所需部件与控件，并引用 Adodc 数据库控件，编写数据库连接代码，连接到数据库。打开菜单编辑器，对后台界面中的小窗体的数据参数设置进行编写。搭建完成整个后台界面后，对应之前的设置，开始添加每一个对应的小窗体，每一个小窗体对应着不同的小模块，对小窗体进行界面设计与程序编写，最后运行整个工程文件，按操作步骤进行调试测试使其完成所需功能。

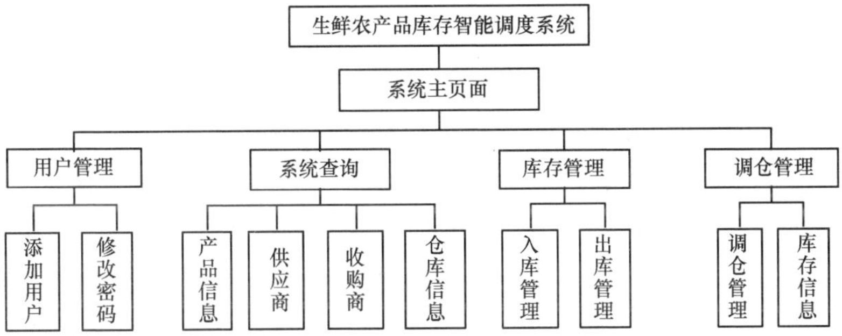

图 7-1　系统功能框架

7.1.2　库存智能调度系统模块设计

本系统设计主要采用 Visual Basic 6.0 与 SQL Server 数据库结合，实现系统前台设计，包含登录界面与后台操作系统，后台操作系统包括信息管理模块、入库管理模块与出库管理模块，系统界面简明清晰、操作简单，实现了完整的系统智能调度的功能。库存智能调度系统模块设计理念如图 7-2 所示。

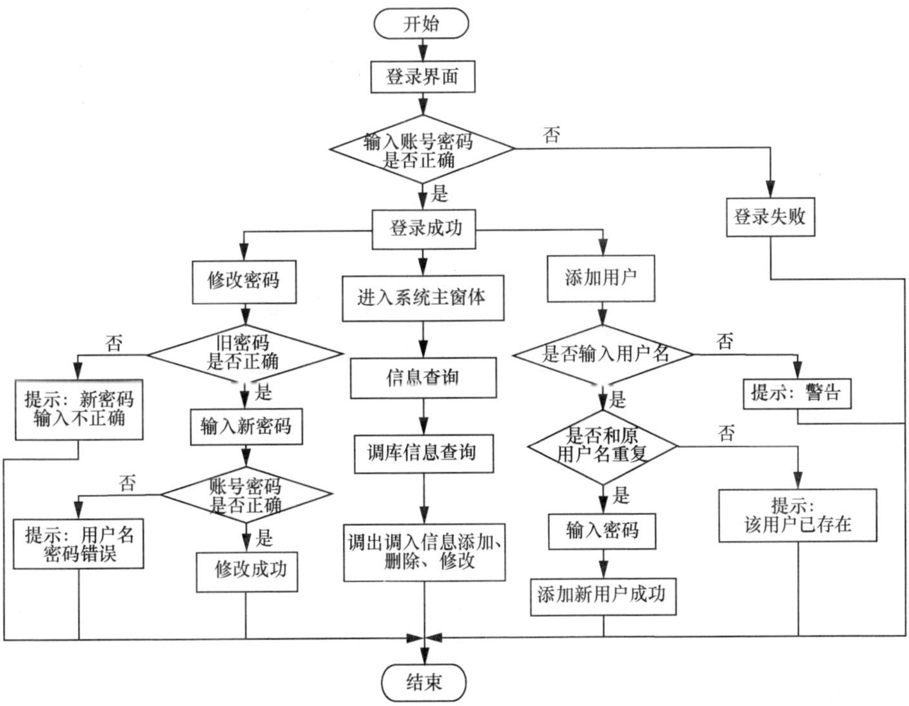

图 7-2　库存智能调度系统软件设计

（1）界面设计

登录界面使用了一些色调明快的卡通图案，让整个系统登录界面轻松亮丽，契合了生鲜农产品的主题，让人对该系统产生好感。常使用的控件是 Label、Button、TextBox、DataGrid、TreeView 等。登录模块与数据库中 users 数据表中存储的账号密码相对应，当用户名与密码全部正确时登录成功，进入系统后台，当用户名与密码不符合则提示登录失败，无法进入后台系统。后台系统中的系统模块是后台界面第一个单击模块，包括修改密码、添加用户、退出。系统登录界面如图 7-3 所示。

图 7-3　系统登录界面

当用户名和用户密码与数据库不吻合时弹出的界面如图 7-4 所示。

图 7-4　登录失败界面

（2）系统主界面

登录成功后，进入系统主界面。系统主界面为 MDI 窗体，首先添加一个 Microsoft Windows Common Control 6.0 控件，包括很多基本控件。系统要使用的是状态表格，在表单的最下方拉出一个方框格并添加个数，分别设置状态、年月日和时间，然后打开菜单编辑器，设置菜单。分别设置大标题、小标题，最后形成最上层窗体，当鼠标置于单击位置时，显示下级窗体。当连接数据库时，可使用数据库控件，也可写入数据库连接程序，本系统使用了两种数据库的连接。其中使用数据库控件时，必须引用一个数据源控件，否则无法定义 Adodc 控件。最后经过修改、调整、设置图片等操作，完成后台系统主界面的设计。系统的主窗体包含了所有功能模块，使系统的使用更加方便，实用性、可观赏性大大提升。系统主界面如图 7-5 所示。

图 7-5　系统主界面

系统窗体又分为 3 个小窗体：添加用户、修改密码和退出。分别如图 7-6、图 7-7 所示。

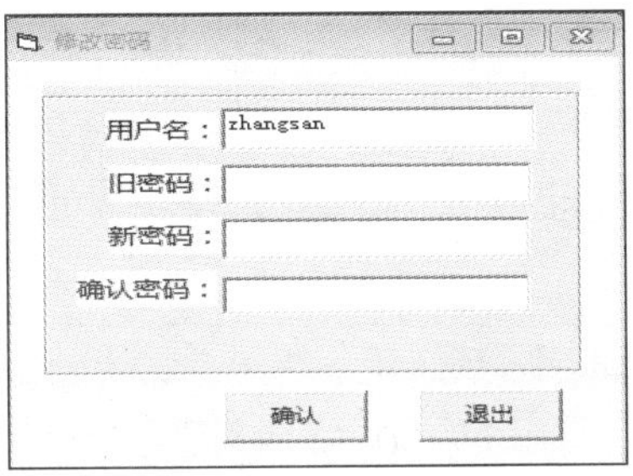

图 7-6　修改密码窗口

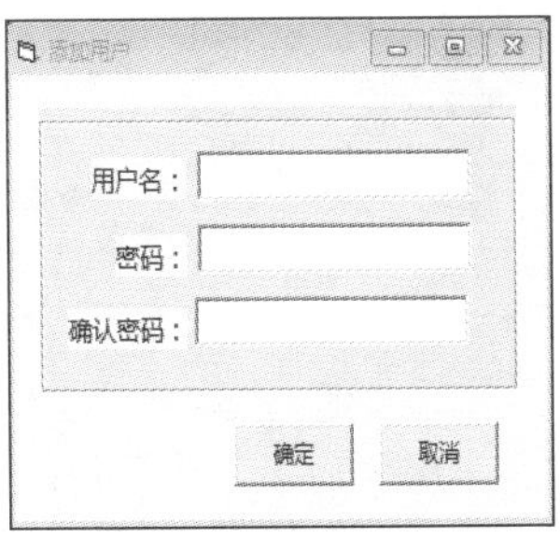

图 7-7　添加用户窗口

（3）基础数据显示模块

基础数据中包括农产品类别、农产品相关信息、供应商信息、收购商信息和仓库信息的显示。主要方便客户查询这些基础信息，每个小模块分别如图 7-8～图 7-13 所示。

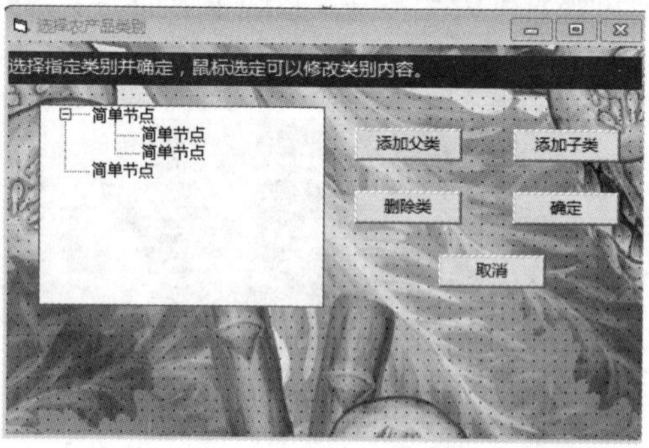

图 7-8　农产品类别添加类别

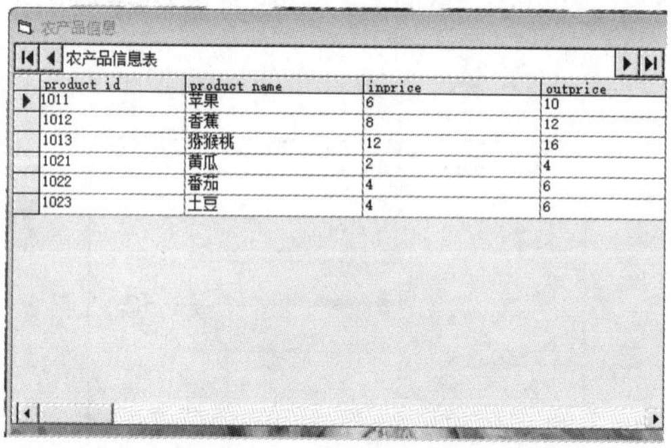

图 7-9　农产品类别信息表

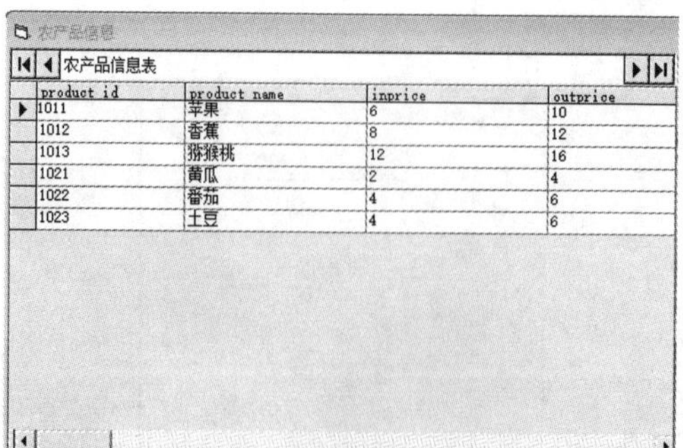

图 7-10　农产品信息表

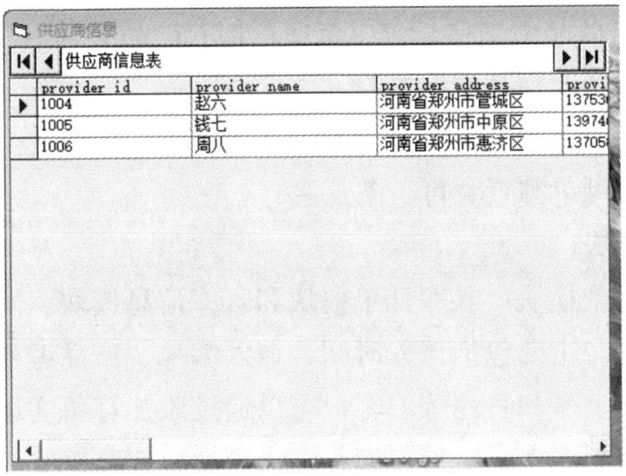

图 7-11　供应商信息表

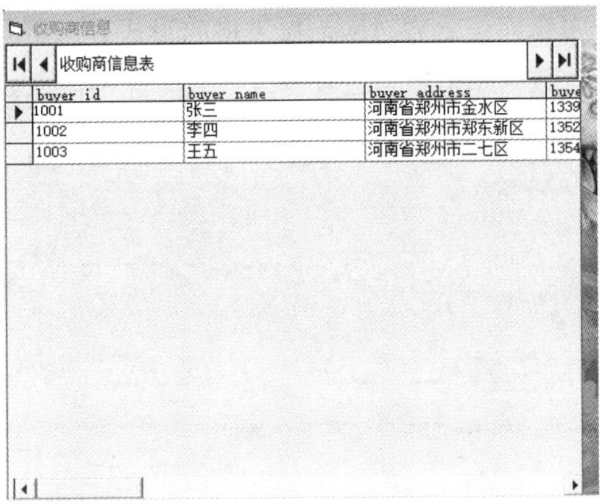

图 7-12　收购商信息表

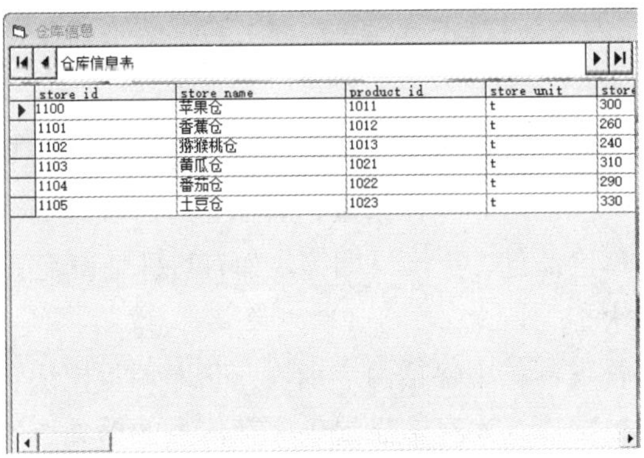

图 7-13　仓库信息表

图 7-9 所示的农产品类别信息表可方便查询农产品类别信息，包括农产品类别信息的添加、删除与修改与基本信息的分类查询。

图 7-10 所示的农产品信息表可记录农产品相关信息，并进行添加、删除、修改等，与数据库同步，可单独查看每一条信息。

（4）入库管理模块

入库管理分为两个模块：入库订单模块和入库信息模块。两个模块分别对应调入仓库时产生的信息，主要包括调入时间、调入编号、产品编号、仓库编号、调入数量、进价、调入总金额和备注等。客户可以通过添加订单实现调入库存，并实时添加调入量到数据库相关表中。调入库存时，自动生成订单编号，并以订单形式保存本次调入信息，通过库存信息模块查看调入订单的具体信息，实现库存实时更新，并同步更新至数据库中，但删除功能仅能删除该调入订单，不会影响数据库中的数据。该模块与数据库中仓库信息表对应，以表格的形式显示所有信息，并可通过添加、删除和修改直接对数据库中信息进行修改。入库订单信息如图 7-14 所示。

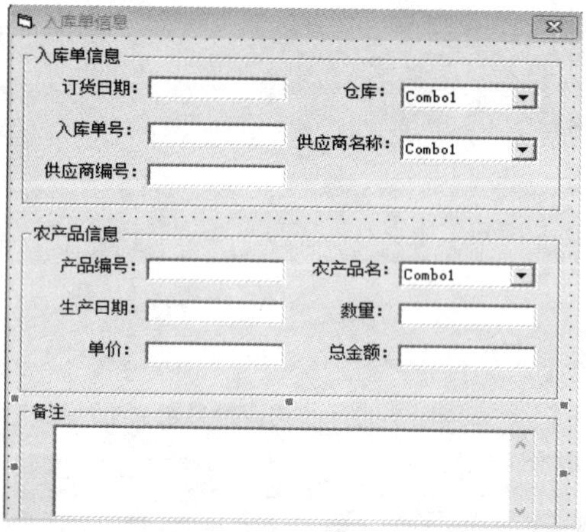

图 7-14　入库订单信息

农产品出库时需要填写农产品信息和出库单信息。这些信息包括出库单号、出库日期、产品编号、产品名称、库存数量、所在仓库、收购商名称、收购商编号、总金额以及农产品的单价信息、生产日期等，如有特殊情况可在备注区备注。

（5）库存管理模块

后台界面的库存管理窗体中包括两个模块：仓库调货模块和库存信息模块。两个模块分别对应两个数据库，库存信息提供库存信息的单独查看，清晰明了、实时更新、实时掌握、方便快捷。仓库调货整合了调出信息和调入信息，以订单为分类，包括：调货编号、调货日期、产品编号、调货数量、调货总金额、调入库存、调出库存和备注。库存管理便于查看调货信息和库存信息，以表格的形式显示所有信息。数据库中的数据发生改变时，调货信息和库存信息同时发生改变，如图 7-15 所示。

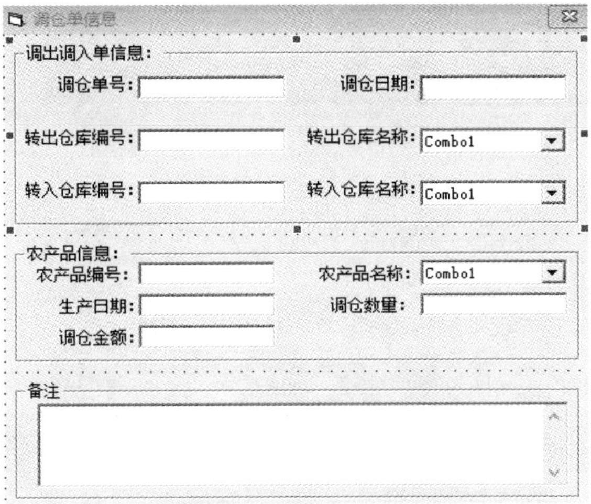

图 7-15　库存管理信息

（6）查询模块

查询信息模块对上述所有模块的信息提供一个完整的查询功能，按照不同的方式可以查询到不同的内容，主要包括 4 个部分：出库信息按收购商查询、出库信息按仓库查询、入库信息按供应商查询和入库信息按仓库查询。查询方式分别如图 7-16～图 7-19 所示。单纯的查询功能使整个系统更加简洁、有条理，也使得系统的内容更加丰富。以下所有模块主要提供不同类别的查询方式，目的是清晰地展示本系统所涵盖的所有信息，便于使用和了解系统。

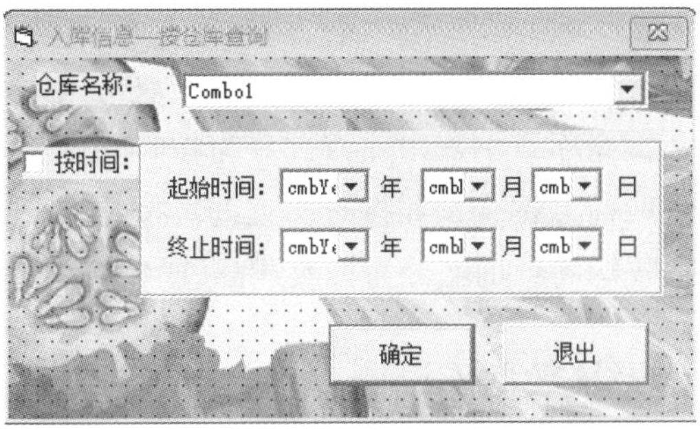

图 7-16　入库信息查询——按仓库查询

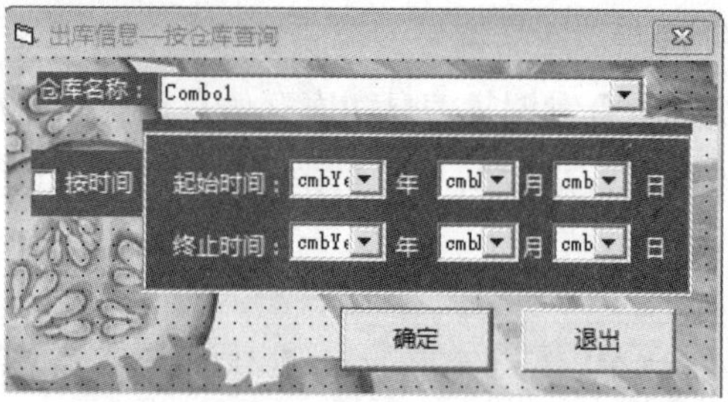

图 7-17　出库信息查询——按仓库查询

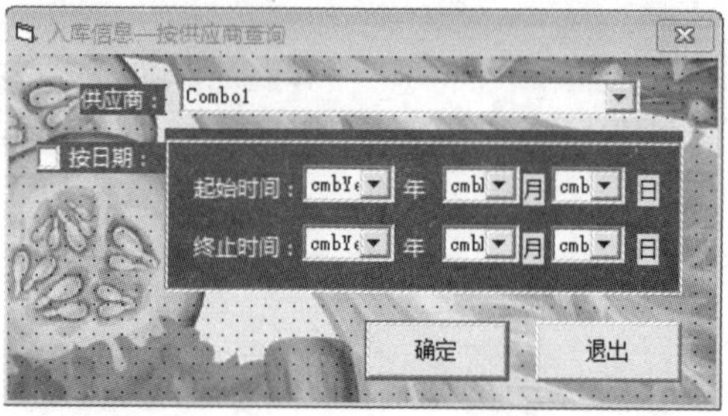

图 7-18　入库信息查询——按供应商查询

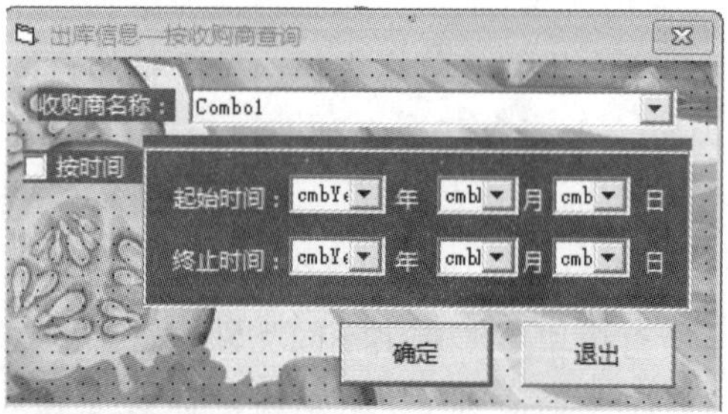

图 7-19　出库信息查询——按收购商查询

后台界面的查询窗体包括两个模块：入库查询模块与出库查询模块。入库查询又分为按供应商查询和按仓库查询，出库查询分为按收购商查询和按仓库查询。按供应商查询又分为按供应商名称查询和按时间查询，按仓库查询又分为按仓库名称查询和按时间查询，按收购商查询又分为按收购商姓名查询和按时间查询。

7.1.3　库存智能调度系统数据库设计

数据库作为系统使用的数据源，其所有数据都是从 SQL Sever 数据库表中提取的，完整的数据库构想是完整系统制作的第一步，每个数据库表对应一个或两个小模块，支撑着整个系统的运行[10]。数据库的设计是整个制作过程中最基础也是最繁杂的，可以通过编写程序或创建一个新数据库来添加数据库表，只需应用 SQL 语句，便可以简单地创建多个数据库表。

为了清晰地展示数据库的主要结构和具体分支，每一个信息表都对应着一些相关信息，为了让这些概念变成实体，更方便接受和理解，下面通过实体—联系（E-R）图来描述数据库结构的概念模型[11]。

（1）登录模块与数据库中 users 数据表中存储的账号密码相对应，当用户名与密码全部正确时登录成功，进入后台界面。后台界面第一个单击模块，包括修改密码、添加用户和退出。登录界面的设计主要使用的数据库表为 dbo.users，其中包括了 user_name 和 password 两个列名。中文名称分别为用户名和密码。登录表模块 E-R 图如图 7-20 所示。

图 7-20　登录表 E-R 图

（2）农产品类别在农产品管理模块中直接可以进行添加、修改、删除操作。类别信息分为编号和名称，每录入一个类别名称，都应有对应的编号录入。在不进行修改和删除的条件下，编号和名称绑定在一起。每一个编号对应一个固定的类别，方便管理和查询。同时，每添加一个农产品类别，在采购管理中自动生成对应的农产品类别，使系统更加方便。农产品信息表 E-R 图如图 7-21 所示。

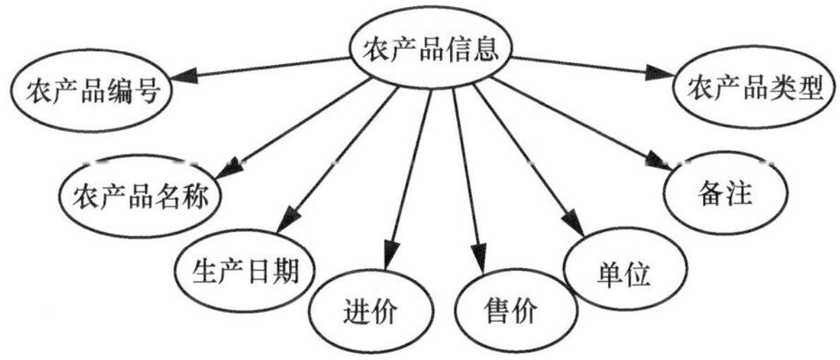

图 7-21　农产品信息表 E-R 图

（3）一个是农产品类别信息，另一个是农产品具体信息记录表（快捷键为 Ctrl+P）。农产品类别分为大类和小类，大类是蔬菜和水果，小类是苹果、香蕉、猕猴桃等水果和黄瓜、番茄、土豆等蔬菜。本系统可以查看这些数据，也可以添加和删除这些类别农产品信息表的设计。农产品类别主要使用数据库表 dbo.产品类型表，分为大类和小类，大类又分为大类名称和大类类型，小类又分为小类名称和小类类型。其中包括 bigtype、bigname、type、name、memo 5 个列名，中文名称分别为大类、大类名称、小类、小类名称和备注。农产品表类别 E-R 图如图 7-22 所示。

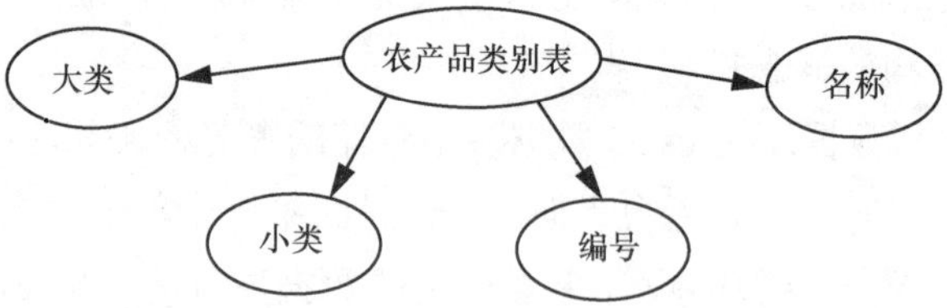

图 7-22　农产品类别信息表 E-R 图

（4）供应商信息模块将与数据库中供应商信息表对应，提供供应商的相关信息，并以表格的形式显示所有信息，同时可以通过添加、删除和修改直接对数据库中的信息进行修改。供应商信息表主要使用 dbo.收购商信息表，其中包括 provider_id、provider_name、provider_address、provider_tele、provider_memo 5 个列名，中文名称分别为供应商编号、供应商姓名、供应商地址、供应商电话、备注。供应商信息 E-R 图如图 7-23 所示。

图 7-23　供应商信息表 E-R 图

（5）收购商信息模块将与数据库中收购商信息表对应，提供收购商的相关信息，以便管理人员与收购商建立联系，并以表格的形式显示所有信息，同时通过添加、删除和修改直接对数据库中的信息进行修改。收购商信息表主要使用 dbo.收购商信息表，其中包括 buyer_id、buyer_name、buyer_address、buyer_tele、buyer_memo 5 个列名，中文名称为收购商编号、收购商姓名、收购商地址、收购商电话、备注。收购商信息表 E-R 图如图 7-24 所示。

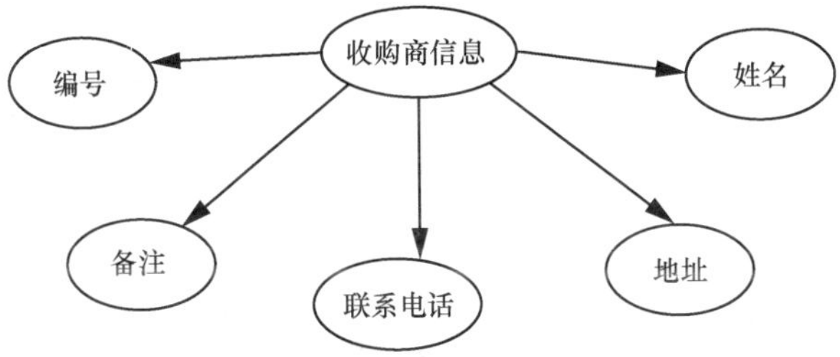

图 7-24　收购商信息表 E-R 图

（6）仓库信息表主要记录仓库相关信息，仓库实时库存量一目了然，客户可以方便了解仓库中都有什么、库存量多少这些基本信息。每个仓库的该模块将与数据库中仓库信息表对应，以表格的形式显示所有信息，并可通过添加、删除和修改直接对数据库中的信息进行修改。仓库信息表数据库表名称为 dbo.仓库信息表，其中包括 store_id、store_name、product_type、product_id、store_unit、store_goods、store_capacity、store_remain、store_memo 9 个列名。中文名称分别为仓库编号、仓库名称、库存单位、产品类型、产品编号、仓库库存、仓库容量、仓库剩余容量、备注。仓库信息表 E-R 图如图 7-25 所示。

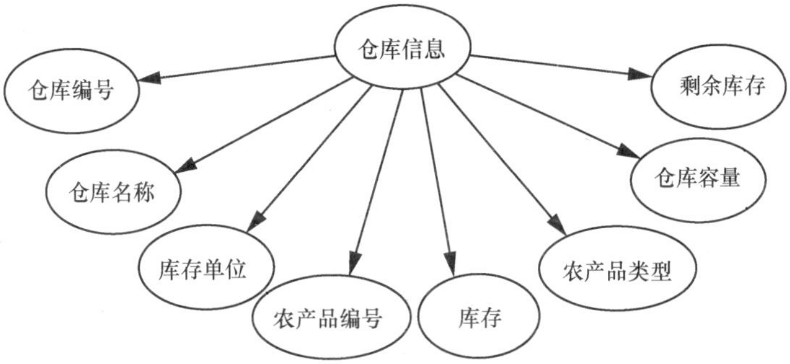

图 7-25　仓库信息表 E-R 图

（7）仓库调入表对应入库模块，主要功能是通过添加订单实现调入库存，并实时添加调入量到数据库相关表中。调入库存时，库存实时更新，删除功能影响数据库中数据，将删除数据库中保存的订单。该模块同时与数据库中仓库信息表对应，以表格的形式显示所有仓库调入信息，并可通过添加和修改直接对数据库中的信息进行修改。仓库调入记录表数据库表名称为 dbo.调入信息表，其中包括调入时间、调入编号、供应商编号、调入数量、进价、调入总金额、备注等 9 个列名。仓库调入表 E-R 图如图 7-26 所示。

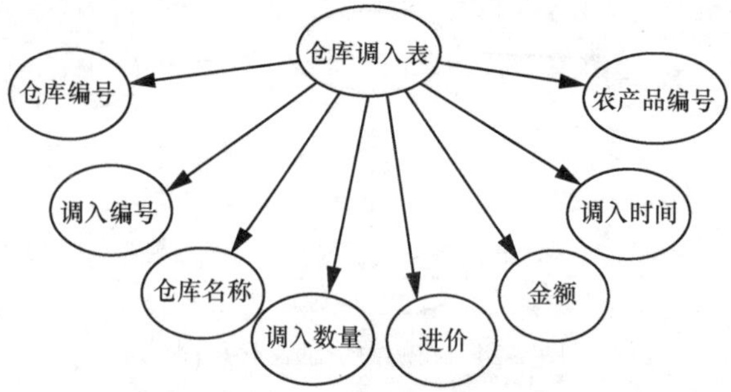

图 7-26 仓库调入表 E-R 图

（8）仓库调出表对应出库模块，主要功能是通过添加订单实现调出库存，并实时添加调出量到数据库相关表中。调出库存时，库存实时更新，删除功能影响数据库中数据，将删除数据库中保存的订单。该模块同时与数据库中仓库信息表对应，以表格的形式显示所有仓库调出信息，并可通过添加、删除和修改直接对数据库中信息进行修改。仓库调出记录表中的数据库表名称为 dbo.调出信息表，其中包括调出时间、调出编号、收购商编号、调出数量、售价、调出总金额、备注。仓库调出表 E-R 图如图 7-27 所示。

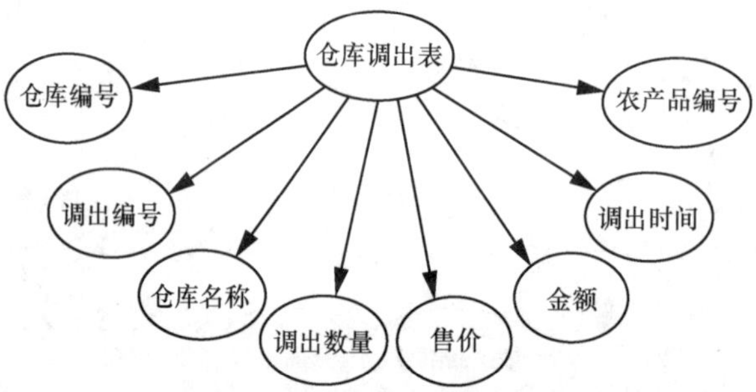

图 7-27 仓库调出表 E-R 图

（9）调货记录表设计仓库调货整合了调出信息和调入信息，以订单为分类，包括调货编号、调货日期、产品编号、调货数量、调货总金额、调入库存、调出库存和备注。便于查看调货信息和库存信息，以表格的形式显示所有信息。数据库中的数据发生改变时，调货信息和库存信息同时发生改变。数据库表名称为 dbo.调库信息表，其中包括 move_id、product_id、move_date、move_amount、move_total、store_id_in、store_id_out、move_memo 8 个列名。中文名称分别为调货编号、农产品编号、调货时间、调货数量、调货总金额、调入编号、调出编号、备注。调货记录表 E-R 图如图 7-28 所示。

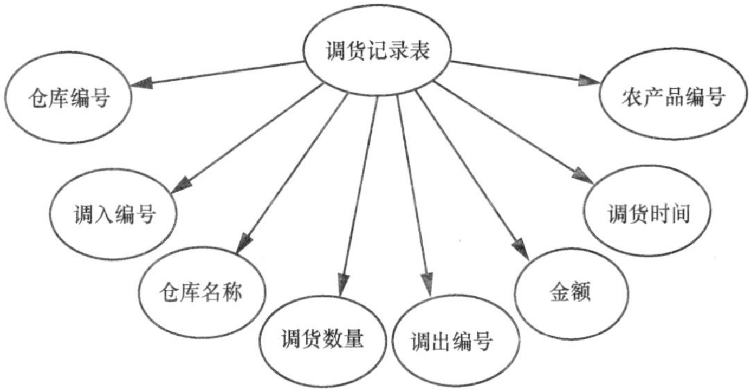

图 7-28 调货记录 E-R 图

7.1.4 库存智能调度系统数据库表设计

为了建立一个优秀的数据库，设计好每一张表格显得尤为重要。最好的方式是“综合考虑，利弊权衡”。数据库就是一个系统，它是一个系统的数据来源，重要性一目了然。表是数据库的对象，也是它最重要的存储空间。数据库表不应太多，否则会显得过于繁杂，编写程序时将尤为复杂，且查询信息相对较困难。同时一个过大的数据表会拖慢整个系统的运行速度，把它合理规划成并列的数个表，不失为处理过大数据库表的最好方法。正如前面所说的，这里有两种应用程序类型——“基于事务处理”和“基于分析”，这一类的数据库的“插入”和“更新”操作相对来说是比较少的，它们的主要目的是更加快速地查询、分析数据（这种类型更加官方的叫法是“OLAP”）。

登录模块与数据库中 user 数据表中存储的账号密码相对应，当用户名与密码全部正确时登录成功，进入后台界面。用户可自行查询这些信息，并进行添加、删除、修改等操作。用户信息见表 7-1。

表 7-1 用户信息

英文名	中文名	类型	长度/字符
user_name	登录账号	nvarchar	50
password	用户密码	nvarchar	50

农产品相关信息主要包括农产品编号、农产品名、农产品进价、农产品售价、产品单位、农产品类别、农产品生产日期以及农产品备注。用户可自行查询这些信息，进行添加、删除、修改等操作。农产品信息见表 7-2。

表 7-2　农产品信息

英文名	中文名	类型	长度/字符
product_id	农产品编号	char	14
product_name	农产品名	nvarchar	50
inprice	农产品进价	float	8
outprice	农产品售价	float	8
product_unit	产品单位	char	10
product_type	农产品类别	char	14
product_date	生产日期	smalldatetime	8
product_memo	备注	nvarchar	255

数据库中供应商存储的相关信息，包括供应商编号、供应商姓名、供应商地址、供应商电话和备注。用户可自行查询这些信息，并进行添加、删除、修改等操作。供应商信息的公布对于用户而言，主要目的是提供供应商的联系方式，以便其他用户需要合作时方便联系。供应商信息见表 7-3。

表 7-3　供应商信息

英文名	中文名	类型	长度/字符
provider_id	供应商编号	char	14
provider_name	供应商姓名	nvarchar	50
provider_address	供应商地址	nvarchar	50
provider_tele	供应商电话	nvarchar	50
provider_memo	备注	nvarchar	255

数据库中收购商存储的相关信息，包括收购商编号、收购商姓名、收购商地址、收购商电话和备注。供应商信息的公布对于用户而言，主要目的是提供供应商的联系方式，以便其他用户需要合作时方便联系。用户可自行查询这些信息，并进行添加、删除、修改等操作。收购商信息见表 7-4。

表 7-4　收购商信息

英文名	中文名	类型	长度/字符
buyer_id	收购商编号	char	14
buyer_name	收购商姓名	nvarchar	50
buyer_address	收购商地址	nvarchar	50
buyer_tele	收购商电话	nvarchar	50
buyer_memo	备注	nvarchar	255

数据库中仓库存储的相关信息是整个系统的中心内容，不但与出入库管理模块息息相关，更与调度、调仓模块紧密相连。仓库信息的完整是对系统最重要的要求。仓库信息包括仓库编号、仓库名、产品编号、库存单位、库存量、仓库容量、仓库剩余容量和备注。用户可自行查询这些信息，并进行添加、删除、修改等操作。仓库信息见表 7-5。

表 7-5　仓库信息

英文名	中文名	类型	长度/字符
store_id	仓库编号	char	14
store_name	仓库名	nvarchar	50
product_id	产品编号	char	14
store_unit	库存单位	char	10
store_goods	库存量	nvarchar	50
store_capacity	仓库容量	nvarchar	50
store_remain	剩余容量	nvarchar	50
store_memo	备注	nvarchar	255

调入仓库时产生的一些信息，以订单形式保存在系统中，主要内容包括调入时间、调入编号、供应商编号、仓库编号、调入数量、进价、调入总金额和备注。用户可自行查询这些信息，并进行添加、删除、修改等操作。调入信息见表 7-6。

表 7-6　调入信息

英文名	中文名	类型	长度/字符
in_date	调入时间	char	14
in_id	调入编号	char	14
provider_id	供应商编号	char	14
store_id	仓库编号	char	14
product_id	产品编号	char	14
in_amount	调入数量	float	8
inprice	进价	float	8
in_total	总金额	float	8
in_memo	备注	nvarchr	255

调出仓库时产生的一些信息以订单形式保存在系统中，主要内容包括调出时间、调出编号、收购商编号、仓库编号、调出数量、售价、调出总金额和备注。用户可自行查询这些信息，并进行添加、删除、修改等操作。调出信息见表 7-7。

表 7-7　调出信息

英文名	中文名	类型	长度/字符
out_date	调出时间	char	14
out_id	调出编号	char	14
buyer_id	收购商编号	char	14
store_id	仓库编号	char	14
product_id	产品编号	char	14
out_amount	调出数量	float	8
outprice	售价	float	8
out_total	总金额	float	8
out_memo	备注	nvarchar	255

调库信息表整合了调出记录和调入记录，方便查看。其中包括调货编号、调货时间、产品编号、调货数量、调货总金额、调入编号、调出编号和备注。用户可自行查询这些信息，并进行添加、删除、修改等操作。调货信息见表 7-8。

表 7-8　调货信息

英文名	中文名	类型	长度/字符
move_id	调货编号	char	14
move_date	调货时间	samlldatetime	8
product_id	产品编号	char	14
move_amount	调货数量	float	8
move_total	调货总金额	float	8
store_id_in	调入编号	char	14
store_id_out	调出编号	char	14
store_memo	备注	nvarchar	255

产品类型表中产品类型分为大类和小类，大类主要是水果和蔬菜，小类是水果和蔬菜中的不同水果蔬菜品种。用户可自行查询这些信息，并进行添加、删除、修改等操作。产品类型见表 7-9。

表 7-9　产品类型

英文名	中文名	类型	长度/字符
bigtype	大类	char	14
bigname	大类名称	nvarchar	50
type	小类	char	14
name	小类名称	nvarchar	50
memo	备注	nvarchar	255

系统主要运用 Basic 语言进行编写，利用 Visual Basic 6.0 与 SQL Server 2012 进行具体操作与实现，具体模块包括用户管理模块、信息管理模块、出入库管理模块、调仓管理模块、查询模块、帮助模块。

用户管理模块提供添加、删除、修改用户信息的功能，包括添加用户、修改已有用户密码等。添加用户与修改密码将同步上传至数据库用户信息表中。信息管理模块提供农产品类别信息、农产品信息、供应商信息、收购商信息与仓库信息的查询功能。这些基础信息奠定了整个系统的基本结构，不但方便用户实时了解仓库内具体情况，而且是调度系统不可或缺的信息来源。出入库管理模块包括出库和入库操作以及操作后产生的信息的查询。每一次出库入库生成对应订单，以订单形式进行查询，以得到调度操作的信息[12-13]。

调仓管理模块主要进行库与库之间的调度操作，货物从这一仓库平行调动到另一仓库，与出入库管理相同，形成相应的订单信息，以供查询。查询模块主要以不同方式进行查询操作，例如以供应商与收购商查询出入库信息，或以仓库方式查询出入库信息，最后还可以查询库存明细[14]。

7.2　冷库监控系统

基于物联网的生鲜农产品冷库动态监测系统首先根据温/湿度传感器监测冷库环境内的温/湿度数据，传给 PC，PC 实时接收后对其进行显示、数据存储以及分析处理，根据与实际需要而设定的温/湿度上下限数值的比较结果决定是否需要对相关因素进行控制。

7.2.1　冷库监控系统总体框架

（1）冷库监控系统的结构框架[15-24]

冷库温/湿度监控界面设计框架如图 7-29 所示。基于物联网的生鲜农产品冷库动态监控系统包括监测和控制两部分，在监测模块里，系统可以进行实时数据和历史数据的查询。实时数据查询显示冷库内部的温度和湿度两部分的实时动态信息以及当前的冷库状态信息（正常否），此外还有实时的温度曲线走势，清楚直观地观察温/湿度的走势；历史数据可查询具体某一时段的冷库内部温度/湿度数据和曲线图，查询实时温/湿度曲线，达到预测的功能。控制模块分为温度异常处理和湿度异常处理两部分，它们分别在冷库内部温/湿度发生异常时进行相应的自动控制处理，温度异常时启动升温或者降温系统，湿度异常时进行相应的加湿或除潮。系统控制冷库内部温/湿度，实现基于物联网的生鲜农产品冷库动态监控系统应有的系统功能。

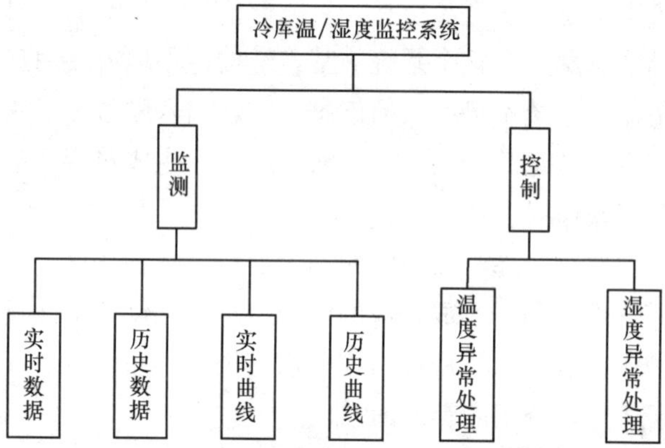

图 7-29　冷库温/湿度监控界面设计框架

温度调节主要是控制制冷系统（液氨制冷系统、风机等）的启动或停止，湿度调节主要是控制加湿水雾喷洒和除湿系统（向冷库内空气中暴露一些吸水性物质，如生石灰等）来起到增加或降低库内湿度的作用。冷库动态监控系统的设计与实现中，最关键的是上位机软件的开发。

（2）系统主流程

系统主程序流程如图 7-30 所示。由图 7-30 可知，首先要进行硬件连接，接通 ZigBee 模块电源，初始化 ZigBee 模块，然后对 ZigBee 模块进行参数等的配置，下载程序。组网成功后上位机的软件通过串口读取 DHT11 温/湿度传感器采集来的温/湿度数据信息，若组网失败，再次进行 ZigBee 模块的配置工作，当冷库内部温/湿度数据正常（在设定范围内）时，继续数据的采集与传输；情况异常时，启动相应的控制装置，电源断开，系统停止工作。

在监测到冷库内部温度超出设定的范围时，系统会自动向风机发出开启的指令，进行降温操作，温度过低时则停止液氨的蒸发制冷；在监测到湿度过低时，可以在风机前放置喷雾器，用风将水雾送入冷库空气中；湿度过高时，打开放置干石灰的箱盖吸潮。这样就实现了生鲜农产品冷库动态监测的自动化，方便管理。在基于物联网生鲜农产品冷库动态监控系统中，在冷库内部的物理环境通过温/湿度传感器检测其温/湿度值，将温/湿度传感器与 ZigBee 硬件设备器件相连，定时监测温度、湿度，然后把温/湿度数据以无线的方式发送到服务器，再传输到上位机，系统根据数据信息进行分析后下达相应的操作。

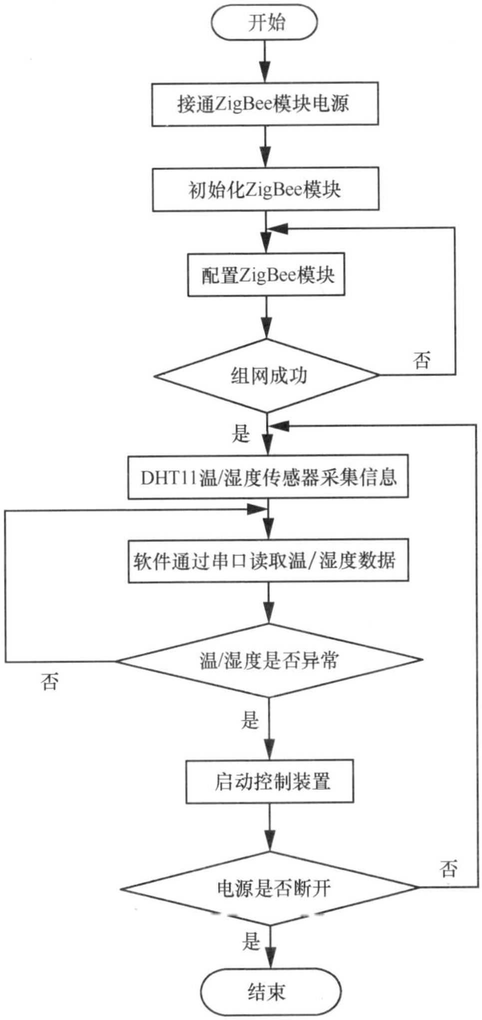

图 7-30　主程序流程

7.2.2　冷库监控系统数据库设计

数据库用于存放 DHT11 数字温/湿度传感器为 PC 采集的数据信息，供开发软件系统调用[25]。在实际情况中，一座保鲜冷库需要监控的内部物理环境有许多影响其保鲜的因素，此处选择两个具有代表性的关键影响因素作为研究记录对象。设计两个基本数据表，分别用来存放冷库编号、名称、测量点和库内采集时间、温/湿度信息。这两个用来作为完成系统检测功能的基本点，再另外设计出存放温/湿度环境状态及不同时间设置的温/湿度范围数据的表格。表格设计图见表 7-10～表 7-12。

表 7-10　冷库编号名称测量点数据信息

冷库编号	名称	测量点
1	高温库 A	前
2	高温库 A	后
…	…	…
…	低温库 B	前
…	低温库 B	后
…	…	…

表 7-11　冷库采集时间温/湿度数据信息

冷库编号	温度/℃	湿度	采集时间
1	27	45%	日/月/年 时：分：秒
2	28	36%	日/月/年 时：分：秒
…	…	…	…

表 7-12　冷库温/湿度设定及环境状态数据信息

冷库编号	温度上限/℃	温度下限/℃	湿度上限	湿度下限	状态
1	…	…	…	…	正常
2	…	…	…	…	异常
…	…	…	…	…	…

表 7-10 是冷库测量点名称信息，给每个冷库进行编号，方便记录信息的同时，又保证了数据记录的有效性。按存储生鲜农产品时需要温度的不同，冷库分为高温库和低温库，低温库一般用于存放肉类、水产品等生鲜农产品，高温库一般用于存放瓜果蔬菜等生鲜农产品。每个库里选择两个测量点测量冷库内的物理环境因素，测量点分别设置于冷库内部的前部和后部[26]。

冷库动态监控系统选择温度、湿度两个物理环境因素进行记录，因此表 7-11 记录 DHT11 温/湿度传感器采集到的数据信息以及其对应的采集时间。表 7-12 记录每个冷库设定的温/湿度上下限数值以及状态信息，超过或者低于设定范围值都显示异常状态[27]。

7.2.3　冷库监控系统硬件设计

基于 ZigBee 技术的生鲜农产品冷库动态监测系统的设计实现[28-34]，首先要对 ZigBee 无线传感器网络进行开发，这个过程需要相应硬件的支持，尤其是需要支持 ZigBee 协议栈的硬件，此外还需要相应的软件支持，当然还需要下载器将程序下载到硬件中，完成系统硬件方面的设计工作。

基于物联网的生鲜农产品冷库动态监控系统由无线传感器网络、数据采集节点以及上位机检测中心组成，其体系结构如图 7-31 所示。无线传感器数据采集节点的作用是组建网络以及对各种环境因素进行数据采集，由传感器节点在硬件的基础上基于 ZigBee 无线通信协议组建网络。而传感器节点又分为终端节点、路由器节点和协调器节点。在终端节点处实时采集温度、湿度参数，经由路由节点，数据以多跳中继的方式传达至协调器节点，协调器节点再通过串口将数据传至上位机管理系统。

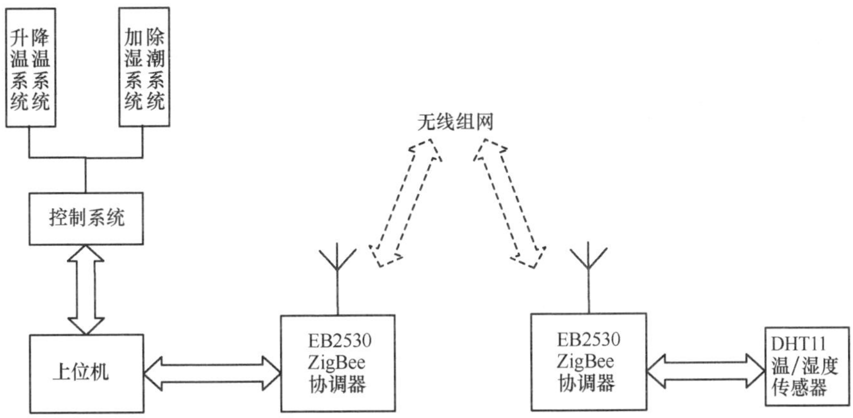

图 7-31　体系结构

由图 7-31 可以清楚地看出 ZigBee 模块通过无线组网的方式进行数据传输的过程，一个 ZigBee 节点作为协调器与上位机（PC）相连接，上位机控制相应的控制系统，温度调节方面有升温系统和降温系统（风机等），湿度调节方面有加湿系统和除潮系统。另一个 ZigBee 节点作为协调器连接温/湿度传感器（DHT11 数字式温/湿度传感器），用这种方式在上位机中显示相关数据。

（1）CC2530-EB 核心板

作为组建 ZigBee 无线传感器网络的核心部件，CC2530-EB 核心板硬件资源主要包括 CC2530 单片机、天线接口、晶振以及 I/O 扩展接口，如图 7-32 所示。

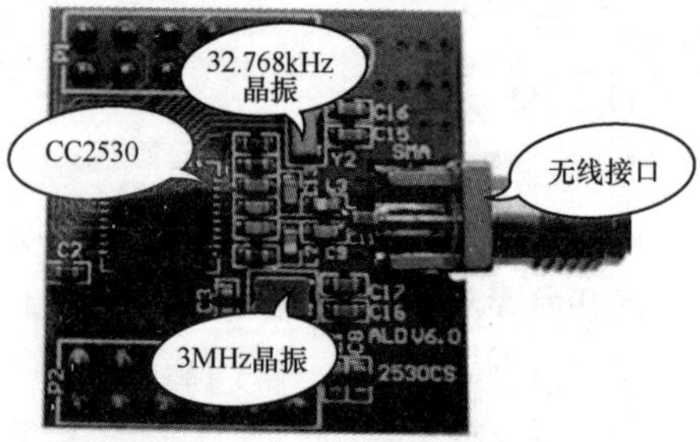

图 7-32　CC2530-EB 核心板

（2）CC2530 单片机

CC2530 单片机是一款完全兼容 8051 内核、同时支持 IEEE 802.15.4 协议的无线射频单片机。图 7-33 表示的是 CC2530 的引脚图，各引脚有不同的功能。它的特点在于当其为空闲状态时，不论什么样的终端都能唤醒 CC2530，即将其调回到 CC2530 主动状态模式位，这个过程的原理在于系统核心存储器的交叉开关，这个开关能够连接 CPU 与外接设备，这个过程用 SFR 总线对其进行作用。CC2530 的 Flash 容量会控制编程的保存能力，这种可编程存储器在存储数据后能够保留预设的各种参数信息、代码信息以及常量信息。故当单片机从休眠状态变换到主动工作状态时，就具有记忆功能，恢复休眠前设定的信息。

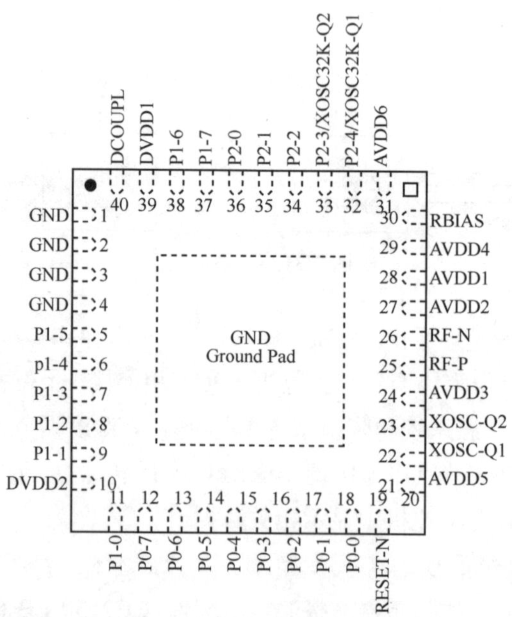

图 7-33　CC2530 引脚图

（3）天线

构建基于 ZigBee 的无线传感器网络时，设计硬件部分的天线及匹配电路尤为重要，因为天线部分设计得好可以使射频通路拥有不差的指标，而且合适的设计也可以在充分提高通信距离的同时降低系统功率损耗。使用 PCB 天线来设计天线部分，也可以使用 SMA 接口的额杆状天线。这里选用折叠偶极子天线，要求天线的辐射方向为全向。图 7-34 表示的是天线以及巴伦匹配电路原理。

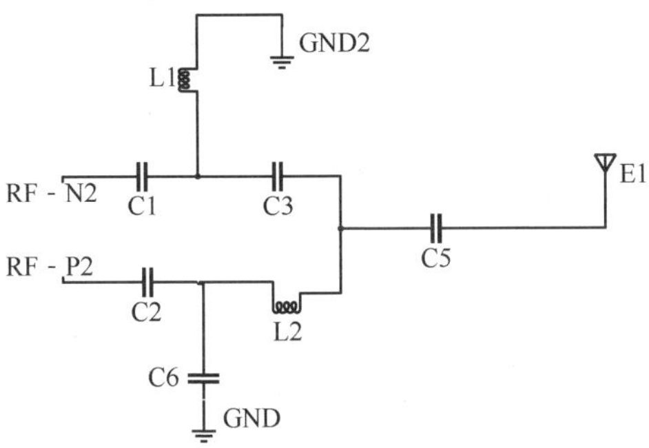

图 7-34　天线及巴伦匹配电路

由图 7-34 可知，在基于 ZigBee 协议的无线传感器网络的构建过程中，天线以及巴伦匹配电路的设计较为重要，这涉及射频通路指标是否优良，对通信距离、系统功耗都有较大影响。

（4）晶振

CC2530 有两个晶振，频率分别为 32MHz 和 32.768kHz，图 7-35 为晶振电路的接口示意图。

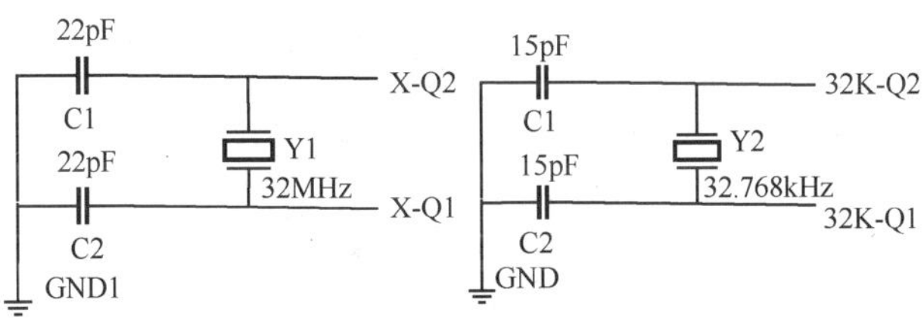

图 7-35　晶振电路接口示意图

（5）电源电路

电源电路使用的标准电压为 3.3V。采用 DC-DC 变换将 5V 电压变为期望的 3.3V 工作电压，用 USB 接口连入电脑进行供电。电源电路如图 7-36 所示。

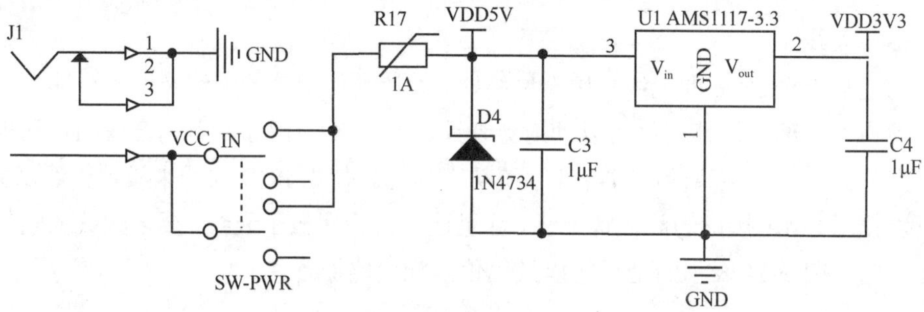

图 7-36 电源电路

由图 7-36 可知，电路用直流交流转换的原理将 5V 的电压变为期望的 3.3V 工作电压，电路中并联的 C3 和 C4 电容大小都为 1μF，R17 是额定电流为 1A 的可调电阻。

（6）LED 电路

图 7-37 为 LED 电路原理，LED 主要用于指示电路的工作状态，例如加入网络情况、网络信号情况、正在传输的数据等，每个发光二极管都与一个 1kΩ 的电阻相连。

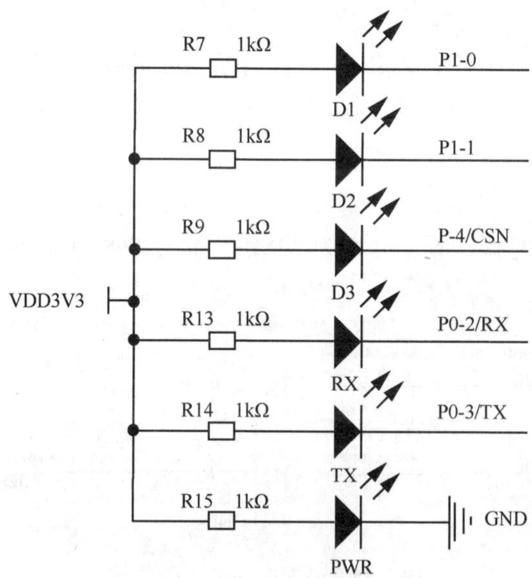

图 7-37 LED 电路

（7）串口电路

串口电路主要用来实现 CMOS/TTL 电平到 RS232 电平的转换。图 7-38 为电平转换的串口电路。串口电路实现电平转换的电路原理以及相应每个部分的元件概略参数。CC2530 有两个 USB 转串口，分别是 USART0 和 USART1。USART0 和 USART1 是串行通信接口，它们能够分别运行于异步 UART 模式或者同步 SPI 模式。UART0 对应的外部设置 I/O 引脚关系如图 7-38 所示。

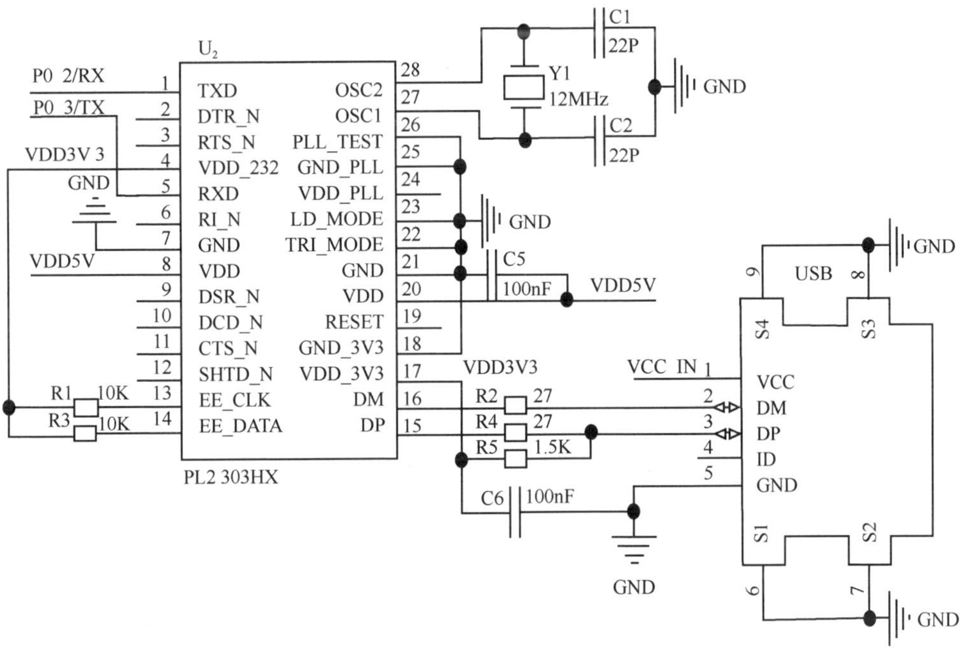

图 7-38　串口电路

位置 1：P0_2——RX；P0_3——TX；位置 2：P1_4——RX；P1_5——TX。

UART1 对应的外部设置 I/O 引脚关系如下。

位置 1：P0_5——RX；P0_4——TX；位置 2：P1_7——RX；P1_6——TX。

USART 模式的操作具有的特点包括：有 8 位或者 9 位负载数据；检验方式为奇校验、偶校验或者无奇偶校验；配置超始位和停止位电平；配置 LSB（最低有效位）或 MSB（最高有效位）首先传输；独立接收中断；独立收发 DMA 触发。

整个 CC2530 核心板电路原理如图 7-39 所示，其中包括温/湿度传感器模块和继电器模块等，将多个模块集成在一块电路板上，每个模块对应传感器即插即用，方便快捷。例如只要改动增加芯片的驱动程序，就可以实现在一块电路板上同时测量温/湿度及继电器等模块的功能。CC2530 核心板电源电压为 3.3V，内含电源电路部分、LED 电路部分、按键电路部分、晶振电路部分、I/O 扩展电路部分、天线电路部分。在电源部分可以利用电源电路的直交流电路原理将 5V 电压转换为 3.3V 电压供电路板工作；按键电路与 LED 电路发挥显示状态的功能；

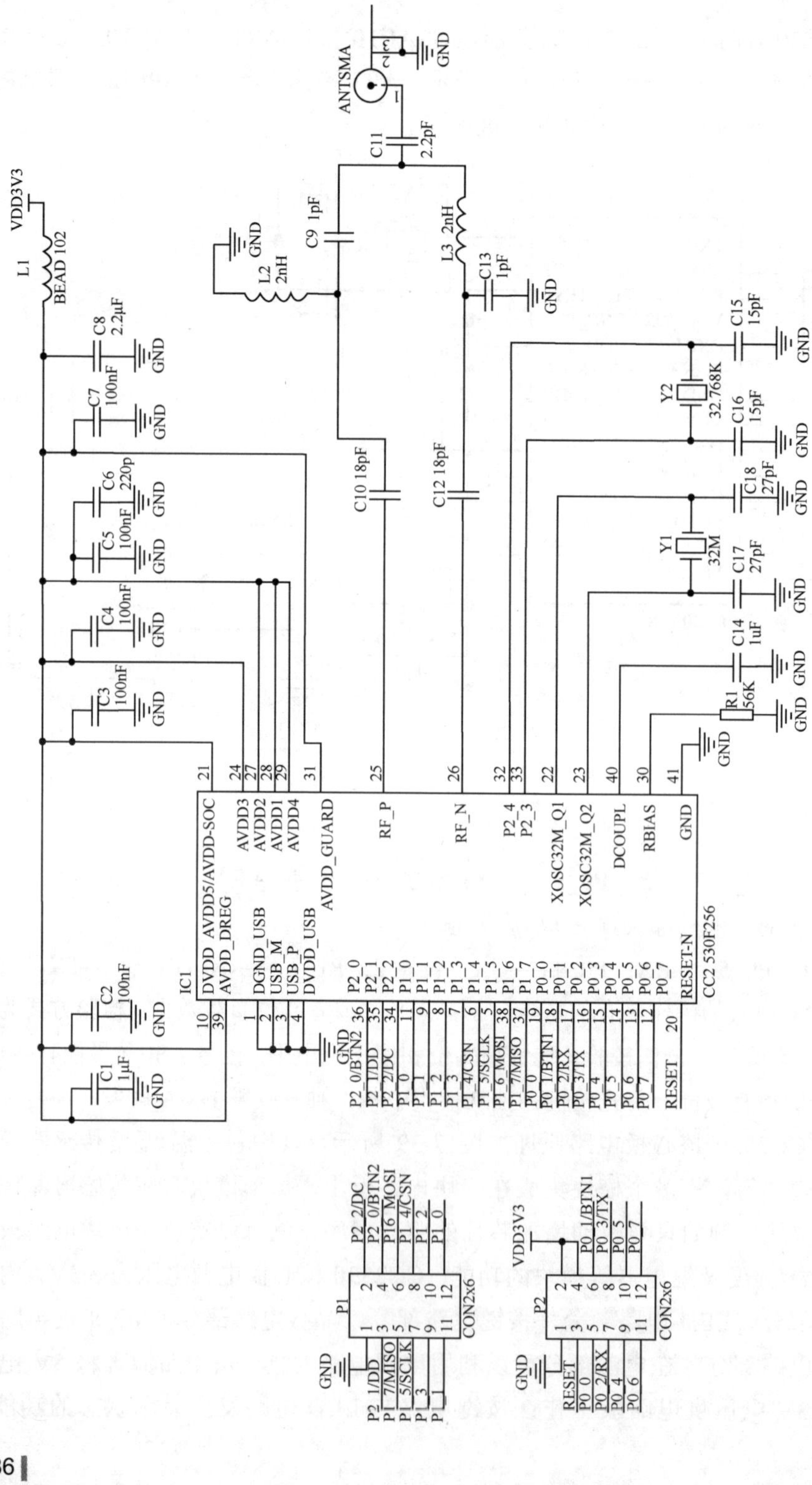

图 7-39 核心板电路原理

晶振电路起到时序电路的作用；在 I/O 扩展电路部分，加入多个外设口，可插入各种传感器进行相应信息的采集与传递；天线电路部分含有多个电容和电感元件，电容大小从 1pF 到 18pF 不等，电感元件大小都为 2nH，ANTSMA 为天线元件，它的一端与 CC2530 芯片通过两电容相连接，另一端都接地。另外，CC2530 核心板中的转串口电路使用 PL2303 芯片来实现 RS232 与 USB 的转换。

（8）控制硬件部分

完整的监控系统离不开控制部分，通过额定电压为 5V 的小风扇来模拟当实际冷库内温度过高时启用的风机。风扇配的继电器模块也是市面上常见的易驱型，可以直接连入 ZigBee 集成开发板中的继电器模块，方便高效。图 7-40 给出的是温度控制系统的硬件示意图，这里模拟的是温度控制系统，当温度超过设定的温度上限时启动继电器模块，继电器连接小风扇模拟实际情况中冷库内部的风机降温方法。其中继电器部分的公共端应与 CC2530-EB 核心板的 5V 电源端连接，它的常开端接风扇的正极。

图 7-40　继电器风扇模块示意图

7.2.4　冷库监控系统硬件调试

在 ZigBee 网络中进行数据通信有 3 种类型：广播（Broadcast）、单播（Unicast）和多播（Multicast）。广播描述的是一个节点发送的数据分组，网络中的所有节点都可以收到，这类似于开会时，领导讲话，每个与会者都可以听到；单播描述的是网络中两个节点之间进行数据分组的收发过程；多播描述的是一个节点发送的数据分组，只有和该节点属于同一组的节点才能收到，这类似于领导讲完话后，各小组进行讨论，只有本小组成员才能听到相关讨论内容。

考虑到实际采集时应保证冷库监控系统的有效性，将两个测量点分别放置于一个冷库的前部和后部进行数据的收集[35]，这样就有两个测量点需要同时接收数据收集指令，所以在构建 ZigBee 无线传感器网络时选择广播的方式进行组网。图 7-41 为广播通信的实验原理。它具有良好的可扩展性，组网成功后若需要增加测量点，只需要增加终端节点，因此可以随时根据实际情况进行修改、增加、删除节点操作。终端节点只有一个时就是单播。

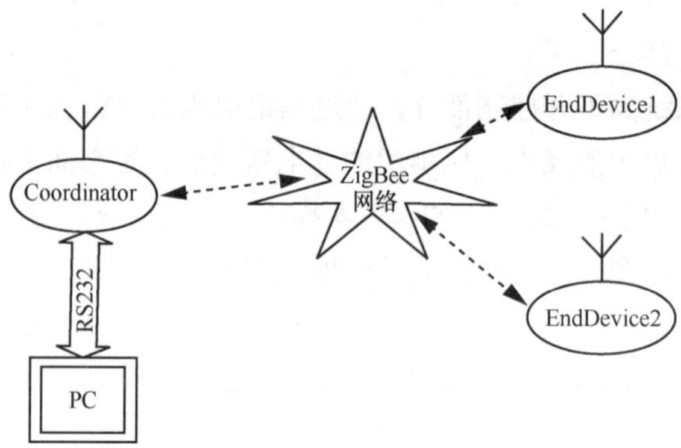

图 7-41　广播通信原理

ZigBee 网络的协调器与 PC 通过 RS232 方式进行连接通信，协调器与终端节点组成 ZigBee 无线网络，使两个终端节点都能与唯一的协调器进行数据信息传输与交换。测验时选择两个测量点进行仿真实验，故这里的终端节点对应有两个：终端 1 和终端 2。

当终端只有一个节点时就是单播。用排线、USB 线连接 SmartRF04EB 仿真器和 ZigBee 开发套件于 PC，IAR 集成开发软件环境中将协调器和终端程序分别下载到两个底板中，如图 7-42 所示。

图 7-42　连接示意图

成功后再用 USB 给协调器和终端供电，终端连接 DHT11 温/湿度传感器进行数据采集。打开串口调试助手，设置合适的端口号，数据位为 8 个，波特率为 115200bit/s，数据自动发送周期为 1000ms，打开串口后，观察接收区开始接收数据信息，硬件测试成功。串口调试助手窗口显示如图 7-43 所示。

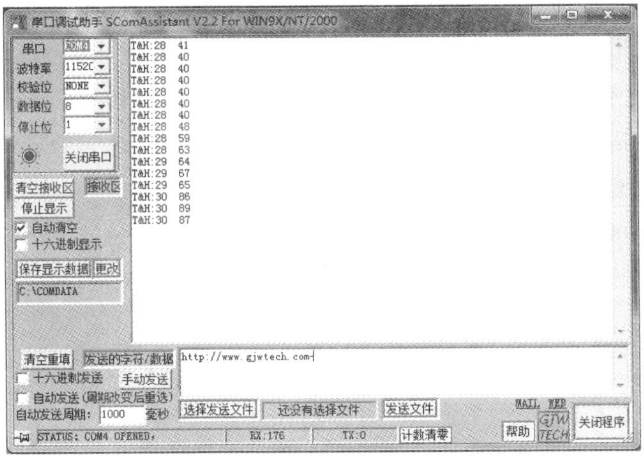

图 7-43　硬件测试结果

在串口助手窗口里显示 DHT11 显示的温/湿度信息（如图 7-43 所示），“T”代表温度，“H”代表湿度，每 1000ms 接收到一次温/湿度信息。手摸 DHT11 温/湿度传感器，可以看到温度变化并不大，但湿度有较明显的改变。

7.2.5　冷库监控系统软件设计

一个生鲜农产品冷库动态监控系统不仅需要硬件的支持，还需要完善的软件管理平台，用户可以使用人机交互界面，在通过软件系统对冷库内部情况实时监控的同时，控制设备启动或停止来调控异常的冷库动态问题。冷库监控系统软件流程如图 7-44 所示。设计步骤如下。

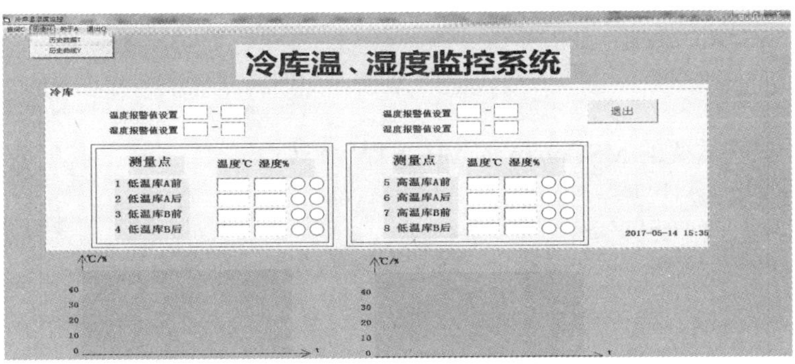

图 7-44　冷库监控界面

（1）VB 界面设计

一般的系统为了防止其他人员随意对其进行操作，会首先设计一个登录模块进行身份验证，这里的冷库监控系统在实际应用时需要 24 小时对冷库进行检测控制，其间软件系统不能随意关闭，需要时刻保持打开的状态，且能够进入机房的都是有证件或经过其他措施验证过的工作人员，因此不需要再设计一个登录模块。根据系统设计的框架结构在 VB 环境中进行页面设计。

（2）MSComm 控件

要在 VB 中设计的上位机监控系统软件中显示 DHT11 温/湿度传感器采集的实时温/湿度数据，需要用到 MSComm 控件通过串行端口传输和接收数据，它的作用是为应用程序提供串口通信，它还具备监视串行连接中发生的事件以及过程中的错误动作的功能。该空间的通信流程如图 7-45 所示。

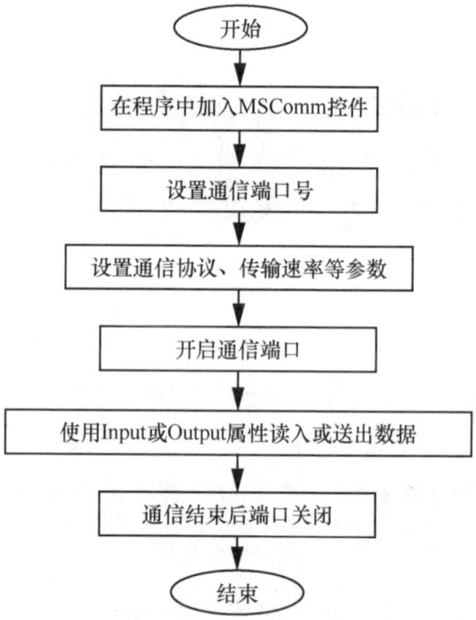

图 7-45　MSComm 通信流程

其中，一些重要的 MSComm 的 VB 编程代码如下：

```
Dim buff（0） As Byte
Dim x，y， temp As Integer
Private Sub Command4_Click（）
Buff（0）=&H1
MSComm1.Output=buff
End Sub
Private Sub Command5_Click（）
```

```
Buff（0）=&H2
MSComm1.Output=buff
End Sub
```

（3）ADO 控件

Data 控件、DAO 对象、ADO 对象、ADO 控件等都可以使 VB 访问数据库。VB6.0 有 3 种访问数据库的接口：DAO（Data Access Object，数据存取对象）、ADO（ActiveX Data Object，数据对象）、RDO（Remote Data Object，远程数据对象）。目前来说，ADO 是最新的数据访问技术，访问简单和灵活，支持多种数据库，数据库类型也更丰富，其他两种访问方式这里就不再详述，本文选用 ADO 控件。利用其重要的 ConnectionString 和 RecordSource 属性设置参数完成访问。ConnectionString 属性值为字符串，包含进行连接所需要的所有设置值，在字符串中所传递的参数与驱动程序相关。RecordSource 属性用于决定从数据库检索信息情况。使用语句为：

```
Dim connectionstring As string
Connectionstring=”provider=microsoft.jet.oledb.4.0;”&”data source=表.mdb”
conn.Open connctionstring
```

图 7-46 是 ADO 控件连接作用示意图。

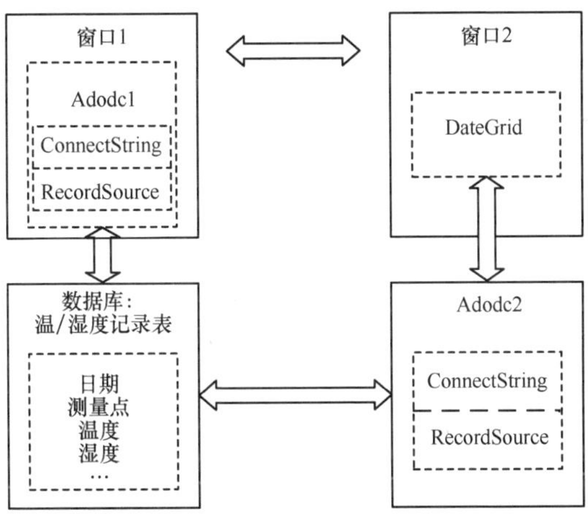

图 7-46　ADO 控件连接作用示意图

由图 7-46 可以看出，在窗体中插入 Adodc 控件，使用 ConnectString 和 Record Source 两个属性进行设置，可以与数据库中建立的表单连接，这样就可以在窗体 1 和窗体 2 中显示数据库中记录的数据信息，其中最重要的属性为 ConnectString 和 RecordSource。

（4）PictureBox 显示曲线图

实时温/湿度曲线图在 VB 中的显示实质上是折线图，设定的采集频率越高，生成的折线图越接近于曲线图。曲线图采用 PictureBox 的 Line 方法绘制，加上 Timer 控件定时采集记录数据。其中一些重要的 VB 语句如下所示：

```
Private Sub Timer2_Timer（0
    If MSComm1.InBufferCount=3 Then
        temp=y
        y= Val （MSComm1.Input）
        Textl.Text=y/10

    If Val （Text1.Text）>Val（Text3.Text）Then
        Shape2.BackColor=RGB（255，0，0）
        Else
        Shape2.BackColor=RGB（O，255，0）
        End If

    If Val（Textl.Text）<Val（Text2.Text）Then
            Shape3.BackColor=RGB（255，0，0）
        Else
            Shape3.BackColor=RGB（O，255，0）
        End If
        Picturel.Line （x+1，1250-y）-（x，1250-temp）x=2+1

    If x=300 Then
        Picturel.Cls
        x=0
            End If
        End If
End Sub
```

（5）主要界面设计

主要窗体有 3 个：主界面、温/湿度查询和历史曲线。图 7-47～图 7-49 为各窗体的设计示意图。

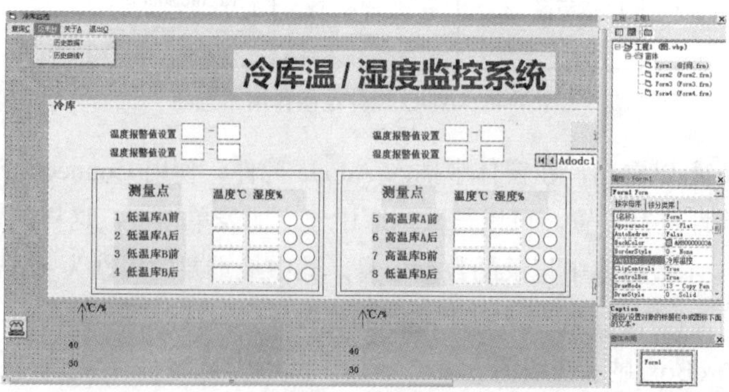

图 7-47 主界面制作

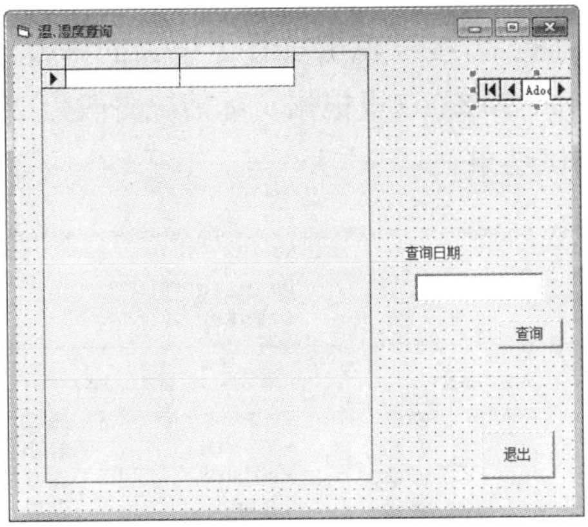

图 7-48 温/湿度查询制作

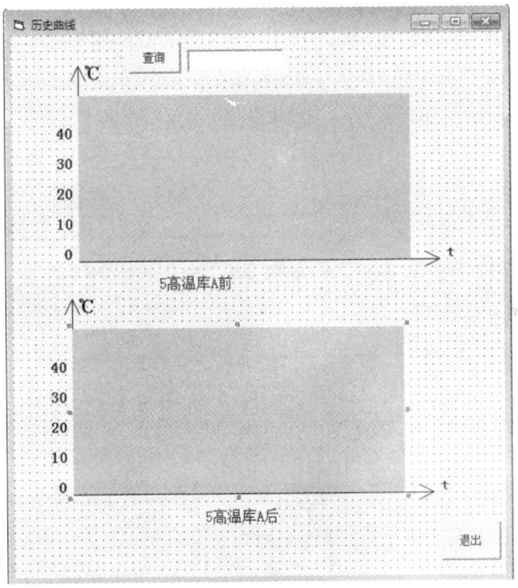

图 7-49 历史曲线制作

7.3 软件测试

用 ZigBee 模块节点进行组网后，将 USB 线连入 PC，用软件调试适合的端口号、数据位和波特率，观察软件内系统的数据显示，单击相关按钮进行测试和调试，直至成功。对系统的仿真测试在实现过程中受到环境的限制，无法完全模拟冷库内的情况，故对高低温库内温/湿度范围进行了适当的修改，高温库实际应设范围为−5～+5℃，湿度为85%～90%，这里根据实际情况更改为20～30℃和50%～60%。图7-50～图7-53都为测试结果。

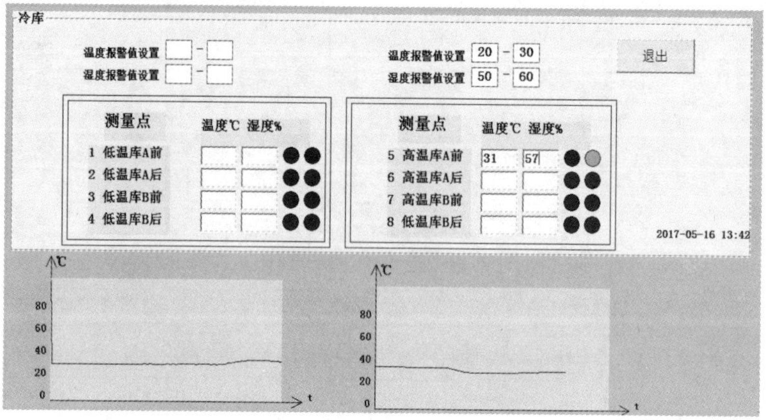

图7-50　测试结果-实时数据

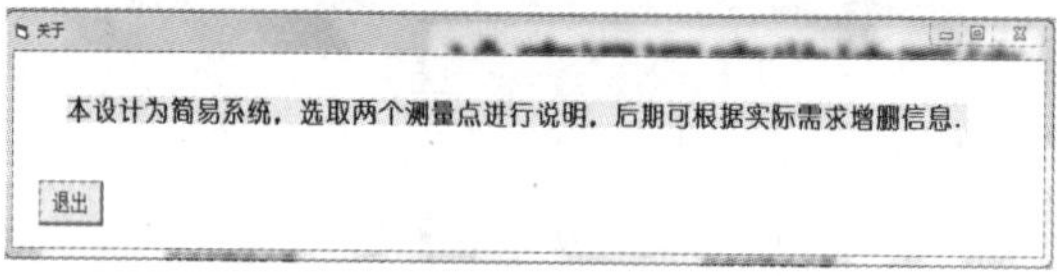

图7-51　测试结果-关于

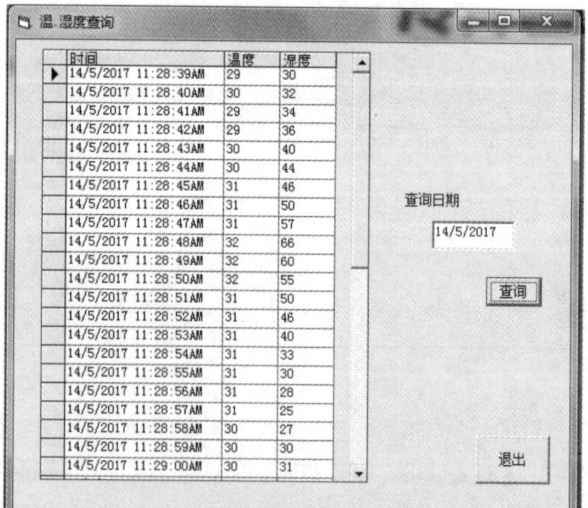

时间	温度	湿度
14/5/2017 11:28:39AM	29	30
14/5/2017 11:28:40AM	30	32
14/5/2017 11:28:41AM	29	34
14/5/2017 11:28:42AM	29	36
14/5/2017 11:28:43AM	30	40
14/5/2017 11:28:44AM	30	44
14/5/2017 11:28:45AM	31	46
14/5/2017 11:28:46AM	31	50
14/5/2017 11:28:47AM	31	57
14/5/2017 11:28:48AM	32	66
14/5/2017 11:28:49AM	32	60
14/5/2017 11:28:50AM	32	55
14/5/2017 11:28:51AM	31	50
14/5/2017 11:28:52AM	31	46
14/5/2017 11:28:53AM	31	40
14/5/2017 11:28:54AM	31	33
14/5/2017 11:28:55AM	31	30
14/5/2017 11:28:56AM	31	28
14/5/2017 11:28:57AM	31	25
14/5/2017 11:28:58AM	30	27
14/5/2017 11:28:59AM	30	30
14/5/2017 11:29:00AM	30	31

图7-52　测试结果-历史查询

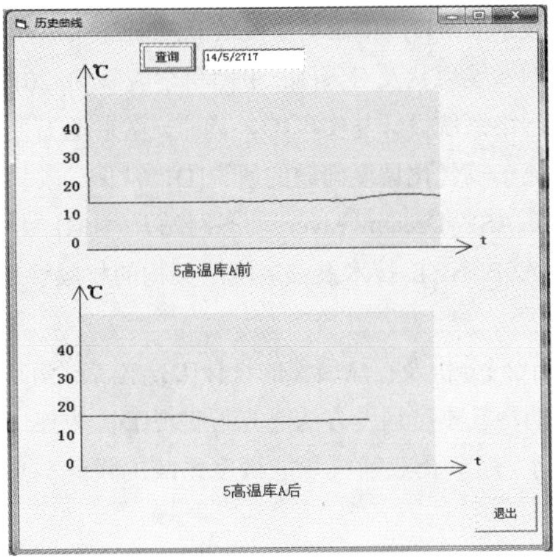

图 7-53 测试结果-历史曲线

先单击“关于”显示界面，再单击“查询”—“历史数据”，然后输入日期就可以查询这一时间段冷库的内部温/湿度数据，并将该数据从数据库中调用出来。在“查询”—“历时曲线”中输入日期，单击“查询”按钮即可显示温度曲线，观察该时刻的温度走势，做出合适的判断。

在测试过程中，为了在短时间内改变温/湿度，用手捏 DHT11 传感器，温/湿度示数都会增长，湿度增长更为明显（或对着传感器吹气观察），用沾酒精的棉签擦拭传感器，温/湿度示数下降（酒精易挥发，吸热）。期望的测试结果是：当温度超过温度上限时，该测量点后第一个圆圈变红，风扇启动；当温度低于温度下限时，测量点后第一个圆圈变红；当湿度超过或低于设定范围，测量点后的第二个圆圈变红；温/湿度都在设置范围内时，两圆圈均为绿色，表示正常。历史曲线图查询结果添加了对应两个测量点的曲线，仿真测试效果良好。

参 考 文 献

[1] 毛烨, 王坤, 唐春根, 等. 国内外现代化农业中物联网技术应用实践分析[J]. 江苏农业科学, 2016, 44(4): 412-414.

[2] 孙忠富, 杜克明, 尹首一. 物联网发展趋势与农业应用展望[J]. 农业网络信息, 2010(5): 5-9.

[3] 李作伟, 丁捷, 毛鹏军. 设施农业物联网关键技术及工程化应用探讨[J]. 农业工程, 2012(2): 35-39.

[4] 谢瑶. 基于 CAN 总线的水处理工程数据采集系统设计[D]. 哈尔滨: 哈尔滨工业大学, 2010.

[5] 唐珂. 国外农业物联网技术发展[J]. 中国科学院院刊, 2013(6): 700-707.
[6] 许世卫. 我国农业物联网发展现状及对策[J]. 中国科学院院刊, 2013(6): 686-692.
[7] 张瑞. 设施农业传感器网络系统设计与实现[D]. 南京: 南京理工大学, 2011.
[8] 董志平. 生鲜农产品物流车辆优化调度问题的研究[D]. 沈阳: 东北大学, 2008.
[9] 王萍萍, 李晓娜, 孙更新. ASP+Dreamweaver 动态网站开发[M]. 北京: 清华大学, 2008.
[10] 陈传波, 夏义兵. 基于 ASP. NET 技术及三层网络架构的权限管理系统模型[J]. 计算机工程, 2003, 29(12): 101-102.
[11] 王威. MySQL 数据库源代码分析及存储引擎的设计[D]. 南京: 南京邮电大学, 2012.
[12] 娄方杰. 基于库存控制的冷轧生产调度方法研究与实现[D]. 大连: 大连理工大学, 2010: 1-56.
[13] 蒯明晶, 王欢, 陆琨, 等. 烟草企业辅料智能调度系统的设计与应用[J]. 工程技术: 文摘版, 2016(9): 00315-00315.
[14] 于涛. VMI 下库存管理与运输调度整合优化研究[D]. 上海: 同济大学, 2008.
[15] 朱仕兄. 我国生鲜农产品冷链物流现状及发展对策分析[J]. 物流技术, 2012, 23(1): 133-135.
[16] 潘永平, 王钦若, 张慧. 大型冷库网络控制系统设计[J]. 微计算机息, 2006, 31(11s): 42-44.
[17] 孙先鹏, 邹志荣, 苏清华. 猕猴桃冷库无线监控系统[J]. 农机化研究, 2010, 32(11): 110-113.
[18] 周悦. 农超对接的生鲜农产品供应链优化研究[D]. 济南: 山东财经大学, 2016.
[19] 刘柱. 大型制冷车间及冷库控制系统设计与实现[D]. 大连: 大连理工大学, 2014.
[20] 张懋, 刘倩. 国内外果蔬保鲜技术及其发展趋势[J]. 食品与生物技术学报, 2014(8): 785-792.
[21] 唐友亮, 杨雪, 胡顺宝. 国内冷库建设现状与发展趋势分析[J]. 科技展望, 2016, 26(15): 305.
[22] 钟志友, 张敏, 杨乐, 陈等. 果蔬冰点与其生理生化指标关系的研究[J]. 食品工业科技, 2011, 32(2): 76-78.
[23] 吴忠红, 杜鹃, 王刚霞, 等. 植物内生菌在果蔬保鲜中的研究进展[J]. 生物技术进展, 2013(6): 399-402.
[24] 唐润, 范宇翔, 彭洋洋. 保鲜温度影响下的生鲜农产品供应链收益共享契约[J]. 江苏农业科学, 2017(1): 293-298.
[25] 谈向东, 贾富忠, 倪黎敏. 国内大型立体化自动冷库建设动向[J]. 冷藏技术, 2009(2): 37-41.
[26] 陈海明, 崔莉, 谢开斌. 物联网体系结构与实现方法的比较研究[J]. 计算机学报, 2013(1): 168-188.
[27] 闫沫. ZigBee 协议栈的分析与设计[D]. 厦门: 厦门大学, 2007.
[28]郭斌, 钱建平, 张太红, 等. 基于 ZigBee 的果蔬冷链配送环境信息采集系统[J]. 农业工程学报, 2011(6): 208-213.
[29] 焦尚彬, 宋丹, 张青, 等. 基于 ZigBee 无线传感器网络的煤矿监测系统[J]. 电子测量与仪器学报, 2013(5): 436-442.
[30] 伦志新. 基于 LabVIEW 和 ZigBee 的温室大棚环境监控系统的设计[J]. 电子测试, 2014(24): 1-2.
[31] 张猛, 房俊龙, 韩雨. 基于 ZigBee 和 Internet 的温室群环境远程监控系统设计[J]. 农业工程学报, 2013(1): 171-176.

[32] 马海. 基于 ZigBee 无线传感器网络的远程数据监测的设计与实现[D]. 武汉：武汉理工大学, 2010.

[33] 陈克涛, 张海辉, 张永猛, 等. 基于 CC2530 的无线传感器网络网关节点的设计[J]. 西北农林科技大学学报(自然科学版), 2014(5): 183-188.

[34] 杨永侠, 杨琳. 基于 ZigBee 的一种矩形微带天线的设计[J]. 西安工业大学学报, 2012(5): 406-410.

[35] 张芸薇. 基于 ZigBee 无线传感网数据采集的设计与实现[D]. 大连：大连理工大学, 2007.

第8章

生鲜农产品供应链冷链运输监控系统

8.1 系统整体设计

生鲜农产品供应链冷链运输监控系统[1-5]如图 8-1 所示，从图 8-1 中可以看到，整个系统主要由车载终端、数据传输网络和监控中心 3 部分组成。

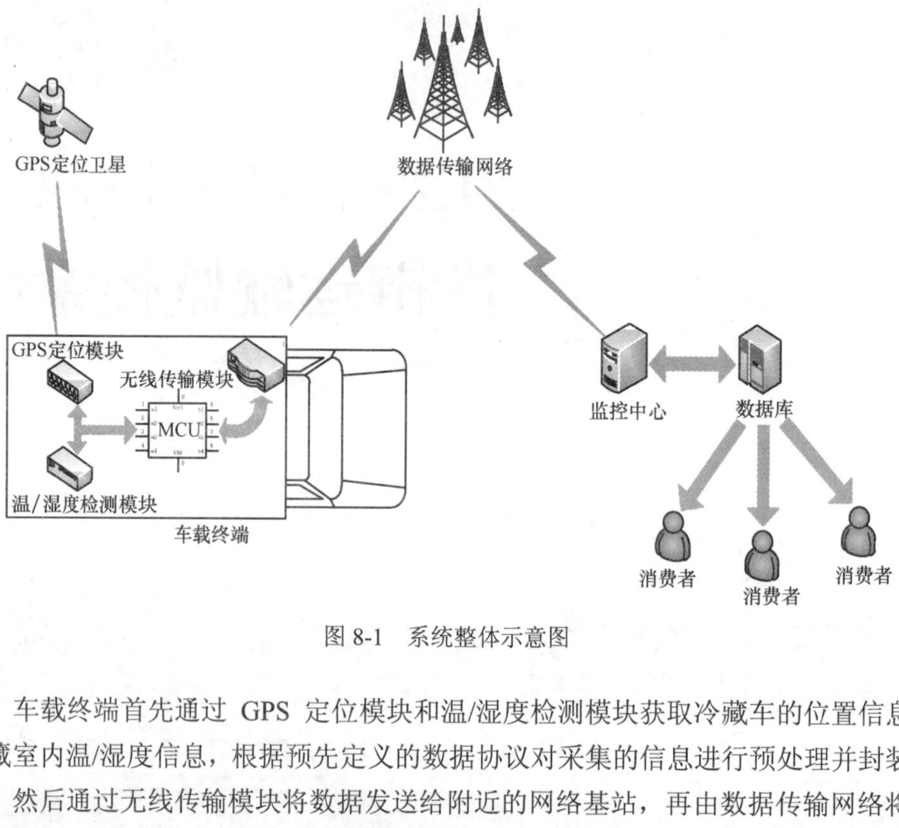

图 8-1 系统整体示意图

车载终端首先通过 GPS 定位模块和温/湿度检测模块获取冷藏车的位置信息和冷藏室内温/湿度信息，根据预先定义的数据协议对采集的信息进行预处理并封装打包，然后通过无线传输模块将数据发送给附近的网络基站，再由数据传输网络将数据传送至冷链物流监控中心，最后监控中心将收到的数据拆封恢复，即可实现对冷藏车辆运输状态的实时监控。同时监控中心也可以通过数据传输网络向车载终端发送调度指令，实现宏观调控。此外，监控中心将接收到的数据进行二次处理并封装成类信息存入数据库，以供消费者调阅，实现物流信息的透明化，并为后期的问题追溯和调度优化提供数据依据。

8.1.1　车载终端

车载终端系统如图 8-2 所示，终端以 MCU（Micro Controller Unit，微控制单元）为控制核心，集成温/湿度检测技术、GPS 定位技术、全球移动通信系统（GSM）/通用分组无线服务（GPRS）远程通信技术以及蓝牙（Bluetooth）数据传输技术，主要实现温/湿度检测、温/湿度显示与预警、GPS 定位以及数据发送等功能。终端还预留出和冷藏车调温板对接的接口，可直接与车内原装调温系统连接通信，实现温度控制功能[6-7]。其中，温度检测模块的测量精度要求在±0.5℃以内，湿度检测模块的测量精度要求在±5%RH 以内。

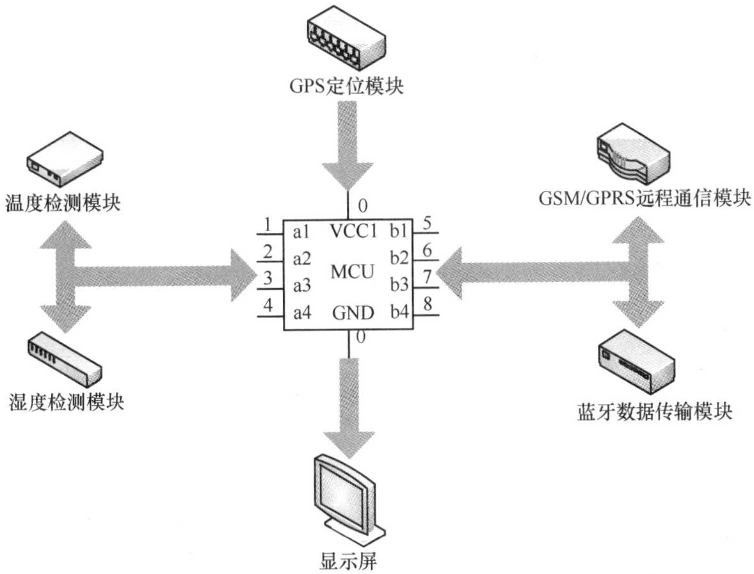

图 8-2　车载终端系统示意图

车载终端与调温板对接后，能够直接对调温板进行控制，可以设置温/湿度设定值，并将采集到的温/湿度信息实时显示在驾驶室 OLED 显示屏中，供驾驶员查看冷藏室温/湿度状态[8-9]。如果温度控制系统出现异常而导致温度超出设定范围，终端可以发出警告，提示驾驶员停车检查，避免造成无法挽回的损失。

此外，终端将采集到的定位信息和温/湿度信息进行数据预处理，去掉不必要的部分以减少通信数据量，然后与时间标签进行数据封装，根据预先设定的通信协议发送至数据传输网络。

8.1.2 时间标签的获取

由于电子设备存在固有误差，因此每辆冷藏车自身的时间可能是不准确的，甚至是错误的。为了确保数据安全以及冷藏车和监控中心的时间匹配，需要从网络上获取标准的时间信息。但如果每次发送数据都要从网络上获取时间标签，则会加重MCU的工作负载，而且会增加通信费用。为了避开上述缺点，这里采用时间自校准的方式获取时间标签，具体工作流程为：车载终端每隔一段时间从网络上获取一次时间信息，然后校准自身的钟表时间，此后直接提取自身的钟表时间即可[10]。

8.1.3 通信网络的选择

GPRS与GSM相比，GPRS通信是以数据流量的方式进行计费的，理论上较GSM通信更为便宜，但GPRS的网络覆盖率不如GSM。因此，综合两者的优点，车载终端在发送数据时应优先选用GPRS数据网络，以降低通信费用；在GPRS网络环境较差的情况下，终端则选择GSM网络作为备用通信网络，保证数据传输的实时性；当车辆行驶到比较偏僻的地区时，终端可能搜索不到任何网络信号，这时终端可以将发送失败的信息以队列形式进行存储，等到网络恢复正常后，再根据FIFO（First In First Out，先入先出）原则将存储的信息依次发送出去，保证数据记录的完整性[11]。

8.1.4 数据传输网络

数据传输网络是连接车载终端和监控中心的桥梁，用以实现两者之间的远程通信，因此要求数据传输网络有较广的覆盖面积、可靠的数据传输能力以及尽可能低的通信费用。根据上述要求可以采用GSM和GPRS技术，即当前应用最为广泛的移动电话通信网络。

GPRS数据通信有TCP（传输控制协议）和UDP（用户数据报协议）两种通信协议。TCP是基于连接的通信协议，在收发数据前必须先和对方建立连接，数据通信比较可靠，但传输速度较慢；UDP是面向非连接的通信协议，在收发数据时不需要建立连接，是一种不可靠的数据传输方式，但是传输速度较快。车载终端和监控中心每次通信的数据量并不大，因此不要求很快的传输速度，但要求有较高的通信质量，尽量减少数据传输的分组丢失率。因此在该冷链运输监控系统中采用 TCP 方式进行数据通信。

8.1.5　监控中心

监控中心是整个生鲜农产品供应链冷链运输监控系统的控制核心，承担着监控管理、物流调度、信息处理、数据分析等任务。

监控中心以 Web 服务（Web Service）为基础，方便与车载终端及服务器之间的通信，集成数据处理功能，能够识别并剔除错误数据，并按照时间标签对数据进行整理，同时提取出时间数据和温/湿度数据中的隐含信息，如冷藏车出发时间、到达时间、运输时长等。然后将这些提取出来的信息与原始数据封装成类存入数据库，方便消费者查阅，实现物流信息透明化，为后期的问题追溯和调度优化提供数据依据。而且监控中心可以实时查看冷藏车辆的定位信息和行驶轨迹，能够将接收到的温/湿度数据以曲线形式实时地描绘出来，方便工作人员在线监控和调度。

8.2　硬件整体设计

在整个生鲜农产品供应链冷链运输监控系统中，车载终端承担着温/湿度检测与显示、GPS 定位、数据预处理与发送等任务，为实现这些功能，车载终端的硬件应具备以下几部分：电源模块、微控制器、温度传感器、湿度传感器、定位模块、远程通信模块、显示屏、输入按键、温度控制预留接口、数据存储单元。

经初步分析，在硬件设计上需要注意以下几个问题。

（1）GPRS 网络在传输数据时需要有一个公网 IP 地址才能建立通信连接，即要求监控中心的服务器 IP 地址必须固定且唯一。但在校园内使用的网络均为校园网，每个用户的 IP 地址是通过学校中心服务器分配的动态地址，是一个临时且不固定的 IP 地址，因此无法虚拟出监控中心服务器，进而不能模拟车载终端和监控中心的 GPRS 通信。为解决该问题，现提出如下方案：在车载终端加装蓝牙模块用于无线通信，PC 端安装串口调试软件作为监控中心，通过蓝牙串口无线通信模拟实际当中的 GPRS 通信。

（2）目前市面上的定位模块、远程通信模块、温/湿度传感器和显示屏大部分可兼容 5.0V 直流电源供电，微控制器有 3.3V 直流电源供电和 5.0V 直流电源供电两种，因此在硬件选型和电源设计上最好兼容 5.0V 直流电源，以简化供电电路。

（3）GSM/GPRS 远程通信模块的静态功耗不大，但在建立通信连接时，通信模块的瞬时电流峰值会达到 1.5A，因此电源模块的输出能力要足够大，以保证电路在极端情况下能够正常工作。

（4）目前市面上的定位模块和远程通信模块基本上是采用通用异步收发器（UART）串口和控制单元进行通信的，因此在选择微控制器时要求 MCU 具备多个 UART 通信接口。

（5）定位模块和远程通信模块都需要接收无线信号，在硬件布局上应尽量靠外，方便加装天线和搜索信号。

8.2.1 硬件选型

（1）电源模块

电源模块应具备供电电源、开关、指示灯和电压转换电路 4 部分：供电电源提供电路的工作电压和电流；开关用于接通和关断供电电源与工作电路的连接；指示灯用于指示电源接通状态；电压转换电路用于升压、降压以及电源滤波，保证供电质量。

经初步分析，为保证电路在极端情况下能够正常工作，供电电源应具备 2A 及以上的电流输出能力，且考虑到各模块均要求 5.0V 直流电源，因此可采用标准 USB 接口直接供电。在这种方案下，只需要在车载终端加装标准 Micro USB 母座即可，不需要再额外焊接电压转换电路，但为了使车载终端在冷藏车熄火后仍能继续工作，应加装 18650 锂电池，以提高电源模块的续航能力。18650 锂电池如图 8-3 所示。

图 8-3　18650 锂电池

18650 锂电池是一种可多次充电的锂电池，能够循环使用，具有容量大、寿命长等特点。18650 锂电池的标称电压为 3.7V，充电截止电压为 4.2V，最大放电电流为 2A，因此可以采用多节 18650 锂电池并联的形式，经升压电路给车载终端供电。18650 锂电池的各项性能参数见表 8-1。

表 8-1 18650 锂电池性能参数

参数	值
标称电压	3.7V
充电电压	4.2V
标称容量	2600mAH
放电截止电压	2.75V
最大放电电流	2000mA
工作温度	0～45℃
物理尺寸	18mm（直径）×65mm

综上所述，可以确定电源模块的设计方案。供电电源采用标准 USB 和 18650 锂电池组并存的方式：在冷藏车正常行驶时，使用 USB 接口给车载终端供电，同时给 18650 锂电池组充电；在冷藏车熄火后，由 18650 锂电池组给车载终端供电，从而保证续航能力在 24h 以上。

Micro USB 的转接电路和 18650 锂电池的充电电路可由 TP4056 锂离子电池充电管理模块实现，如图 8-4 所示。该模块带有标准的 Micro USB 母座，并且集成 TP4056 芯片。该芯片是 1A 线性锂离子电池充电芯片，可以实现锂离子电池的充电管理功能。TP4056 的性能参数见表 8-2。

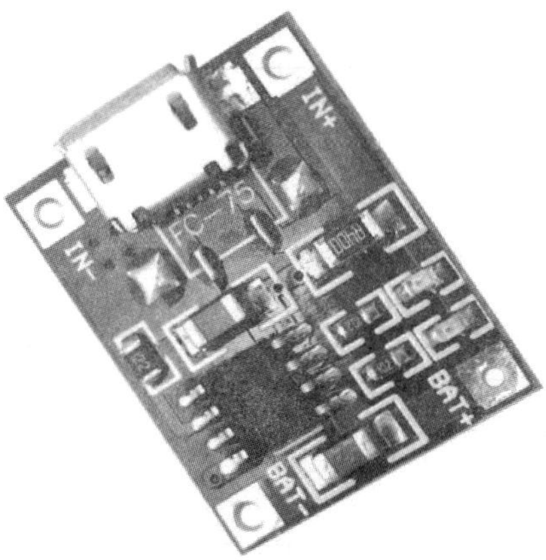

图 8-4 TP4056 锂离子电池充电管理模块

表 8-2　SIM900A 无线通信模块性能参数

参数	值
输入电压	5.0V
充电截止电压	4.2V ±1%
最大充电电流	1000mA
物理尺寸	26mm×17mm

18650 锂电池组的最高电压只有 4.2V，需要升压至 5.0V 才能给车载终端供电。电压转换可由 XL6009 升压模块实现，如图 8-5 所示。该模块采用非同步整流方式，具有较宽的输入电压，而且输出电压连续可调。此外，该模块带有功率电感和滤波电容，可以起到较好的稳压作用。XL6009 升压模块的性能参数见表 8-3。

图 8-5　XL6009 升压模块

表 8-3　XL6009 升压模块性能参数

参数	值
模块性质	非隔离升压
整流方式	非同步整流
输入电压范围	3.0～32.0V
输出电压范围	5.0～35.0V
最大输入电流	4A
空载输入电流	18mA
转换效率	≤94%
开关频率	400kHz
输出纹波	50mV
工作温度	−40～+85℃
物理尺寸	43mm×21mm

（2）微控制器

经初步分析，微控制器需要有较快的处理速度，能够进行浮点运算，并且要具备两个以上的 UART 通信串口。根据上述条件，微控制器可以选用野火 K60 核心控制板，该核心控制板集成 MK60DN512ZVLQ10 控制芯片，具备晶振电路、复位电路、程序下载接口、电源指示灯、4 颗独立 LED 以及一个独立按键，满足控制芯片工作的最小系统要求。而且该核心控制板带有独立 LDO 电压转换电路，能够将 5.0V 输入电压转换成 3.3V，这样就可以直接用 5.0V 电源给控制芯片和车载终端上的其他模块统一供电，进而简化供电电路。野火 K60 核心板及其性能参数如图 8-6 所示。

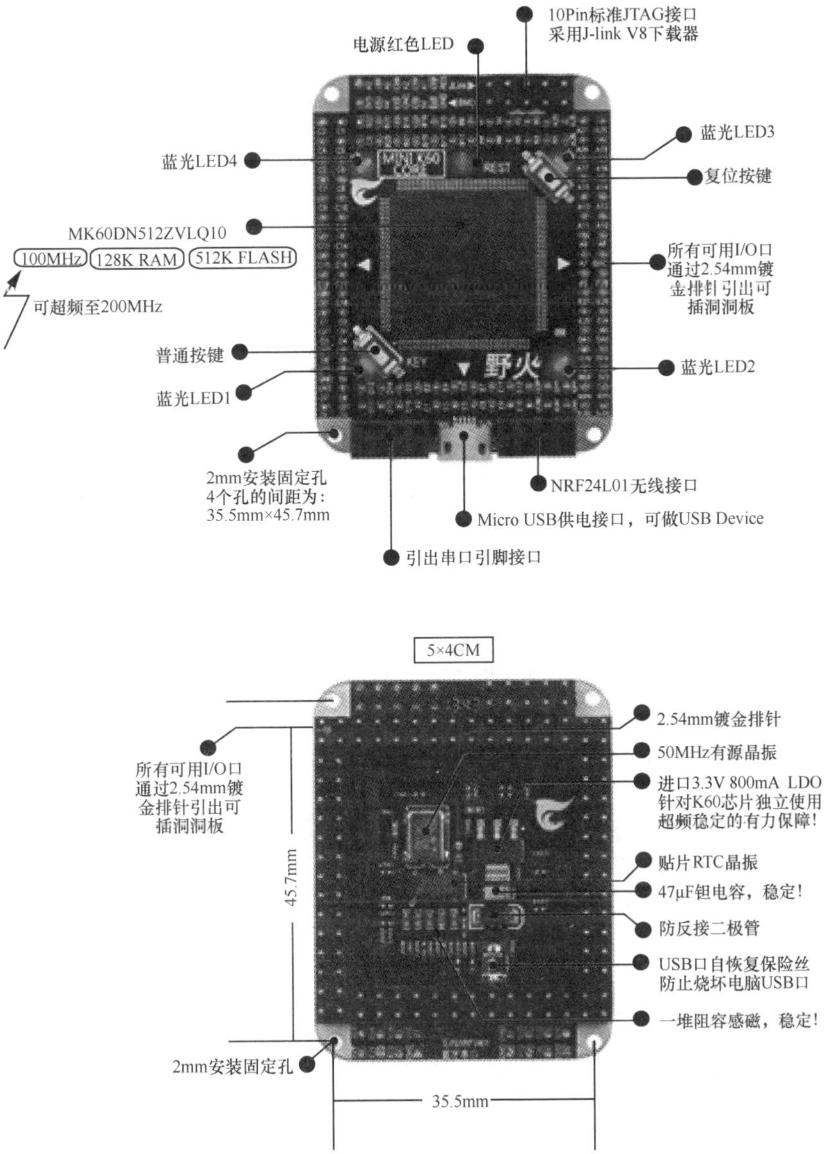

图 8-6　野火 K60 核心板

MK60DN512ZVLQ10（以下简称 K60）是 Freescale 公司研发的 Kinetis 系列 ARM Cortex-M4 产品，采用 3.3V 电压供电，支持 TTL 电平和 CMOS 电平。该芯片的内核额定频率为 100MHz，最高可超频至 200MHz，带有 128KB RAM 和 512KB Flash，并且集成丰富的内部资源，如图 8-7 所示。从图 8-7 中可以看到，该微控制器带有浮点运算单元和 6 个 UART（通用异步收发传输器）通信串口，其内部资源和内核处理速度完全满足车载终端设计要求。而且该芯片虽然是 3.3V 电压供电，但其所有引脚均支持 5.0V 电压，因此不需要电平转换电路就可以直接与车载终端上的其他模块连接通信。此外，该芯片的存储容量足够大，在存储应用程序之余还可以用来记录数据，进而可以取代数据存储单元，简化硬件电路。

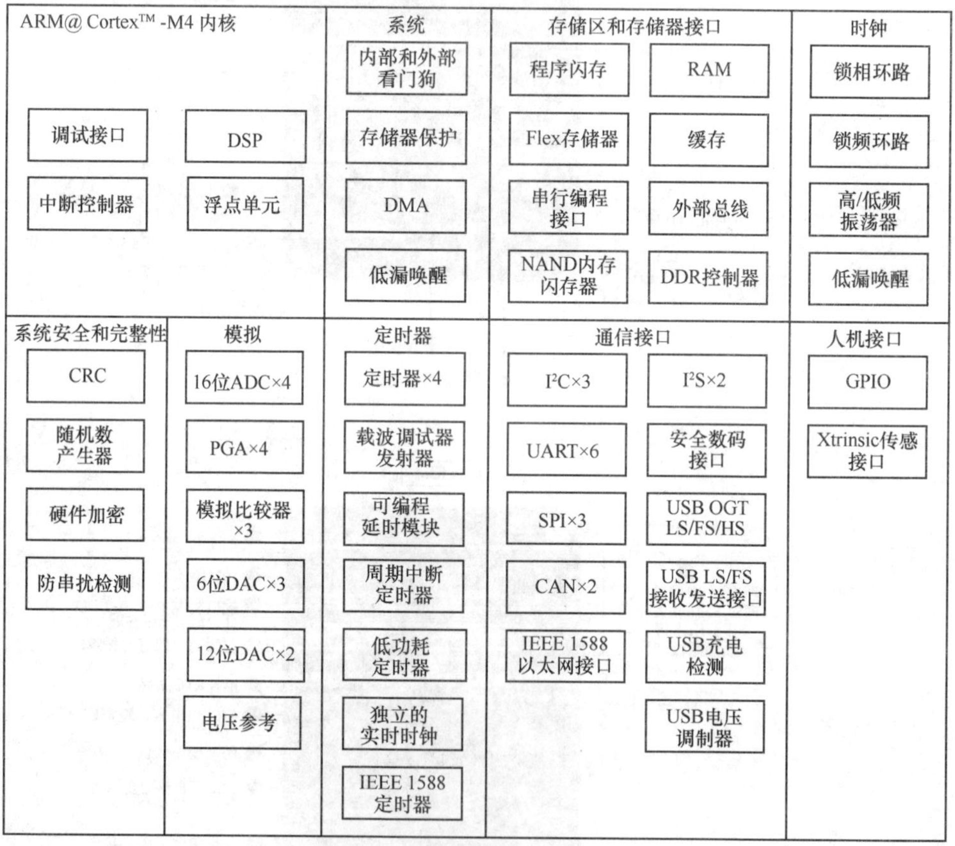

图 8-7　Kinetis K60 内部资源

（3）温/湿度传感器

在系统设计中提出了温/湿度的测量精度要求：温度测量精度在±0.5℃以内，湿度测量精度在±5%RH 以内。

目前在各类实际应用中，使用最多的温/湿度传感器是 DHT11，如图 8-8 所示。该温/湿度传感器采用数字信号输出，具有体积小、功耗低、抗干扰能力强、性价比高等优点，数据传输采用单总线结构，通信简单，适用于环境条件较为恶劣的场合，其具体性能参数见表 8-4。

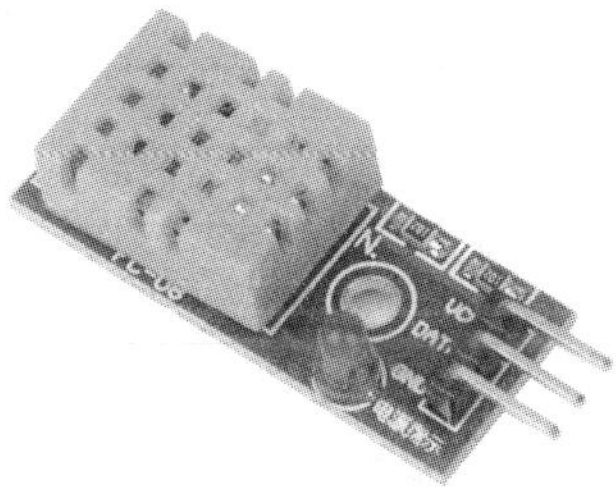

图 8-8 DHT11 温/湿度传感器模块

表 8-4 DHT11 温/湿度传感器模块性能参数

参数	值
工作电压	3.3～5.0V
湿度测量范围	20%～95%RH
湿度测量精度	±5%RH
湿度分辨率	8bit
温度测量范围	0～50℃
温度测量精度	±2℃
温度分辨率	8bit
通信方式	单总线
输出形式	数字信号
引脚数	3
物理尺寸	32mm×14mm

从表 8-4 中可以看到，DHT11 可以满足车载终端的湿度测量精度要求，但其温度测量精度为±2℃，不能满足±0.5℃的设计要求，因此温度测量需要用其他模块替代 DHT11，在该设计中采用 DS18B20 温度传感器，如图 8-9 所示。DS18B20 是一款数字式温度传感器，具有超小安装体积，可以嵌入各种狭小的空间，具备响应速度快、抗干扰能力强、性价比高等特点，其具体性能参数见表 8-5。

图 8-9 DS18B20 温度传感器

表 8-5 DS18B20 温度传感器性能参数

参数	值
工作电压	3.0～5.5V
传感器类型	内部感应温度
测量范围	−55～+125℃
测量精度	±0.5℃
分辨率	12bit
通信方式	单总线
输出形式	数字信号
引脚数	3
物理尺寸	4.58mm×4.58mm

对比表 8-4 和表 8-5 可以看到，DS18B20 的测温范围、测量精度和分辨率均优于 DHT11，满足温度测量精度要求。DS18B20 的数据传输同样采用单总线结构，而且可以在一条通信口线上同时挂接多个 DS18B20，能够极大地简化通信线路，方便电路设计。

（4）定位模块

定位模块采用瑞士 U-blox 公司研制的 NEO-M8N，如图 8-10 所示。该定位芯片可以作为主机独立运行，能够自动获取经纬度、海拔、速度、UTC（世界统一时间）等基本信息，且具有灵敏度高、精度准、功耗低、体积小等优点，支持多种定位卫星系统，非常适合移动车辆的定位需求。而且 NEO-M8N 可以直接通过 UART 串口与微控制器建立连接，通信非常方便。再加上该芯片能够独立自主运行，可以自动发送定位信息给微控制器，不需要 MCU（微控制单元）参与任何定位工作，这样可以大大减轻微控制器的工作负载并简化通信线路，非常适合冷链运输监控系统的设计需求。NEO-M8N 定位模块的性能参数见表 8-6。

图 8-10 NEO-M8N 定位模块

表 8-6　NEO-M8N 定位模块性能参数

参数	值
工作电压	3.3～5.0V
最高输出频率	10Hz
支持卫星系统	GPS、QZSS、SBAS、GLONASS
天线	无源陶瓷天线
信号频道	1575.42MHz
通信协议	NMEA0183/UBX Binary
通信方式	UART
物理尺寸	39.5mm×25.6mm

（5）远程通信模块

为满足数据传输网络有较广的覆盖面积、可靠的数据传输能力以及尽可能低的通信费用等要求，数据传输网络采用全球移动通信系统（GSM）和通用分组无线服务（GPRS）技术，因此远程通信模块选用 SIMCom 公司的 SIM900A，该芯片同时支持 GSM 和 GPRS 两种通信网络，具备收发短信、语音通话、获取本地时间等功能，广泛应用于物联网数据通信。此外，SIM900A 使用 AT 指令通信，微控制器可以直接通过 UART 串口与 SIM900A 建立通信连接并实现控制功能，简化硬件设计。SIM900A 无线通信模块如图 8-11 所示。

图 8-11　SIM900A 无线通信模块

表 8-7 列出了 SIM900A 的性能参数，从表 8-7 中可以看到，虽然 SIM900A 的静态功耗不大，但在建立通信连接时，其瞬间电流可以达到 1.5A，这会使供电线路的电压突然降低，可能会导致 SIM900A 以及其他模块不能正常工作，严重情况下甚至会损坏元器件。为了保护各模块的安全并确保其工作不受 SIM900A 的影响，可以

在 SIM900A 供电端并联一个 1000μF 的大电容。该电容的作用是电路退耦，其相当于一个储能电池，当 SIM900A 供电不足时进行放电，满足驱动电路的电流变化，避免由于电流的突变而使电压下降，相当于滤除电源纹波，进而减少对其他模块造成的耦合干扰。

表 8-7　SIM900A 无线通信模块性能参数

参数	值
工作电压	5.0V
待机功耗	80mA
休眠功耗	10mA
最大瞬时功耗	1.5A
GPRS 下行传输速度	85.6kbit/s（最大）
GPRS 上行传输速度	42.8kbit/s（最大）
工作温度	−30～+80℃
物理尺寸	49.784mm×48.387mm

（6）显示屏

为了减小硬件的总体积，图像输出设备选用 0.96 英寸（1 英寸=2.54cm）SSD1306 OLED 显示屏，如图 8-12 所示。该显示屏采用显示单元自发光的形式，因此不需要背光。可视角度达到 160°以上，基本上为一个平面。支持 SPI 和 I2C 通信方式，最多 4 个 I/O 口即可驱动。该显示屏除了可以显示数字、字母和基本字符以外，还可以显示汉字以及图片，而且不需要建立字库，且具有极低的功耗和超小的体积，满足车载终端硬件设计要求。其具体性能参数见表 8-8。

图 8-12　0.96 英寸 SSD1306 OLED 显示屏

表 8-8　0.96 英寸 SSD1306 OLED 显示屏性能参数

参数	值
工作电压	3.0～5.0V
功耗	0.06W
分辨率	128×64
可视角度	＞160°
工作温度	−40～+70℃
通信方式	SPI 或 I2C
引脚数	7
物理尺寸	29.28mm×27.1mm

（7）蓝牙模块

前文提到的硬件模块是车载终端必需的组成部分，且已经满足车载终端设计条件，但考虑到校园网没有固定的 IP 地址，无法演示车载终端与监控中心之间的 GPRS 无线通信，因此增加蓝牙模块用于模拟 GPRS 数据传输。

蓝牙模块选用 HC-06，如图 8-13 所示。HC-06 采用蓝牙 V3.0，并且带有 EDR（蓝牙增强速率），大大提高了数据的传输速度。模块上电后默认为从机工作模式，并自动进入 AT 模式和配对模式，不需要手动设置；带有信号指示灯，闪烁表示没有蓝牙连接，常亮表示蓝牙已连接并打开了端口；兼容 5.0V 直流供电，并且支持 UART 串口，方便与微控制器连接，简化通信线路。其具体性能参数见表 8-9。

图 8-13　HC-06 蓝牙模块

表 8-9　HC-06 蓝牙模块性能参数

参数	值
工作电压	3.6～6.0V
工作电流	未配对时 30mA，配对后 10mA
通信距离	10m

（续表）

参数	值
通信方式	UART
引脚数	4
物理尺寸	35.7mm×15.2mm

8.2.2 硬件电路设计

（1）整体布局

第 8.2.1 节已经对所有的硬件模块进行了分析选型，现将各模块的物理尺寸罗列于表 8-10。除了表 8-10 中的模块以外，硬件电路还需要万能板一块、独立按键两个、电源开关一个、LED 灯一颗、电阻一只、并联电池盒一个以及母座、排针、导线若干。其中，万能板是各个元器件的焊接载体，按键是微控制器的输入设备，LED 灯用作指示电源接通状态，电阻起到对 LED 灯的限流作用。其阻值计算方法为：首先将一个可调电阻的阻值调至最大，然后与 LED 灯串联后接入 5.0V 电源，随后慢慢调小电阻阻值，同时测量 LED 两端的电压。当测得 LED 的端电压为 3.0V 时停止调节可调电阻，断开电源，用欧姆表测量此时可调电阻的阻值为 452Ω，即限流电阻的阻值大小。但 452Ω 不是色环电阻的标准值，因此选用与其相近的 470Ω 作为 LED 灯的限流电阻。

表 8-10　硬件模块物理尺寸

模块	型号	物理尺寸（长×宽）
移动供电电源	18650 锂电池	18mm（直径）×65mm
锂电池充电管理模块	TP4056	26mm×17mm
升压模块	XL6009	43mm×21mm
微控制器	MK60DN512ZVLQ10	50mm×40mm
定位模块	NEO-M8N	39.5mm×25.6mm
远程通信模块	SIM900A	49.784mm×48.387mm
温度传感器	DS18B20	4.58mm×4.58mm
湿度传感器	DHT11	32mm×14mm
显示屏	0.96 英寸 SSD1306 OLED	29.28mm×27.1mm
蓝牙模块	HC-06	35.7mm×15.2mm

（*表 8-10 中所有模块均兼容 5.0V 直流电源）

为了布线方便和整体美观，所有元器件均放置在万能板的一侧（移动电源除外），另一侧则用作布线和放置 18650 锂电池。

K60 是整个车载终端的控制核心，所有模块均要与其连接，因此应该把 K60 核心板放置在万能板的中心位置，以方便布线。

电源模块需要连接外部输入电源，因此应该放置在万能板的边缘位置，并且把 Micro USB 接口朝外，方便与外部连接。这里将电源模块安排在万能板的左上角位置。

显示屏是车载终端的图像输出设备，应该放在中间位置，以方便驾驶员查看信息，因此可以把 OLED 显示屏安排在紧挨微控制器的下方。但是 OLED 的电源引脚和通信引脚均在屏幕的上方引出，如果采用正面安装会使微控制器引脚和 OLED 引脚之间的间隔太小，导致无法布线，因此采用 OLED 倒置的安装方式，以增大引脚之间的间距。相应地，在程序中需要将 OLED 的显示方式设置为上下颠倒和左右颠倒，与硬件电路相照应，才能不影响屏幕的正常显示。

NEO-M8N 需要与卫星通信，信号质量相对较差，一般要求安装外置天线，因此 NEO-M8N 适合放置在边缘位置，以方便天线安装。这里将 NEO-M8N 安排在万能板的右下角位置。

其余各个模块的放置同样要遵循方便布线、简化电路的原则，并根据其分配的引脚放置在万能板相应空缺的位置。车载终端硬件整体布局如图 8-14 所示。

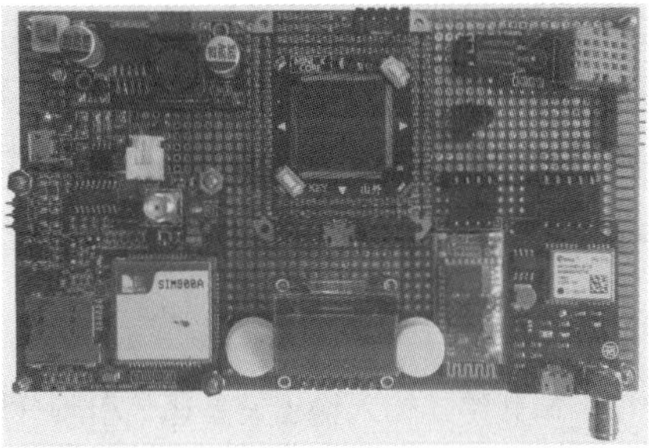

图 8-14　车载终端硬件整体布局

（2）引脚分配

前文已经对所有的硬件模块进行了分析选型，其中需要与微控制器建立通信连接的模块有：定位模块、远程通信模块、温度传感器、湿度传感器、显示屏和蓝牙模块、LED 灯和独立按键。这些模块与微控制器连接都需要占用 MCU 的 I/O 资源，而且 UART 串口通信需要连接 K60 的特定引脚，因此在焊接电路前，需要给各个模块分配 I/O 引脚，尽量避免通信线路交叉。车载终端各个输入/输出设备的通信方式见表 8-11。

表 8-11　车载终端输入输出设备通信方式

输入输出设备	型号	通信方式
定位模块	NEO-M8N	UART
远程通信模块	SIM900A	UART
温度传感器	DS18B20	单总线
湿度传感器	DHT11	单总线
显示屏	0.96 英寸 SSD1306 OLED	SPI 或 I2C
蓝牙模块	HC-06	UART
LED 灯	—	通用 I/O
独立按键	—	通用 I/O

从表 8-11 可以看到，有 3 个输入/输出设备用到 UART 通信串口，需要连接至 K60 的特定引脚，其中虽然 NEO-M8N 也用到 UART 通信串口，但其能够独立运行，不需要外界干预，MCU 只需读取其采集的定位数据即可，因此微控制器只用连接 NEO-M8N 的发送引脚（TX）。

SSD1306 OLED 显示屏支持 SPI 和 I2C 两种通信协议，SPI 是一种全双工同步通信协议，I2C 则是半双工同步通信协议。微控制器可以用通用 I/O 引脚模拟 SPI 通信，实现起来比较自由，因此 OLED 显示屏采用 SPI 通信方式。

温度传感器、湿度传感器、LED 灯和独立按键均可以通过微控制器的通用 I/O 引脚实现通信连接，只要与 3 个 UART 串口引脚不冲突并且不占用程序下载端口 PTA0 和 PTA1 即可。根据方便布线、简化电路的设计原则，各个输入/输出设备的通信引脚分配见表 8-12。

表 8-12　车载终端输入输出设备通信引脚分配表

输入输出设备	型号	引脚分配
定位模块	NEO-M8N	UART 3: TX-PTE5
远程通信模块	SIM900A	UART 4: RX-PTC14、TX-PTC15
温度传感器	DS18B20	PTA19
湿度传感器	DHT11	PTA6
显示屏	0.96 英寸 SSD1306 OLED	PTD10、PTD11、PTD13、PTD15、PTE1
蓝牙模块	HC-06	UART 5: RX-PTE8、TX-PTE9
LED 0	—	PTB20
LED 1	—	PTB21
LED 2	—	PTB22
LED 3	—	PTB23

（续表）

输入输出设备	型号	引脚分配
独立按键 0	—	PTE7
独立按键 1	—	PTD9
独立按键 2	—	PTE3

根据表 8-12，可以绘制车载终端硬件原理图，如图 8-15 所示。

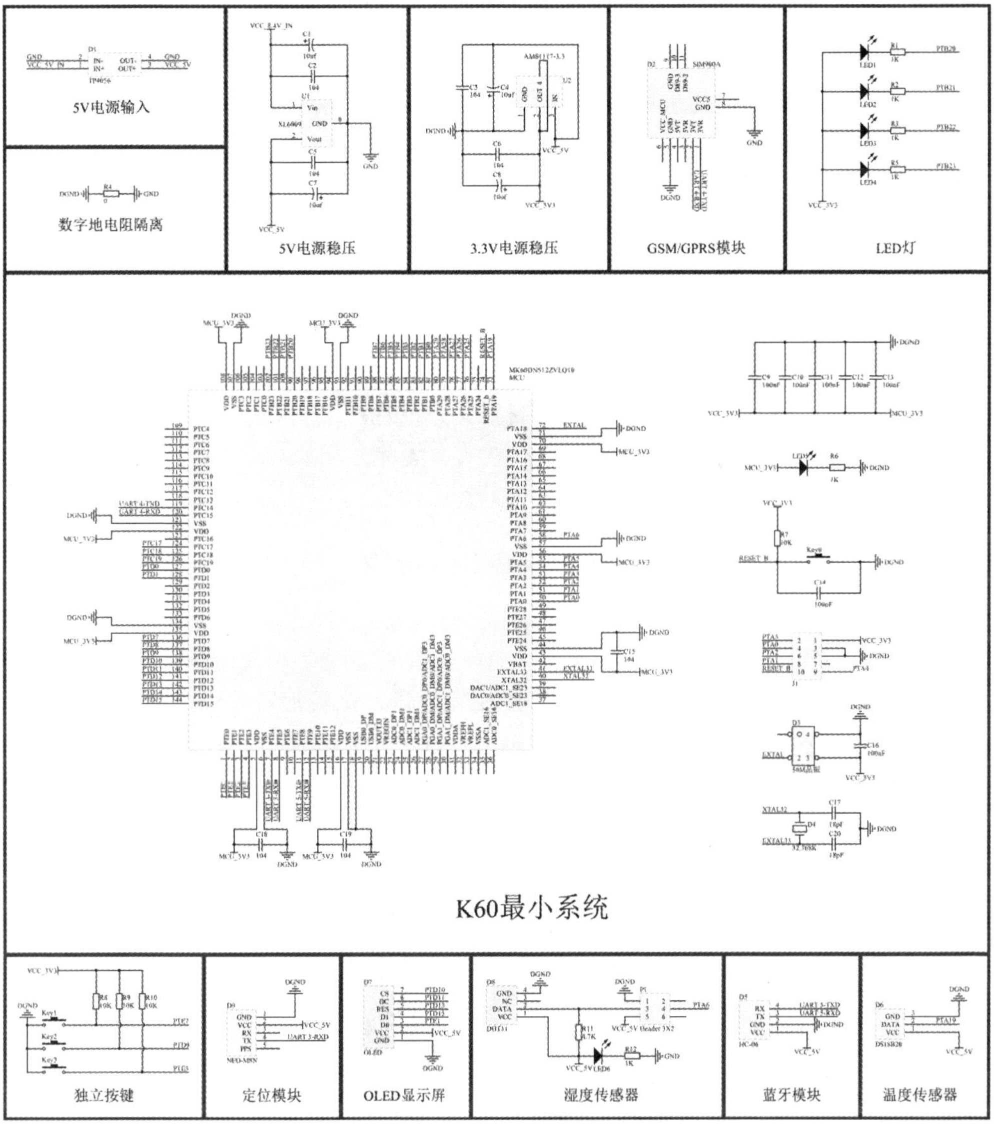

图 8-15　车载终端硬件原理

（3）布线方案

电路布线应该尽量避免线路交叉，并且尽量降低信号之间的相互干扰。线路可以划分为电源线和信号线两类：电源线包括 VCC（电源线）和 GND（地线）两条，用于给各模块单元供电；信号线的一端与微控制器相连，另一端与各个输入/输出设备连接，用于实现数据通信和控制。

为了减少电源线与信号线之间的交叉，电源线应尽量走万能板的外围，信号线尽量走万能板的内侧。跳线则尽量隐藏在各个模块下方，保证硬件电路的整体美观。此外，为了方便演示车载终端在无任何网络信号情况下的短信存储机制，不焊接 SIM900A 的通信引脚，而采用外部接线的方式与微控制器连接，方便线路通断。接通外部接线表示车载终端接入数据传输网络；拔掉外部接线表示车载终端搜索不到任何网络信号。

在焊接时，焊锡经过加热后很容易透过万能板板孔流入对侧，容易造成短路，损坏元器件，同时浪费大量焊锡，而且看起来也很不美观。为了防止焊锡透过板孔流入对侧，可以在焊接对侧用高温胶带封堵板孔，如图 8-16 所示。

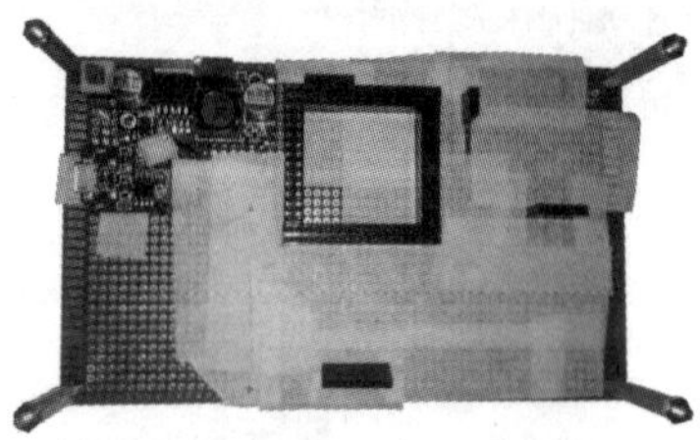

图 8-16　高温胶带封堵板孔

在焊接过程中，如果直接用焊锡连接相邻焊盘，比较浪费焊锡，而且对焊锡质量以及个人焊接工艺都要求较高。使用细金属线作为连接媒介，在细金属线走过的焊盘节点上用锡焊接，这样操作会比较简单，而且不容易造成短路。采用上述方法进行线路焊接，焊接完成后的硬件线路如图 8-17 所示。

图 8-17　车载终端硬件线路

8.2.3　硬件测试

（1）供电电压调整

硬件焊接完成后，需要先确认线路是否有误，然后用万用表的蜂鸣器档对线路进行查验，确保电源线之间没有短路，全部确认无误后，再进行上电测试，避免烧毁元器件。

在上电前，先将所有的模块拆掉，保证 XL6009 的输出端处于开路状态，然后把 XL6009 的输出电压调至最低，再接通电源。将万用表调至电压档，把正负表笔固定在 XL6009 的输出端，然后用螺丝刀慢慢旋转电位器，直至 XL6009 的输出电压达到 5.0V，或者略高于 5.0V。因为电池在使用过程中，随着电量的减少电压会降低，而且供电线路上也会有一定的压降，所以把 XL6009 的输出电压调整为 5.1V。

（2）模块测试

在进行硬件整体测试之前，先对各个模块进行试触测试，以防止电源反接。对于带有电源指示灯的模块，直接试触其对应的接口，看电源指示灯是否正常点亮；对于没有指示灯的模块，如 DS18B20，可以用手接触模块芯片部分，然后试触其对应的接口，感觉温度是否异常，如果温度快速上升，说明电源接反或短路。

在测试各个模块功能是否正常时，需要下载相应的驱动程序，在测试其他模块之前需要先测试主控制器。主控制器的测试用最简单的流水灯程序即可，能够方便查看主控制器是否工作正常。在测试其他模块时，要注意每次只测试一个模块，以保证测试因素的单一性，方便查找问题。在编写测试程序时，在测试程序中分布多个测试节点，然后通过蓝牙模块与上位机建立通信，每个测试节点都发送测试数据给上位机，方便问题定位。测试完成后的车载终端如图 8-18 所示。

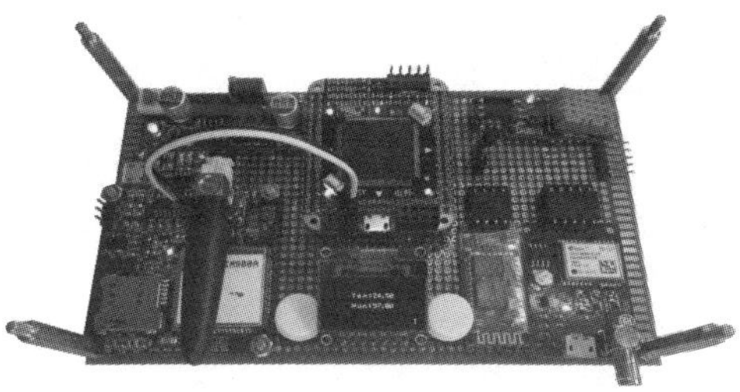

图 8-18　车载终端硬件部分

8.3 车载终端软件设计

8.3.1 软件整体设计

（1）任务分配

第 8.2 节介绍了车载终端的硬件设计，整个车载终端包含 3 块处理芯片：K60、NEO-M8N 和 SIM900A，其中 K60 和 NEO-M8N 均可以作为主机独立运行，SIM900A 则只能工作于从机模式。因此在软件设计部分，采用一主机、一辅机、一从机的结构，以提高整个系统的工作效率。此外，NEO-M8N 定位模块和 SIM900A 无线通信模块都可以获取网络时间，但 NEO-M8N 获取的是 UTC 时间，需要转换成北京时间才能作为时间标签使用。SIM900A 能够获取本地时间，无需转换就可以直接使用，因此时间标签的获取采用后者。

K60 作为主机，主要实现对其他输入/输出设备的控制任务，获取 GPS 定位信息、温/湿度检测信息和时间标签，并对这些输入信息进行整合和预处理，然后将数据封装打包，通过数据传输网络发送至监控中心，同时接收并响应监控中心的调度指令。此外，主机还要实现车载终端温/湿度显示、预警、控制等任务。

NEO-M8N 作为辅机，主要完成 GPS 定位任务，然后将接收到的定位信息打包发送给主机。辅机作为独立单元自主运行，不受主机控制，只与主机之间建立通信连接，信息流向固定为“辅机→主机”。而且 NEO-M8N 已经提前烧录好固件，并设置数据发送频率为 1Hz，即每 1s 向主机发送一帧 GPS 定位数据，不需要主机另外查询，因此 NEO-M8N 与主机之间只有一根单向通信线路。

SIM900A 工作于从机模式，主要完成数据发送与接收任务，同时从网络上获取本地时间，并校准自身时钟，为主机提供准确的时间标签。SIM900A 不能自主运行，需要和主机之间建立双向通信，并且其所有主动动作都由主机控制，因此 SIM900A 与主机之间有两根通信线路。

（2）程序结构

车载终端应用程序整体结构如图 8-19 所示。应用程序采用多线程编程方式，遵循高内聚、低耦合的编程原则，实现 MCU 资源利用最大化。整个车载终端应用程序为一个进程，进程由 4 条独立线程和两个外部中断构成。4 条独立线程包括一条主线程、一条辅助线程、一条次线程和一条演示线程：主线程主要承担温/湿度与时间标签采集、温/湿度显示与预警、数据传输等任务；辅助线程用于承担 GPS 定位数据采集与处理任务；次线程用于指示系统运行状态和防止程序跑飞；演示线程用于模拟 GPRS 无线数据通信。两个外部中断为串口接收中断和按键中断：串口接收中断用于获取 SIM900A 数据传输的反馈信息以及监控中心的调度指令；按键中断用于切换工作模式和设置温/湿度设定值。

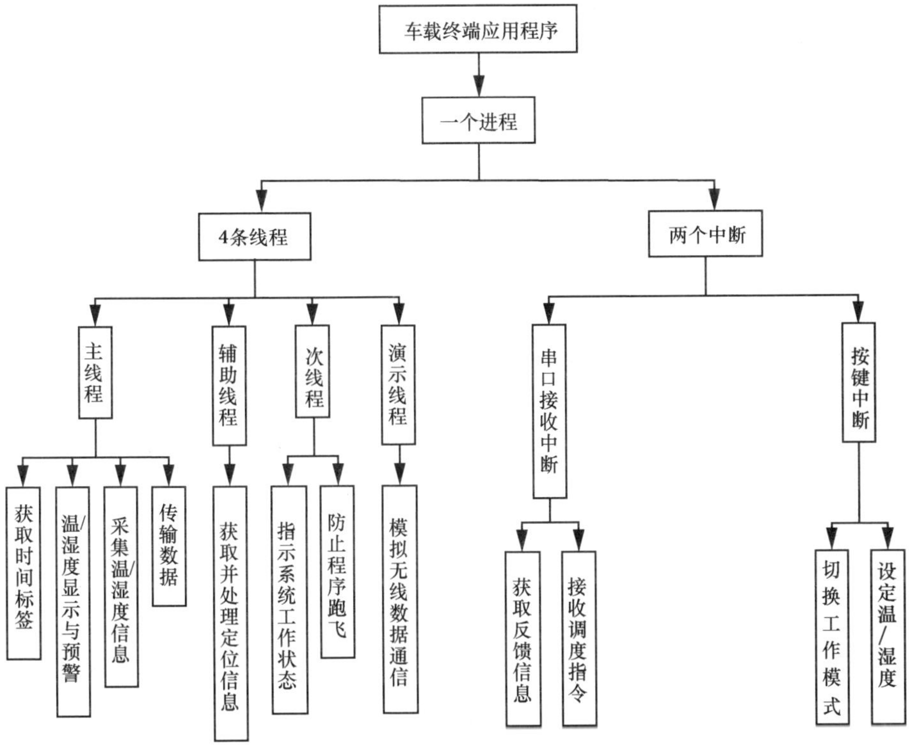

图 8-19　应用程序整体结构

在该车载终端应用程序设计中，多线程是指程序上的实现形式，并非真正意义上的多线程，K60 是一款单核处理芯片（不带协处理器），并且没有 Intel 的超线程技术，因此无法在物理层面实现多线程。

最初的多线程编程是将 CPU 的一个运算周期拆分成一个一个的小片段，每个片段分配给不同的线程，从而实现多线程任务。但这样的方式有两大缺点：第一，每次更换线程需要反复地压入堆栈和弹出堆栈，造成 CPU 资源浪费；第二，CPU 在时间上的分配是固定的，即使某一条线程当前没有任务需要执行，CPU 依旧会把这个时间片段分配给该线程，这同样会造成 CPU 资源的大量浪费。为解决这两个缺陷，最好的方法就是对每条线程的工作量进行预测，进而实现 CPU 时间动态分配，最大限度地提高 CPU 资源利用率。

然而目前 CPU 时间动态分配一般是通过操作系统实现的，比如 PC 每个进程的运行都是 Windows 操作系统动态调度的。但该车载终端是嵌入式系统，没有集成像 Windows 那样的操作系统平台，因此这里采用中断与中断优先级两者相结合的方式，实现 MCU 时间片段的动态分配。

在该车载终端应用程序设计中，两个中断采用外部触发的方式随机占用 MCU 时间片段，每次占用时长为整个中断执行周期，因此中断的处理时间应尽量短。在没有外部中断插入的情况下，MCU 全部由 4 条独立线程占用，每条线程互不交叉，且各自占用不同的时间片段。其中次线程利用 MCU 的空闲时间片段运行，其余线程的时间片段通过中断与中断优先级两者相结合的方式实现动态分配。此外，各个线程之间只共享数据，不依赖对方，不干扰对方，遵循高内聚、低耦合的编程原则。

8.3.2 存储空间分配

K60 具有 512KB 的 Flash 存储空间，在存储应用程序之余还能够满足存储数据的要求，因此在硬件部分省去了数据存储单元，用 K60 替代。

为了保证用户数据在存储时不会改写应用程序，需要对存储空间进行分配，将不同类型的数据划分到不同的存储片段，保证应用程序和数据的安全性。而为了实现存储空间的分配，需要对 K60 的 Flash 存储空间划分扇区，以方便数据存储和管理。在该设计中，将 K60 的 512KB Flash 存储空间划分为 256 个扇区，每个扇区的大小为 2KB，地址对齐字节数为 4，即在数据存储时，其偏移量必须为 4 的倍数。

K60 的存储数据共有 3 类：固件、用户程序和用户数据。

固件是 USB Download （以下简称 UD）的引导分区，用于 USB 下载、数据引导、芯片解锁等功能。其中芯片解锁功能是一个安全措施，当 MCU 操作不当或者程序错误时会触发保护机制，呈芯片锁死状态，严重情况下会导致芯片报废。这时可以用数据线连接核心板与 PC，通过 USB 接口和数据引导，将 MCU 的 Flash 存储空间清空，从而使芯片退出锁死状态，保证芯片安全。固件不给开发者提供读取、写入以及修改的功能，是一块既定的存储片段。

用户程序是开发者编写的应用程序，用以实现用户的目标任务。在该车载终端设计中，用户程序用以实现获取 GPS 定位信息、温/湿度检测、温/湿度显示与预警以及数据发送等任务。用户程序需要在芯片使用之前烧录入 Flash。

用户数据是程序执行过程中需要保存的缓存数据，用于下次使用时查阅。在该车载终端设计中，用户数据用来存放发送失败的短信，供下次短信重发时调用。用户数据是在程序执行过程中存储的，不需要在芯片使用之前烧录。

综上所述，K60 的 Flash 存储空间分配见表 8-13。

表 8-13　K60 的 Flash 存储空间分配

存储片段	数据类型
0～31KB	固件
32～255KB	用户程序
256～511KB	用户数据

8.3.3　微控制器启动流程

K60 微控制器在上电后，首先加载中断向量表，提取向量表中的前两个元素——堆栈起始地址和复位函数 Reset_Handler 的入口地址，并分别赋值给堆栈指针寄存器 SP 和程序计数寄存器 PC。由于此时程序计数器指向复位函数，因此 K60 上电后，最先执行的程序是 Reset_Handler 复位函数。

在复位函数里程序会转跳到 start 启动函数，启动函数包含两部分：单片机系统初始化函数 sysinit 和用户程序主函数 main。sysinit 函数的作用是对单片机系统进行初始化，此外还可以实现单片机超频等功能。main 函数是开发者编写的用户程序，在该车载终端设计中，main 函数首先执行车载终端初始化任务，然后进入 while（1）死循环，等待中断触发。K60 的完整启动流程如图 8-20 所示。

8.3.4　系统初始化

（1）单片机系统初始化

系统初始化分为两类：单片机系统初始化和车载终端系统初始化。其中，单片机系统初始化主要完成设置系统内部时钟频率以及配置内部资源，如设置内核频率、总线频率以及初始化 printf 函数管脚等。K60 是一款微控制器，具有其他计算机无法比拟的位控制能力，但与微处理器和数字信号处理器（DSP）相比，其数据处理速度略显不足。

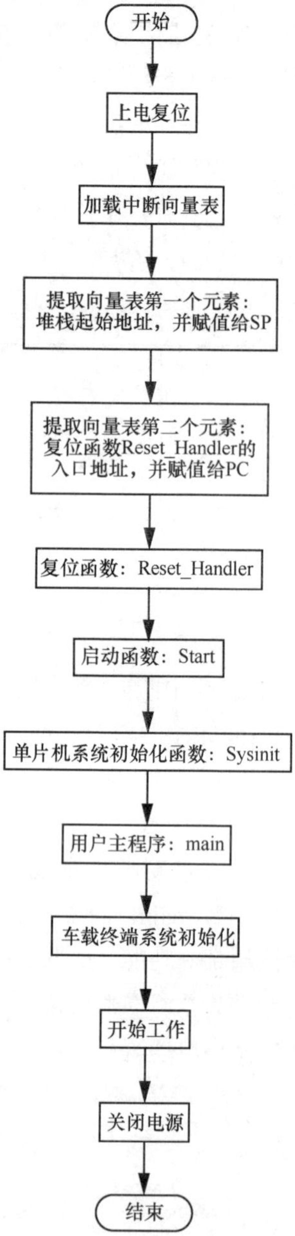

图 8-20　K60 启动流程

然而在车载终端控制系统中，K60 需要处理大量采集信息，要求较快的处理速度，如果内核采用额定频率 100MHz，在处理数据时显得有些吃力。因此，在单片机系统初始化时，将 K60 的内核频率超频至 180MHz，以加快 K60 的运算速度。

（2）车载终端系统初始化

车载终端系统初始化的程序流程如图 8-21 所示，主要包括 6 个部分。

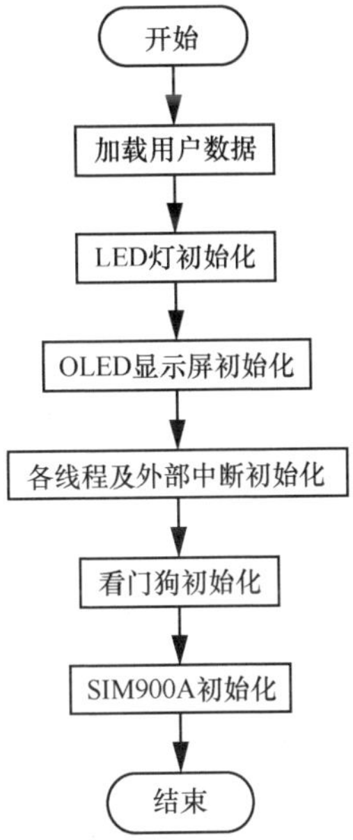

图 8-21　车载终端系统初始化程序流程

（1）加载用户数据

在车载终端上电后，需要先加载上次存储的数据，起到掉电保存的作用。

（2）LED 灯初始化

将核心板上 LED 灯对应的管脚复用为通用 I/O，方向为输出，且输出默认为高电平，即 LED 灯灭（灌电流方式）。

（3）OLED 显示屏初始化

由于在硬件结构上，OLED 显示屏采用倒置的安装方式，因此在初始化 OLED 时，需要将 OLED 的显示方式设置为左右反置和上下反置。

（4）各线程及外部中断初始化

该初始化环节是整个初始化任务中最重要的部分，用于实现各线程与外部中断 MCU 占用时间的动态分配，需要通过中断与中断优先级两者相结合的方式实现。

首先，设置各线程的中断形式。主线程需要具有实时性，因此采用 PIT0 内部定时中断形式，每 100ms 产生一次中断（实际中由于其他线程的存在，中断周期≥100ms）。

辅助线程用于获取 NEO-M8N 的 GPS 定位信息，因此适合采用 UART 3 接收中断，只有在接收到数据时，才切入辅助线程。次线程用于指示系统工作状态，直接放入 main 函数的 while（1）循环内即可。演示线程用于模拟 GPRS 数据通信，因此也适合采用 UART 5 接收中断，只有在接收到命令时，才切入演示线程。

其次，设置各线程和外部中断的中断优先级。在设置中断优先级之前，需要先将中断优先级分组设置成 4 个抢占优先级与 4 个响应优先级。UART 是一种异步通信方式，在接收数据时，如果接收端响应速度过慢，会导致前面的数据丢失，因此 UART 串口接收中断的优先级应该设置得高一些，同时遵循处理时间越长中断优先级越低的原则，方便实现中断嵌套。因此，这里将 SIM900A UART 4 接收中断的抢占优先级设置为最高，演示线程 UART 5 接收中断的抢占优先级次之，辅助线程 UART 3 接收中断的抢占优先级为第三，主线程 PIT0 定时中断和按键中断的抢占优先级均设置为最低。此外，将主线程 PIT0 定时中断的响应优先级设置为最高，按键中断的响应优先级次之。至此，即可实现 MCU 时间的动态分配。

（5）看门狗初始化

在车载终端应用程序设计中，所有功能基本上是通过中断实现的，并且有 4 层中断嵌套，在很大程度上增加了系统的不稳定性。为了确保车载终端的可靠运行，在系统中加入看门狗程序，一旦程序跑飞，可以保证微控制器自动复位，从而有效提高系统的可靠性。

（6）SIM900A 初始化

首先点亮 4 颗 LED 灯，表示进入 SIM900A 初始化程序。然后与 SIM900A 握手（即同步波特率），建立通信连接。随后关闭网络注册状态变化回显，获取本地时间并校准 SIM900A 自身时钟，最后关闭命令回显。如果上述命令均正常完成，并得到 SIM900A 的回应，则将 4 颗 LED 灯设置为闪烁状态，表示进入 SIM 卡检测程序；如果车载终端已正确安装 SIM 卡，则熄灭 4 颗 LED 灯，SIM900A 初始化结束。

8.3.5 独立线程设计

（1）主线程

主线程位于 PIT0 内部定时中断，主要实现温/湿度显示与预警、短信发送、GPS 定位、数据传输等任务。为了方便演示，将主线程划分为 1 项基本任务和 6 种工作模式：初始化模式（I）、短信模式（M）、定位模式（G）、示波器模式（O）、数据库模式（D）和组态王模式（K）（括号内的字母为其模式号）。其中，基本任务是主线程每次必须执行的任务，可根据需求任选一种工作模式，但主线程必须工作于 6 种模式中的一种。

- 基本任务：基本任务中实现温/湿度采集，并把采集信息通过 OLED 屏幕实时显示出来，同时判断温/湿度是否超出设定区间，如果超出则发出警报。而且基本任务中还要对温/湿度变化率进行计算，通过变化率预测温/湿度的发展趋势，实现温/湿度的预警功能。此外，基本任务还需要检测短信存储队列中是否有发送失败的短信，如果有，则将短信重新发送出去，其检测周期为 10s。基本任务的程序流程如图 8-22 所示。

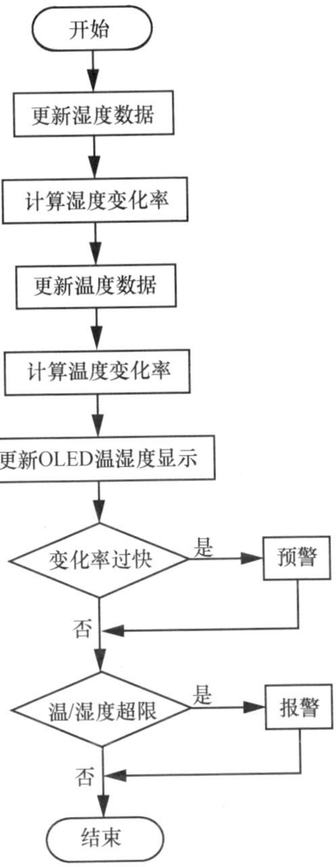

图 8-22　基本任务程序流程

- 初始化模式（I）：初始化模式是微控制器上电后的默认工作模式，不执行任何附加操作，具有响应快的工作特点。
- 短信模式（M）：在短信模式下，车载终端每过 30s 向监控中心发送一次短信，短信内容包括时间标签、经纬度、温度和湿度 4 项指标。当 SIM900A 搜索不到 GSM 网络信号时，短信会发送失败，此时程序可以将发送失败的短信以队列形式存入短信缓存队列，等到信号恢复正常时自动重发。短信工作模式的程序流程如图 8-23 所示。

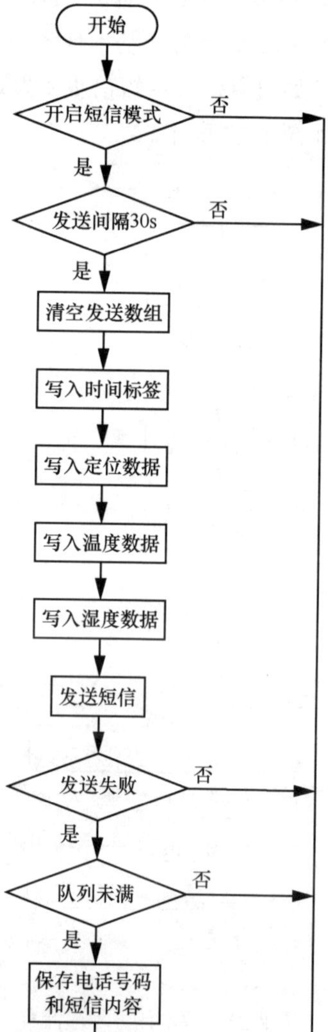

图 8-23　短信模式程序流程

- 定位模式（G）：定位模式用于模拟车载终端与监控中心的 GPRS 数据网络通信，实现车载 GPS 远程导航。在该模式下，车载终端通过 GPRS 网络把 NEO-M8N 的定位数据发送给监控中心，整个过程不作任何数据处理，仅仅起到数据转发的作用。监控中心接收到定位数据后，可以通过上位机软件实时显示冷藏车的位置和行驶轨迹，方便实现物流调度工作。
- 示波器模式（O）：示波器模式定义了一种新的温/湿度信息传输协议，方便监控中心对数据进行处理，并绘制成温/湿度曲线。该协议支持 8/16/32 位有符号整型、8/16/32 位无符号整型、浮点型和双精度浮点型数据，具有较好的数据兼容性。
- 数据库模式（D）：数据库模式用于模拟车载终端与监控中心的 GPRS 数据通信，使用通用的纯文本形式存储表格数据，方便监控中心建立数据库。在该模式下，车载终端首先向 SIM900A 获取时间标签，然后获取经纬度信息和温/湿度信息，采用逗号分隔值文件格式，对数据进行预处理并封装打包，最后通过 GPRS 数据网络发送给监控中心，供监控中心建立数据库使用。数据库模式的程序流程如图 8-24 所示。

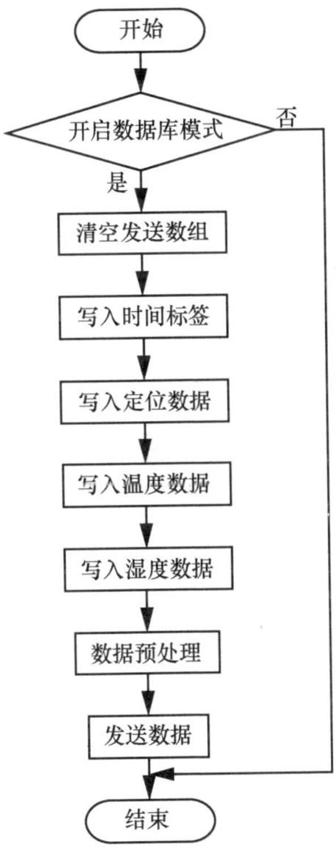

图 8-24　数据库模式程序流程

- 组态王模式（K）：该设计编写了组态王底层 ASCII（美国信息交换标准代码）通信协议，预留了组态王通信接口，方便后期使用组态王搭建人机交互界面，实现实时曲线、历史曲线以及报警记录等功能。在该模式下，组态王可以通过 UART 串口与车载终端建立通信，并且可以实现对 MCU 的控制。

（2）辅助线程

辅助线程位于 UART 3 接收中断处理程序，用于读取 NEO-M8N 的 GPS 定位数据，并对读取的数据进行处理，提取出经纬度等信息。

由于 NEO-M8N 每次发送定位信息都是以数据帧的形式，如果采用字节接收方式，接收完一帧数据需要多次进入 UART 3 接收中断处理程序，会使 MCU 频繁地进行压入和弹出堆栈操作，耗费大量的 MCU 时间，效率极低。因此，辅助线程也采用数据帧的接收方式，与 NEO-M8N 的数据发送方式相匹配，从而提高数据接收效率。

进入辅助线程处理程序后，需要先关闭 UART 3 接收中断，然后再对数据进行接收，其间不再执行其他任何线程任务，直到一帧数据接收并处理完毕为止。在处理数据时，首先验证接收到的数据是否正确，如果不正确，直接舍弃掉这一帧数据并退出辅助线程，等待下次接收。辅助线程的程序流程如图 8-25 所示。

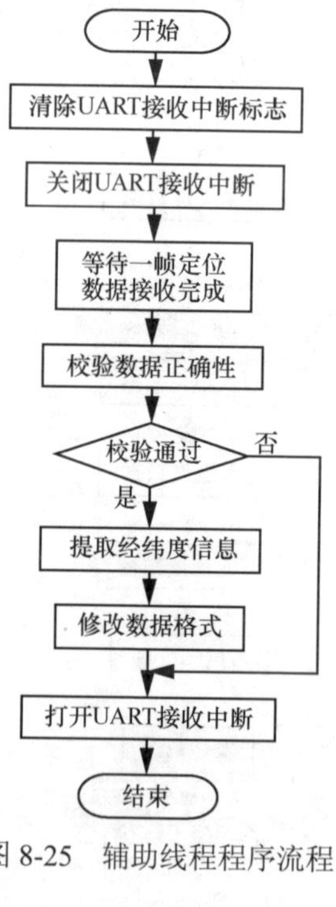

图 8-25　辅助线程程序流程

（3）次线程

次线程的任务很简单，用于指示系统运行状态和防止程序跑飞。次线程使用 MCU 的空闲时间片段，优先级最低。

当程序正常运行时，4 颗 LED 灯轮流点亮（即流水灯），并且可以指示 MCU 的负载程度：当每颗 LED 灯的点亮周期为 500ms 时，说明 MCU 负载正常；当每颗 LED 灯的点亮周期大于 500ms 时，说明 MCU 负载过重，而且点亮周期越长，MCU 的负载越重。在两颗 LED 灯亮灭交替的过程中，需要对看门狗程序复位（即“喂狗”），如果“喂狗”超时，说明程序已跑飞，则自动复位微控制器，整个系统重新启动，从而提高系统运行的可靠性。

（4）演示线程

演示线程位于 UART 5 接收中断处理程序，仅仅作为模拟 GPRS 通信的附加程序，其存在与否对整个系统没有任何影响。而且演示线程需要与上位机软件配合，才能实现控制任务和数据传输，如果上位机没有开启，则演示线程不会被激活。演示线程主要实现一种通信协议，用于监控中心控制车载终端，该通信协议的命令格式见表 8-14。

表 8-14　演示线程命令格式

字头	命令字	命令类型	[设定值]
#	XXX	? / =	—

每条控制命令必须以“#”开头，后面紧跟命令字，命令字统一为 3 个字符。控制命令的第三部分是命令类型，命令类型有“?”和“=”两类，前者是查询命令，后者是设置命令。控制命令的最后一部分是待设定的值，为可选项，只有设置命令类型才需要添加该部分。目前通信协议中共包含 8 条指令，见表 8-15。

表 8-15　演示线程控制命令

命令字	举例	说明
MOD	#MOD=0	查询与设置工作模式
NUM	#NUM=10086	查询与修改手机号码
GSM	#GSM=10086	发送一条短信
ALL	#ALL	群发短信
SIM	#SIM=AT	SIM900A 控制指令
LOC	#LOC?	查询经纬度
TEM	#TEM=3	查询与设置温度设定值
HUM	#HUM=88	查询与设置湿度设定值

8.3.6 外部中断设计

（1）串口接收中断

SIM900A 串口接收中断用的是 UART 4，其任务是接收 SIM900A 的反馈信息和监控中心的调度指令，拥有最高的抢占优先级，可随时打断任何线程和中断，相反地，其他任何线程和中断都无法打断 UART 4 接收中断的执行。采用这样的运行机制有利也有弊，优点是能够确保 UART 4 接收到的数据不会出错或丢失，缺点是容易造成其他 UART 串口接收数据异常。为了尽量避免该运行机制的弊端，UART 4 接收中断处理程序的执行周期要尽量短，以减小对其他线程的影响。因此 UART 4 的接收中断处理程序只获取数据，不对数据进行任何其他操作，以加快其执行速度，等到所有数据接收完毕并从中断处理程序返回原现场后，再对数据进行处理。经测试，该方案可以较好地满足设计要求。

（2）按键中断

所有按键中断引脚均初始化为上升沿触发，并带有 I/O 内部无源滤波和上拉电阻。

车载终端一共有 3 个独立按键 Key0、Key1 和 Key2，相应地就具有 3 个按键中断 PTD7、PTD9 和 PTE3。为了提高程序的可维护性，在程序实现上将 3 个按键中断合并为一个中断，然后在中断处理程序中判断具体是哪个按键被按下。

Key1 和 Key2 用于在不同工作模式之间切换，其中 Key2 按照模式 I 到模式 K 顺序切换，Key1 按照模式 K 到模式 I 逆序切换。

Key0 用于进入温/湿度设定模式。进入温/湿度设定模式后，将 4 颗 LED 灯全部点亮，温/湿度设定模式标志位置 1，关闭 OLED 显示屏温/湿度刷新，并在 OLED 上显示温/湿度设定值，同时关闭所有按键中断，按键检测从中断方式转换为循环扫描方式。在温/湿度设定模式下，Key0 的功能变为确认/返回（短按 1s 以内）和退出（长按 1s 以上），Key1 和 Key2 的功能则变为选择和调整，其中 Key1 为增大键，Key2 为减小键。此外，为了解决按一下按键响应多次的情况，需要在按键检测程序中加入延时程序，以消除按键抖动并减慢程序响应速度。当退出温/湿度设定模式时，需要检测是否修改了温/湿度设定值，如果有变动，则执行数据保存程序，将修改后的温/湿度设定值覆盖原数据，最后将温/湿度设定模式标志位清 0，恢复 OLED 显示屏温/湿度刷新，返回主程序。温/湿度设定模式的程序流程如图 8-26 所示。

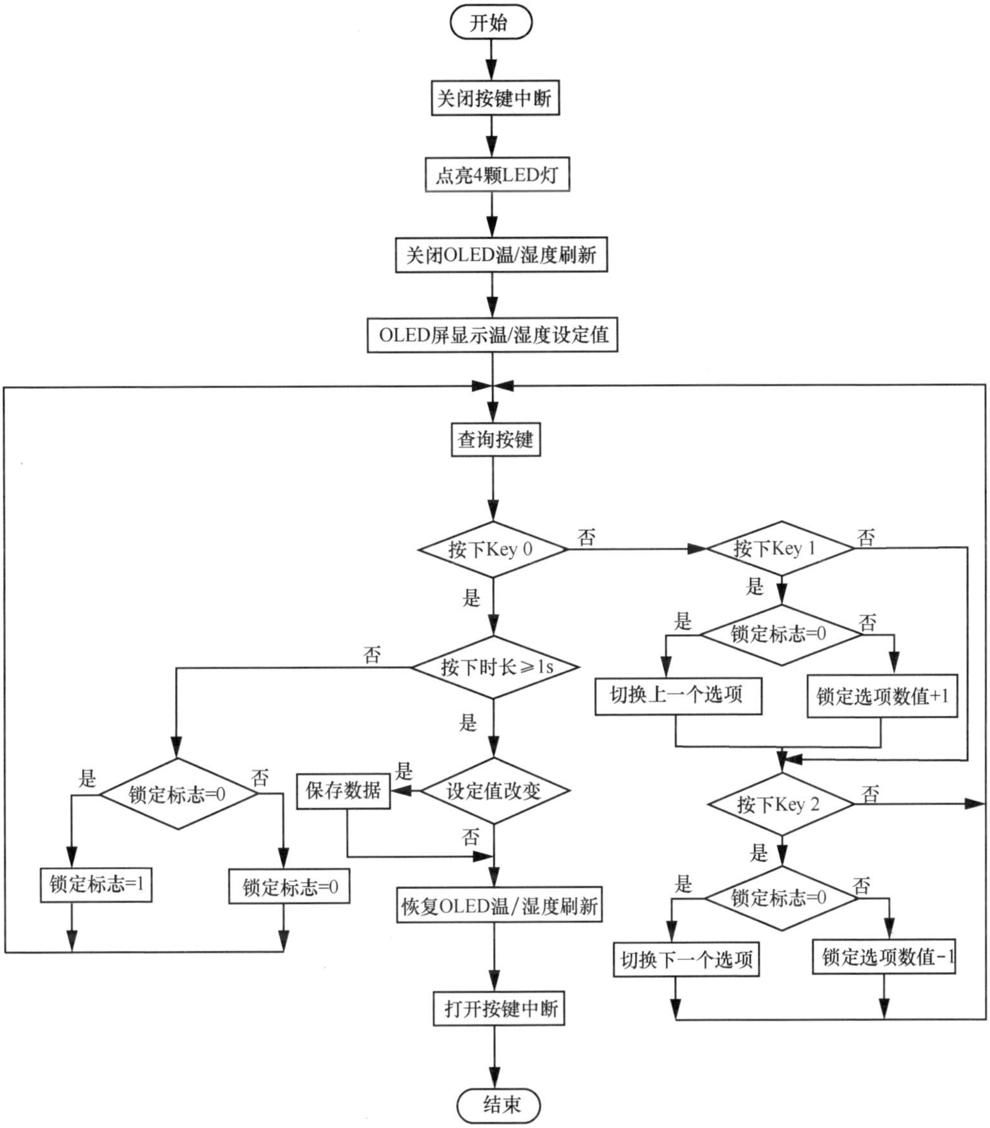

图 8-26　温/湿度设定模式程序流程

8.3.7　成果展示

（1）短信模式

进入短信模式有两种途径：通过独立按键更改主线程的工作模式或者通过演示线程的#GSM 控制命令。这里采用后者给指定号码发送短信。

打开上位机，发送控制命令和查看反馈信息。当SIM900A信号良好（信号指示灯闪烁缓慢）时，上位机发送命令“#GSM=10086”，可以看到车载终端返回“PhoneNum=10086 短信发送成功”，如图8-27所示，同时手机收到10086的反馈短信，说明短信发送成功。

图8-27　发送短信

当SIM900A 搜索不到GSM 信号（信号指示灯快速闪烁）时，上位机发送命令“#GSM=10086”，可以看到车载终端返回“PhoneNum=10086 短信发送失败，已存入SMS-Queue　SMS-Queue=1”，其中“SMS-Queue=1”表示短信缓存队列里存储了一条发送失败的短信。如果上位机再次发送短信命令，此时车载终端会返回“SMS-Queue=2”。等到SIM900A搜索到GSM信号时，车载终端会自动把刚才存储的两条短信发送出去，并在上位机上显示“短信重发成功　SMS-Queue=0”，如图8-28所示。

图8-28　短信存储重发机制

（2）定位模式

将车载终端工作模式设置为定位模式（G），然后在上位机端打开 GPS 定位软件，即可查看车载终端的 GPS 定位信息，如图 8-29 所示。图 8-29 下方的接收框内一直在刷新 GPS 定位数据，右侧显示从定位数据中提取出来的部分信息，地图上的位置标记为当前车载终端的定位位置。

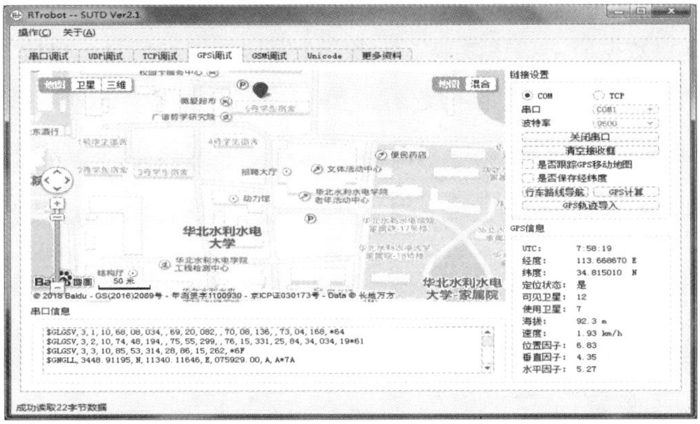

图 8-29　GPS 定位

（3）示波器模式

将车载终端工作模式设置为示波器模式（O），打开上位机示波器软件，调整通道数和数据类型，然后打开串口即可看到温/湿度实时曲线，如图 8-30 所示。用外部热源对 DS18B20 加热，可以看到温度曲线同步上升，然后撤离外部热源，温度曲线逐渐降低至环境温度。

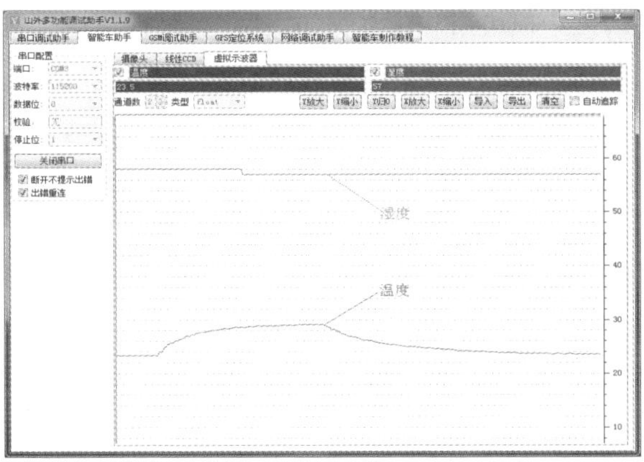

图 8-30　温/湿度实时曲线

（4）数据库模式

将车载终端工作模式设置为数据库模式（D），然后打开串口通信软件，即可接收到车载终端发送的数据，如图 8-31 所示。接收框内的每一行为一条数据记录，每条记录的各个字段之间用逗号分隔：第一个字段是日期和时间信息，日期在前，时间在后，中间用空格符分隔，数据格式为“年/月/日 时：分：秒”；第二个字段是位置信息，纬度在前，经度在后，中间用分号分隔，数据格式为“纬度 N/S；经度 W/E”，当车载终端接收不到 GPS 定位数据时，该字段缺省；第三个字段是温度信息，单位为摄氏度（℃），数值精确到百分位；第四个字段是湿度信息，单位为相对湿度（%RH），数值精确到个位。

图 8-31 数据库模式的数据传输

（5）组态王模式

将车载终端工作模式设置为组态王模式（K），上位机打开组态王程序，并运行系统，等待车载终端蓝牙模块指示灯常亮，表明已经与组态王建立通信。此时从组态王运行界面可以看到温度的测量值和实时曲线，如图 8-32 所示。

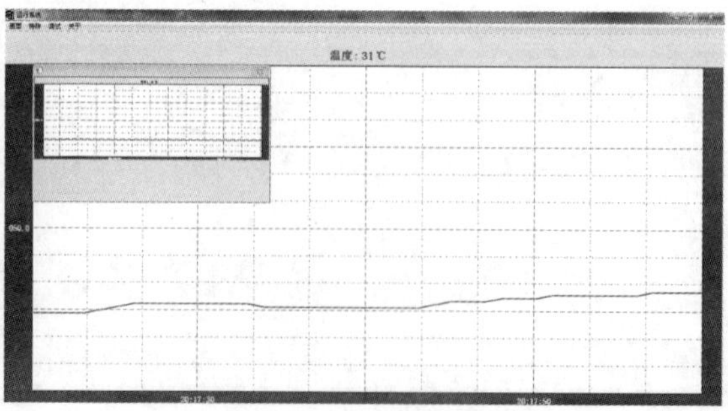

图 8-32 组态王通信

参考文献

[1] 张明利, 李杰, 黄培. 农产品冷链物流车载智能监控系统的应用[J]. 现代农业科技, 2015(18): 341-344.

[2] 唐秀英, 陈立畅, 杨琳琳, 等. 农产品冷链运输车辆管理系统[J]. 经济研究导刊, 2015(7): 286-288.

[3] 赵长青, 傅泽田, 刘雪, 等. 食品冷链运输中温度监控与预警系统[J]. 嵌入式系统应用, 2010(6): 27-28.

[4] 杨军, 廖新福, 沙勇龙, 等. 冷链运输对哈密瓜品质及腐烂率的影响[J]. 新疆农业科学, 2011, 48(7): 1277-1282.

[5] 王哲方, 亓常松. 冷链物流车辆监控终端的设计[J]. 安徽农业科学, 2015, 43(19): 355-358.

[6] 沈娣丽, 孟雅俊, 陆程, 等. 基于 ZigBee 和 WebGIS 冷链物流信息无线监控系统[J]. 中国农机化学报, 2015, 35(4): 189-193.

[7] 许敏. 基于物联网水产品冷链物流运输监控系统[J]. 长春工业大学学报, 2015, 36(1): 85-90.

[8] 边宝祥, 杜太行, 贾科进. 冷链运输监测系统中的 GPS 与 GPRS 技术[J]. 电子设计工程, 2013, 21(2): 27-30.

[9] 齐林, 韩玉冰, 张小栓, 等. 基于 WSN 的水产品冷链物流实时监测系统[J]. 农业机械学报, 2012, 43(8): 134-140.

[10] 郭斌, 钱建平, 张太红, 等. 基于 ZigBee 的果蔬冷链配送环境信息采集系统[J]. 农业工程学报, 2011, 27(6): 208-213.

[11] 陈园, 熊键. 食品安全呼唤物联网技术的运用和普及[J]. 广东化工, 2012, 39(1): 166-167.

第 9 章 生鲜农产品溯源系统

9.1 生鲜农产品溯源系统设计

9.1.1 系统总体设计

设计一个系统，首先必要保证其有一定的应用意义，要对人们日常的生活生产有积极的作用，要具备有用性。同时也要考虑系统是否能真正地应用到实际当中，即要建立在现实的基础上，贴合实际情况，且有确切的技术支撑，即要具备可行性。除此之外，要在可实现的前提下挑选出最优的解决方案，实现效益最大化和成本最节约，即要具备先进合理性。科学的系统应该兼具实用性、完整性、可靠性、可维护性和可拓展性。遵照这些设计原则，才能设计出实用可靠的系统，才能满足设计系统的要求，才能实现期望的功能。下面结合以上设计原则，对系统进行总体分析设计。

该系统面向的用户是企业管理者以及消费者。企业管理者来自农产品供应链的各个环节所在的各个部门，他们通过登录这样一个系统，对农产品各环节信息进行管理和维护，可以实现录入信息（增加、删除、修改）、审核信息（查询）的功能，进而可以通过这些信息对生产农户进行一定的指导。对于系统所面向的企业，其可以有自己的种植基地进行自产自销，也可以进购其他各种植地生产的生鲜农产品，或交由其他企业加工，这些进购源（或企业或基地或散户）、加工企业与该企业是一种合作关系，它们之间需要有信息的互联共享和监督核实，其核心就是无论是自己基地生产的农产品还是进购的产品，都要保证其有真实可靠的源头信息，即该企业作为一个良好的品牌形象，要保证在其名下流通的所有产品的安全可追溯性[1-4]。

消费者通过这样一个平台可以查询相关产品的溯源信息，包含农产品基本信息、种植信息、收购信息、加工信息、仓储信息、运输信息和销售信息以及能通过系统向企业反馈的信息，包括提出意见建议或进行投诉维权[5-7]。

综合以上对系统的总体分析，设计基于物联网的生鲜农产品溯源系统。生鲜农产品溯源系统的总体框架如图 9-1 所示。

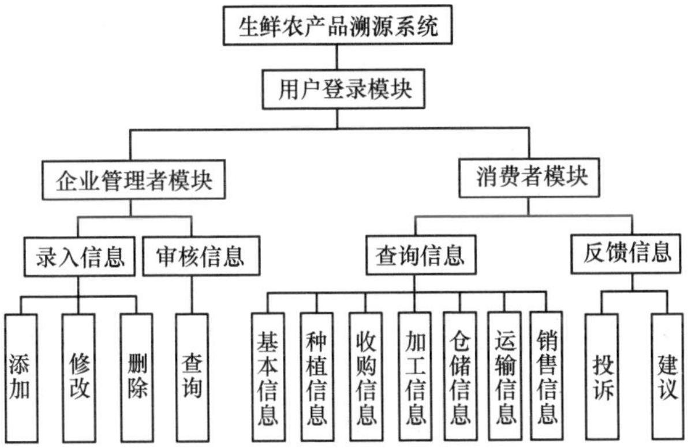

图 9-1　系统总体框架

9.1.2　系统功能分析与设计

结合前文论述的研究背景及现状，宏观上明确了需要建立怎样的一个系统、系统要具备哪些功能。一个模块对应一个功能，一个功能对应一个需求。基于物联网的生鲜农产品溯源系统是面向企业各部门管理人员和消费者的系统，由管理人员对负责部门的产品信息进行记录和管理维护，企业的中心数据库囊括了各环节由管理者上传或 RFID（射频识别）设备送入的产品各项信息，企业管理人员和消费者可通过登录溯源系统查询这些信息。本节将对系统的功能分模块进行详细、具体的分析与设计。

（1）系统登录模块

溯源系统面向的用户是企业管理者和消费者。企业管理者包含辅料采购环节、种植农户环节、收购加工环节、物流运输环节、仓储管理环节、销售环节的企业管理人员。这些管理者都归属于企业。分环节把用户归类，具体进行如下分配：采购种植部门、收购加工部门、运输部门、仓储部门、销售部门以及消费者，如图 9-2 所示。消费者登录溯源系统主要是为了实现产品关键信息的查询，因此不需要为其创建账户和密码。消费者直接在系统中输入产品溯源码，即可查询相关信息[8]。

除消费者以外的用户登录溯源系统是为了进行信息录入、管理等操作，涉及产品信息的安全性和准确性，因此需要为这些用户（即企业管理者）创建用户信息档案，包含用户名、密码、用户类型、所属单位名称、单位邮箱和联系方式，如图 9-3 所示。

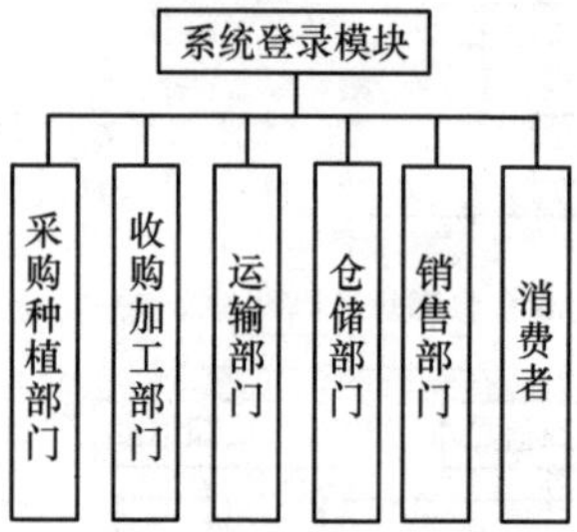

图 9-2　系统登录模块

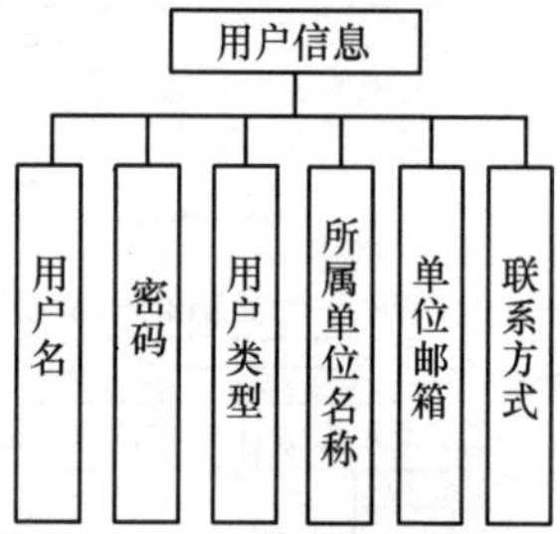

图 9-3　用户信息

具体实现方式为：如果登录界面中输入的用户名和密码与后台数据库用户信息表中的信息吻合，则用户登录成功；如果不吻合，则提示错误重新输入（一旦次数超过 3 次，则不能再输入）。新创建用户的申请信息需要经过审核通过后，方可纳入溯源系统登录用户信息数据库。这里提到的审核是指通过前台数据输入与后台中心数据库连接，由某一关键词（如姓名）建立查询，实现自动审核，从而省去人工校对。这一过程就是为了确保各环节、各部门相关人员信息的真实性，进而确保信息来源的可靠性。

（2）种植信息管理模块

本模块面向的用户是采购种植部门。在该模块应包含的信息有：农产品基本信息、种植过程信息、农资信息、种植基地信息，如图 9-4 所示。

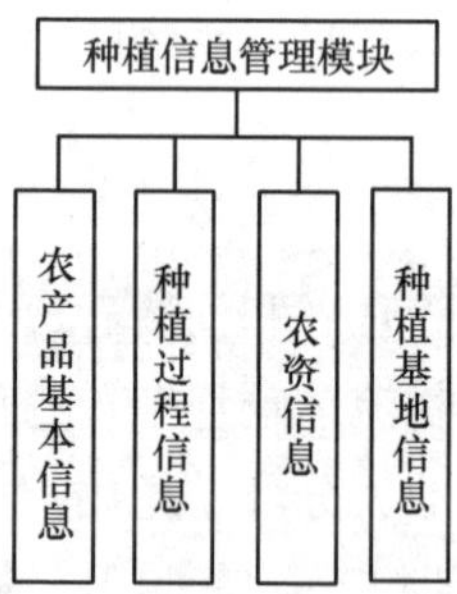

图 9-4　种植信息管理模块

将这些农产品的源头信息，根据统一标准的编码规则，建立一个初步的农产品溯源码，一批次一码。这个溯源码将唯一标识某一批次的农产品，其产品信息均保存在溯源标签内。各模块之间（即各环节之间）就是靠溯源码联系起来的，一个模块内，也是靠溯源码贯通各个信息表的。针对种植地设备投入的不同，分为两方面进行讨论。

在有一套完整成型的传感设备和自动识别设备的种植地，将充分利用传感器来获取农产品在种植阶段的全部环境信息以及 RFID 技术快速地读取和记录产品相关信息。

- 农产品基本信息：农产品品名、品种、所在种植基地（种植基地名称、代码）、所在地块编号；还包括对农产品生长环境的评估，这一评估是在对农产品整个生长周期实时监控到的环境数据进行综合评定后得出的，即传感器设备实时地采集农产品所在地块的土壤温/湿度、水质信息，最后对这些信息进行评估，得出地块土壤、水质检测结果（良好/不佳）；除此之外，还应包含农残检测结果，这一结果也是在对各项农残指标检测分析后得出的判断（合格/不合格）。农产品基本信息如图 9-5 所示。

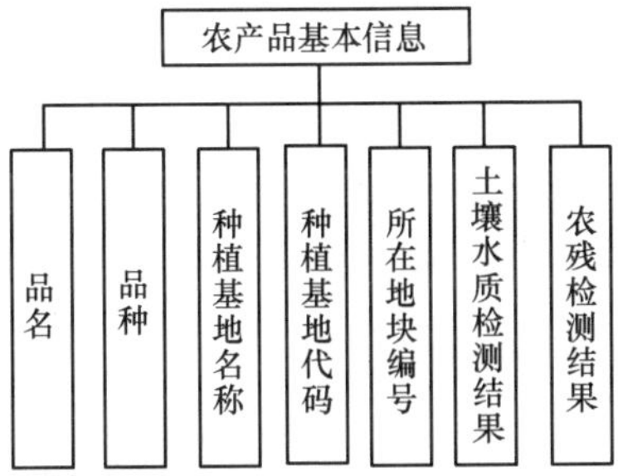

图 9-5　农产品基本信息

- 种植阶段信息：种植阶段应涵盖农产品种植全过程需要进行的关键农事操作，包括播种栽苗、灌溉、施肥、除草、喷药、育种、采摘。对应地，应记录以下信息：播种日期、灌溉频率、施肥频率、除草频率、喷药频率、喷涂量、育种日期、采摘日期。这里的“频率”也是经过数据分析自动得出的。除此之外，还应包含种植阶段的环境温/湿度、光照条件、土壤湿度的评定结果，这些也同样来自于对全过程收集到的数据整体的分析评定。除此之外，还应有地块负责人信息。种植阶段信息如图 9-6 所示。

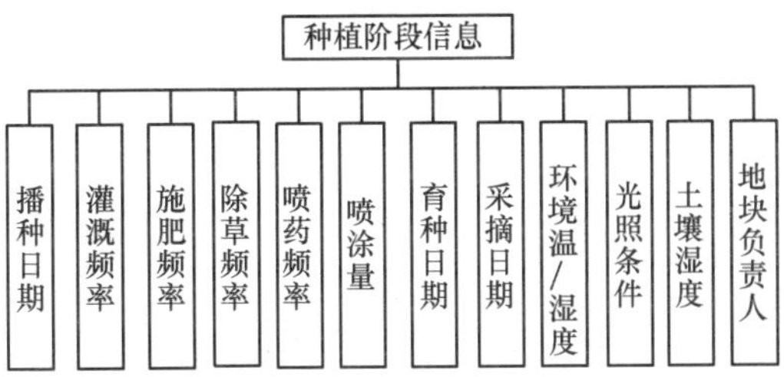

图 9-6　种植阶段信息

- 农资信息：这一模块下的农资信息针对的是该批次农产品用到的农资信息。应包含：农资名称（农药、化肥等）、产地、使用量、使用方法、使用位置、使用效果、单价、单价对应单位、供应商姓名及联系方式、供应商地址、农资负责人及联系方式。农资信息如图 9-7 所示。

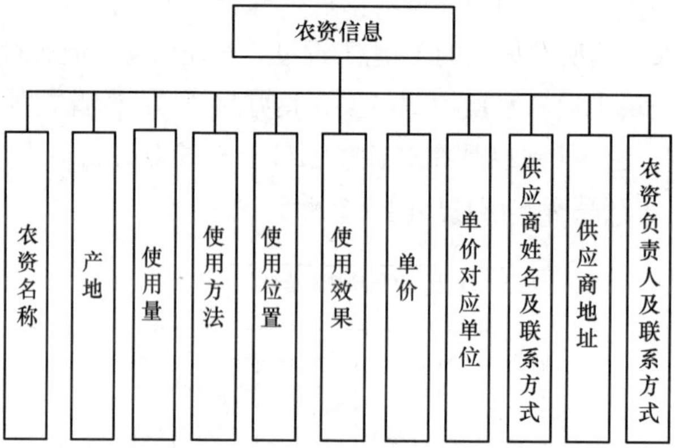

图 9-7　农资信息

- 种植基地信息：种植基地名称（包括本企业种植基地和其他来源种植地）、种植基地代码、基地所在地、基地规模、许可证、通信地址、责任人、电话，如图 9-8 所示。

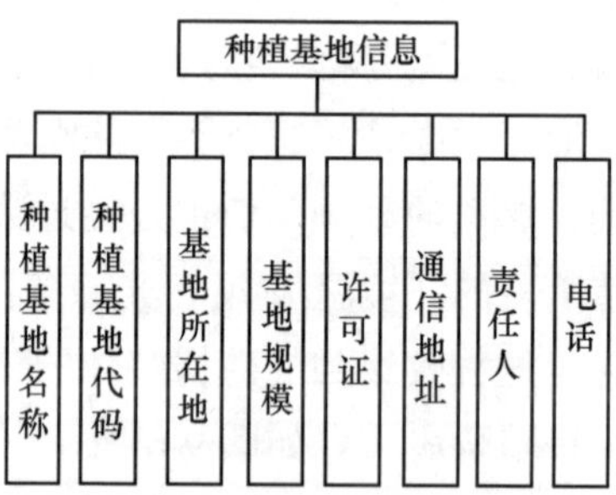

图 9-8　种植基地信息

在没有设置传感设施和自动识别设备的种植地，农产品相关信息量显然不如前一种情况下的完备。但仍要保证这一类非监控种植产品的质量安全，这就要求种植地安排的企业工作人员对其进行相应的、同样严格的监督管理，对其应包含的关键信息进行人工录入。企业管理人员通过登录溯源系统，对农产品各项信息进行录入管理。

（3）收购加工管理模块

该模块面向的用户是收购加工部门。收购的产品同样分本企业基地自产和其他种植地产。在收购时，首先要进行农产品质量好坏的辨别和农残检测，以确定产品各项指标是合格的，进而进行收购。再将收购时的相关信息录入溯源码，并存入后台数据库。收购关键信息应包含：农残检测结果、质检员、联系方式、收购时间、地点、收购负责人及联系方式，如图 9-9 所示。

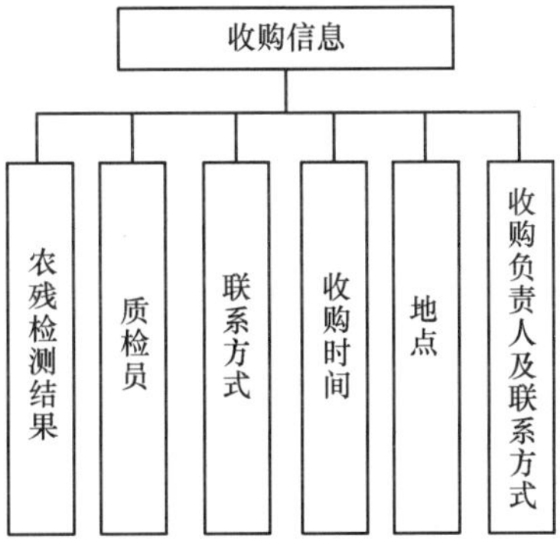

图 9-9　收购信息

收购之后，产品会根据各自需要的不同，确定是否进入加工环节和仓储环节。加工环节包含的信息有：农残检测结果、质检员、联系方式、加工方式（清洗、包装、装箱等）、加工时间、加工地点，如图 9-10 所示。这里的加工地点可以是本企业自己的加工部门，也可以是企业授权的其他加工企业，这些企业要在本企业备案，且需要保持数据的互联互通。

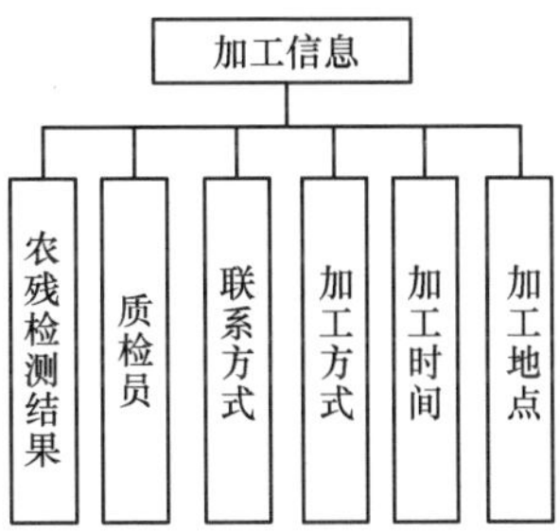

图 9-10　加工信息

（4）存储管理模块

这一模块面向的用户是存储部门。存储环节不是必要的，比如应季的生鲜农产品需求量比较大，在采摘后一经包装就要供应到各销售地，这就不需要为这类产品设立存储。而对于其他需要存储的情况，应着重对存储环境信息进行记录，只有存储环境得当时，才能确保农产品的新鲜程度，保证其质量。同时也应对在仓库内存放的时间予以记录。故应对如下信息进行记录：库存地点、入库时间、出库时间、库内温度、库内湿度。这些信息也由管理人员录入或由 RFID 设备自动录入后上传到中心数据库以及存储在标签内。存储信息如图 9-11 所示。

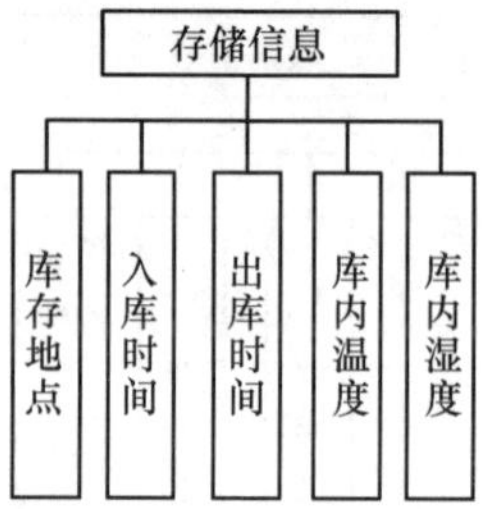

图 9-11　存储信息

（5）运输管理模块

这一模块面向的用户是运输部门。经过前面一系列的环节后，产品需要送至各个销售地点，这就会涉及物流运输环节。运输方式根据销售地与产地间距离的远近而有所差别，可以通过本企业自己的运输部门的车辆进行货物运输，也可以借助专门的物流公司进行配送，但无论哪一种方式都要对产品在途运输的信息做相应的记录。由于运送的是生鲜农产品，所以为保其质量，应对其在途的环境进行监测，具体应包含：运输区间、运输方式、出发时间、到达时间、运输时间、在途温度、在途湿度。这一过程的信息可由安装在车辆内的温/湿度传感器探测得到，GPS 全球定位系统追踪产品实时位置，自动传输到后台数据库，并存储到产品溯源标签内。有关该模块下的运输信息如图 9-12 所示。

图 9-12　运输信息

（6）销售管理模块

这一模块面向的用户是销售部门。销售是整个链条的最后一个环节，农产品由种植基地或加工厂经运输到达销售地点（各大超市或本企业专卖店等各种销售商）。具体信息应包含：销售商名称、销售地点、销售地负责人、联系方式。这些信息同样要存储在溯源标签内和后台数据库中，有关过程信息的记录，每一步都不能遗漏。销售信息如图 9-13 所示。

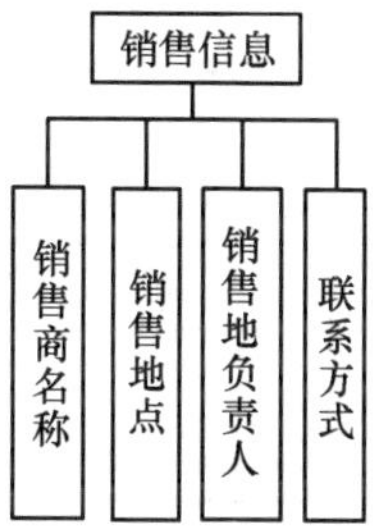

图 9-13　销售信息

（7）消费者查询模块

这一模块面向的用户是消费者。消费者在购买到产品之后，可以通过包装上的溯源标签，登录生鲜农产品溯源系统，输入溯源码，即可查询到产品从种植到收购加工到仓储运输到销售整个链条的全部信息。这一功能的实现就源自于每个环节RFID 设备对产品上绑定的 RFID 标签自动读写并将信息录入数据库。在这一过程中不断地更新、完善标签内的信息，使整个生产供应链一目了然，使得最后到达消费者手中的溯源标签内涵盖所有的农产品信息，这些信息具有绝对的法律效力，消费者可以凭借此对有问题的产品进行追溯和问责。通过这样的一种溯源机制，可以约束规范行业违规违法行为，使产品质量安全透明化，让消费者放心。

9.1.3　数据库设计

在本系统的设计中，选用 SQL Server 2012 作为数据库软件，其目的是存放大量的农产品信息，以供调用查询，也可以不断地更新，实现数据的存储和提取。针对前述的各模块应含的关键溯源信息，应在 SQL Server 中为每一环节建立相应的数据库，再在数据库下建立多张包含不同信息的信息表，每个信息表内应涵盖第 9.1.2 节中每一部分应包含的信息，对应地为其建立字段，并设置相应的属性。下面具体展开讨论。

将分环节建立以下 7 个数据库：种植信息库（Plantinfor）、收购信息库（Purchaseinfor）、加工信息库（Processinfor）、存储信息库（Storeinfor）、运输信息库（Transportinfor）、销售信息库（Sellinfor）以及用户信息库（Userinfor）。

（1）种植信息库

该信息库应包含农产品基本信息表、农资信息表、种植基地信息表、种植阶段信息表。字段及属性的设置分别见表 9-1~表 9-4。

表 9-1　Plantinfor 农产品基本信息

列名	数据类型	允许 null 值
溯源码	varchar（50）	否
品名	text	否
品种	text	否
种植基地代码	varchar（50）	否
种植基地名称	text	否
所在地块	varchar（10）	否
地块土壤水质检测	text	否
产品农残检测	text	否

表 9-2　Plantinfor 种植阶段信息

列名	数据类型	允许 null 值
溯源码	varchar（50）	否
播种	date	否
灌溉频率	varchar（10）	否
施肥频率	varchar（10）	否
除草频率	varchar（10）	否
喷药频率	varchar（10）	否
喷涂量	varchar（10）	否
育种	date	否
采摘	date	否
环境温/湿度	text	否
光照条件	text	否
土壤湿度	text	否
地块负责人	text	否

表 9-3　Plantinfor 种植基地信息

列名	数据类型	允许 null 值
种植基地代码	varchar（50）	否
种植基地名称	text	否
基地所在地	text	否
基地规模	varchar（50）	否
许可证	text	否
通信地址	varchar（50）	否
责任人	text	否
联系电话	int	否

表 9-4　Plantinfor 农资信息

列名	数据类型	允许 null 值
溯源码	varchar（50）	否
农资名称	text	否
单价	varchar（10）	否
单价对应单位	varchar（10）	否
使用量	text	否
使用方法	varchar（10）	否
使用位置	text	否
使用效果	text	否
供应商姓名及联系方式	varchar（50）	否
供应商地址	varchar（50）	否
农资负责人及联系方式	varchar（50）	否

其中，date 类型的字段指的是相应种植操作的具体日期。频率是由 RFID 设备自动读写到的信息分析得出的，是一个具体且准确的结果。

（2）收购信息库

该信息库包含收购信息表，其中的字段及属性的有关设置见表 9-5。

表 9-5　Purchaseinfor 收购信息

列名	数据类型	允许 null 值
溯源码	varchar（50）	否
农残检测结果	text	否
质检员	text	否
联系方式	varchar（50）	否
收购时间	date	否

（续表）

列名	数据类型	允许 null 值
地点	varchar（50）	否
收购责任人及联系方式	varchar（50）	否

（3）加工信息库

该信息库含加工信息表，字段属性有关设置见表 9-6。

表 9-6 Processinfor 加工信息

列名	数据类型	允许 null 值
溯源码	varchar（50）	否
农残检测结果	text	否
质检员	text	否
联系方式	varchar（50）	否
加工方式	text	否
加工时间	date	否
加工地点	varchar（50）	否

（4）存储信息库

该信息库包含存储信息表，字段及属性设置见表 9-7。

表 9-7 Storeinfor 存储信息

列名	数据类型	允许 null 值
溯源码	varchar（50）	否
库存地点	text	否
入库时间	datetime	否
出库时间	datetime	否
库内温度	varchar（10）	否
库内湿度	varchar（10）	否

其中，入库时间、出库时间选择 datetime 类型，不仅需要知道具体日期，而且要记录具体时刻。由于生鲜农产品的储运时间及存放条件对生鲜农产品的质量有很大影响，所以应对此详细记录，确保溯源过程的精细化和实用性。nvarchar 数据类型是指存储的是可变长 unicode 数据，这种数据类型适合除了数字、英文字符外，还含有中文字符的数据。

（5）运输信息库

该信息库包含运输信息表，其中相关字段及属性的设置见表 9-8。

表 9-8　Transportinfor 运输信息

列名	数据类型	允许 null 值
溯源码	varchar（50）	否
运输人员	text	否
运输区间	varchar（50）	否
运输方式	text	否
出发时间	datetime	否
到达时间	datetime	否
运输时间	varchar（10）	否
在途温度	nvarchar（10）	否
在途湿度	nvarchar（10）	否

（6）销售信息库

该信息库包含销售信息表，相关字段及属性设置见表 9-9。

表 9-9　Sellinfor 销售信息

列名	数据类型	允许 null 值
溯源码	varchar（50）	否
销售商名称	text	否
地点	varchar（50）	否
销售负责人	text	否
联系方式	varchar（50）	否

（7）用户信息库

该信息库包含用户信息表，其中涉及的字段及属性的设置见表 9-10。

表 9-10　Userinfor 用户信息

列名	数据类型	允许 null 值
用户名	text	否
密码	nchar（10）	否
用户类型	text	否
所属单位名称	text	否
单位邮箱	nvarchar（50）	否
联系方式	varchar（50）	否

9.2 生鲜农产品溯源系统实现

9.2.1 系统实现环境

本文设计的基于物联网[9]的生鲜农产品溯源系统在软件环境方面采用 SQL Server 2012 提供的数据库服务，Visual Basic 作为应用端用户交互的平台，适用 Windows Server 2003 或更高版本的操作系统；硬件环境方面，处理器需要 P4 或更高档的 PC，内存需要 1GB 或更高，磁盘容量为 10GB 或更高等。可见系统实现所需的软硬件环境要求十分普遍，适用于绝大多数的用户，符合系统设计的可行性原则。

9.2.2 各模块实现的结果

（1）系统登录模块

企业管理者在系统登录界面中输入用户信息，以登录或注册系统。系统登录模块程序流程如图 9-14 所示。

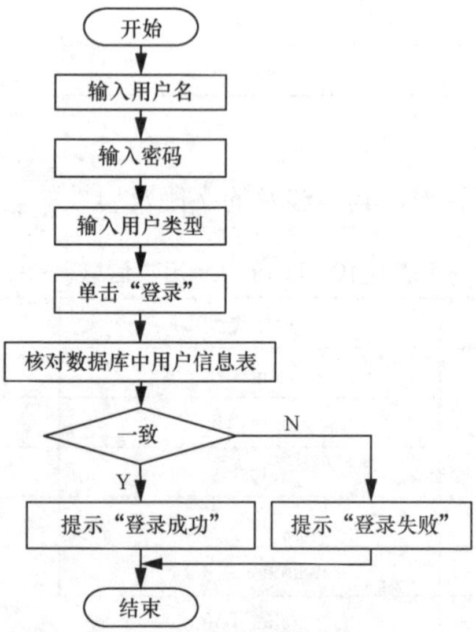

图 9-14 登录模块程序流程

用户登录系统，输入用户名、密码及用户类型，将输入的信息与数据库用户信息表中信息进行比照，若各项信息均一致，则提示“登录成功”，不一致则提示“登录失败”。

系统登录界面如图 9-15 所示，管理者登录界面如图 9-16 所示。

图 9-15　系统登录界面

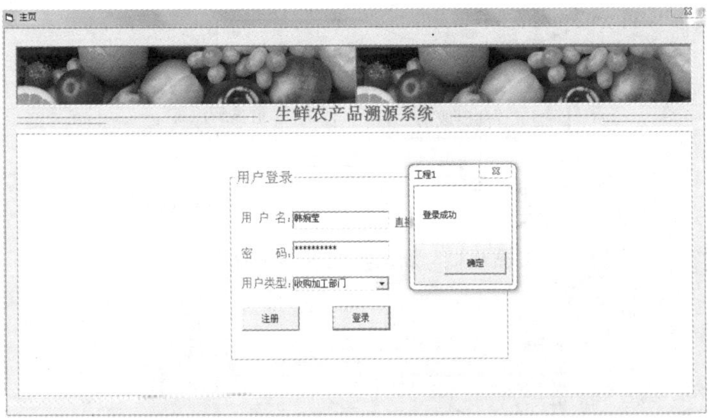

图 9-16　管理者登录界面

新用户注册程序流程如图 9-17 所示，先单击“注册”按钮，进入用户注册界面，在其中输入各项用户有关信息。如：用户名（姓名）、密码、确认密码（输入完成后复输入一遍以确认密码）、用户类型、所属单位、所属部门、身份证号、联系方式。注册界面如图 9-18 所示。

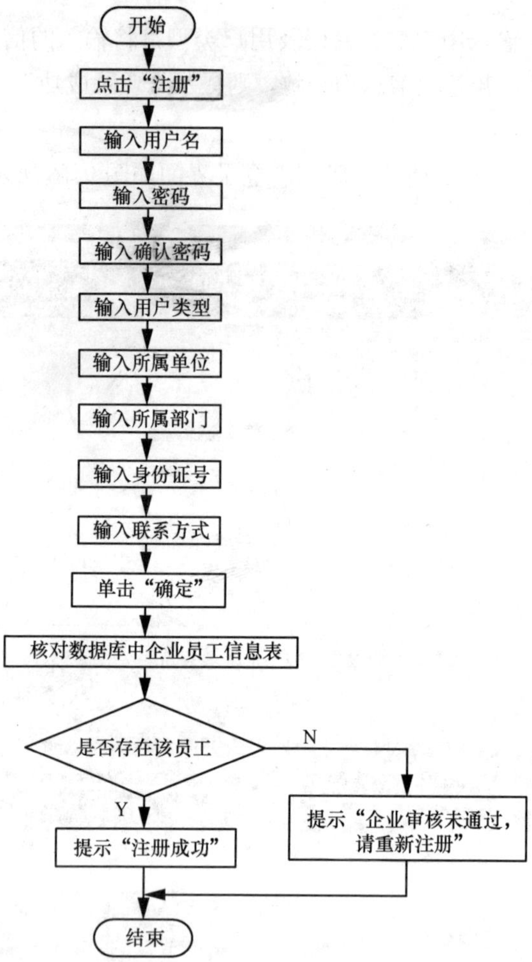

图 9-17　新用户注册程序流程

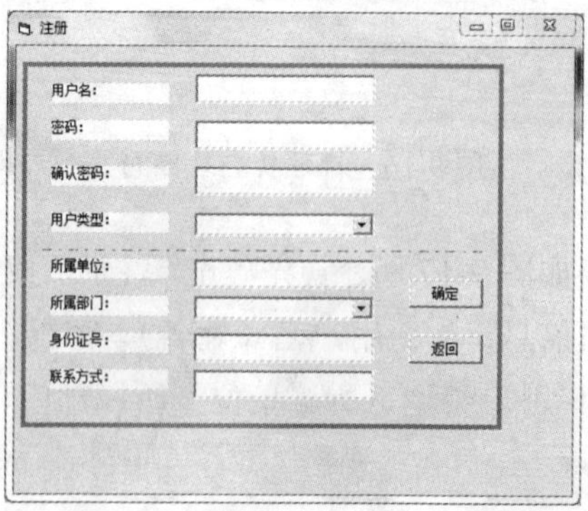

图 9-18　注册界面

输入的这些个人信息提交后，要跟数据库企业员工信息表中的员工信息比照，如果查询到有信息一致的员工，说明这位新用户确认是该企业员工，允许其加入溯源系统，提示“注册成功”，如图 9-19 所示。如果没有查询到信息完全一致的员工，则说明该新用户不在企业职工的范围内，不符合要求，提示“企业审核未通过，请重新注册”，如图 9-20 所示。

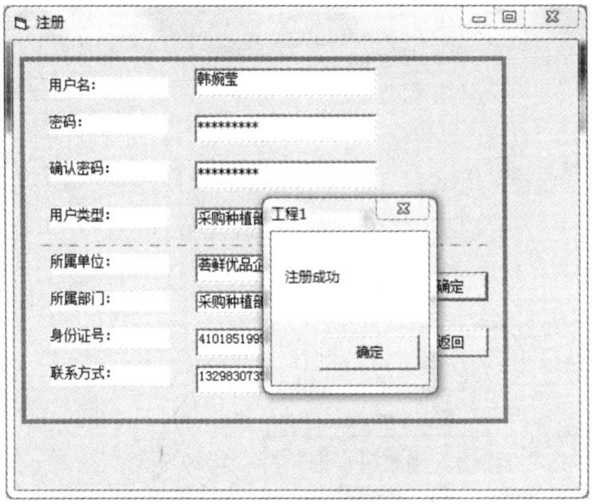

图 9-19　注册成功界面

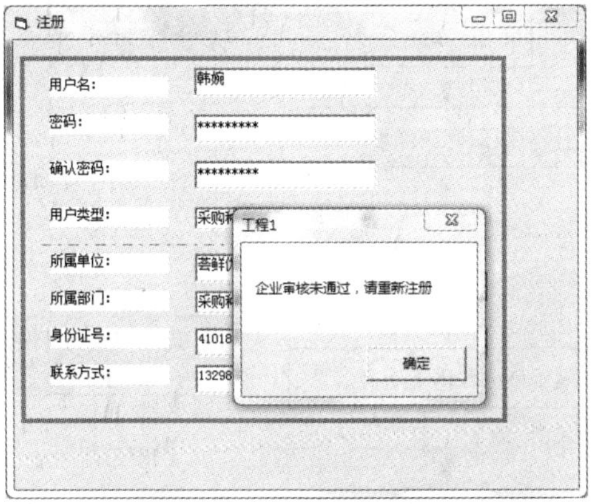

图 9-20　注册失败界面

（2）消费者查询模块

消费者在系统登录界面无需输入信息，直接单击“输入溯源码查询”即可进行产品查询，消费者查询界面如图 9-21 所示。消费者在溯源系统主界面，单击“直接输入溯源码查询”，即弹出查询窗体，在其中键入要查询的溯源码，因 VB 与 SQL

Server 已建立了连接，就可以通过查询语句找到该溯源码下的相关信息，核对数据库中是否存在这样一个溯源码，如果存在，就显示所有相关信息，如果不存在，就提示“查询有误，请重新输入”。其程序流程如图 9-22 所示。

图 9-21　消费者查询界面

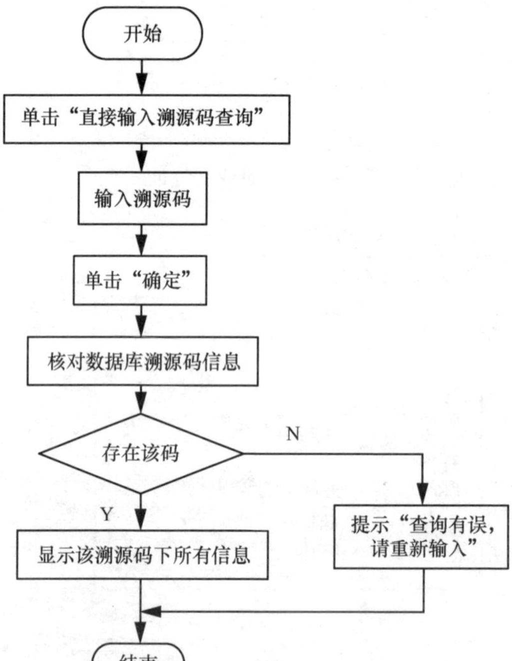

图 9-22　消费者查询程序流程

（3）企业管理者模块

图 9-23 是企业管理者操作程序流程，在前一界面登录成功后，进入管理者界面，管理者选择自己所在部门的按钮，进入相应的界面，可在其中浏览建立的各个表，或对其进行一定的增/删/改/查操作，更改过的表信息会同步到 SQL Server 中，以实

现在用户端方便地操作数据库的效果[10]。

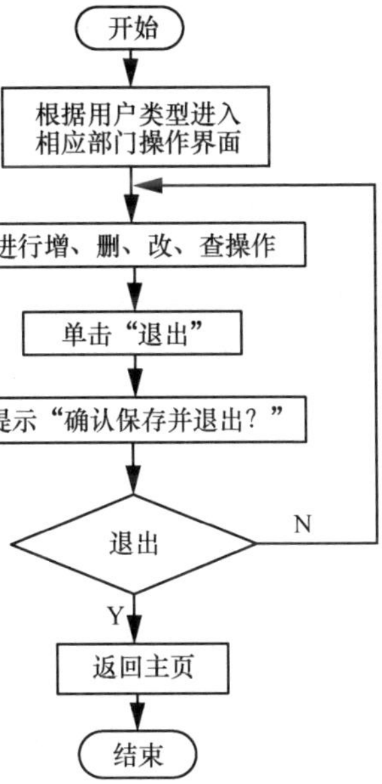

图 9-23 企业管理者操作程序流程

根据用户类型的不同，在管理者登录成功后将进入各自的界面当中进行管理操作，包括增加、修改、删除、查询功能。虽然管理者类型不同，但他们的工作界面和工作原理基本一致，均包含以上所述的功能。

以采购种植部门为例，展示这一模块的实现结果。管理者工作界面如图 9-24 所示。经管理者在工作界面下的操作后，其所做的所有改动将同步到与之连接的数据库当中。

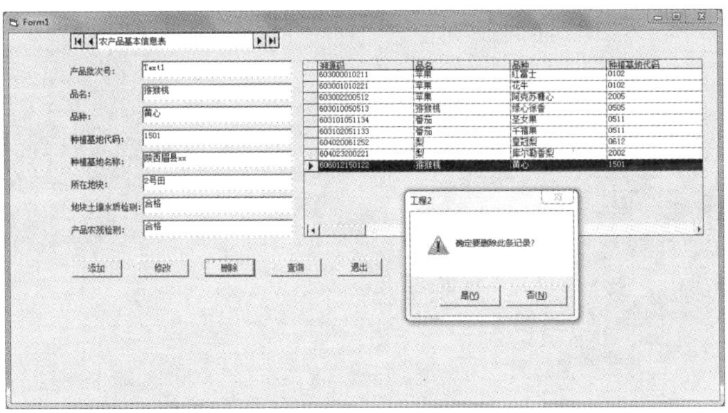

图 9-24 管理者工作界面

参 考 文 献

[1] 钟海. 基于物联网的生鲜果蔬产品溯源系统的设计与实现[D]. 株洲: 湖南工业大学, 2015

[2] 李春艳, 周德翼. 可追溯系统在农产品供应链中的运作机制分析[J]. 湖北农业科学, 2010, 49(4): 1005-1007.

[3] HERTOG M, YUDHAKUSUMA R F, SNOEKXN P. Smart traceability systems to satisfy consumer expectations [J] . Acta Horticulturae, 2008(768): 407-415.

[4] 张亚. 流通追溯体系建设对蔬菜生产行为的影响——以合肥市为例[D]. 合肥: 安徽农业大学, 2014.

[5] 杨晶. 种植类农产品全程安全生产信息化体系建设[D]. 武汉: 华中农业大学, 2013.

[6] 杨信廷, 钱建平, 孙传恒, 等. 蔬菜安全生产管理及质量追溯系统设计与实现[J]. 农业工程学报, 2008, 25(3): 162-166.

[7] 刘宇传, 高红梅, 张晓林. 移动式农业可追溯数据结构的开发与应用[Z]. 2012.

[8] 潘禄生. 浅析物联网的信息安全[J]. 网络安全技术与应用, 2011, 25(9): 23-24.

[9] 郎为民, 朱元诚, 张昆. 物联网的前世今生[J]. 电信快报, 2011, 21(3): 3-7.

[10] 董兴民. 浅谈常用传感器的基本工作原理[J]. 中国科技博览, 2015, 26(18): 113.

第10章 生鲜农产品决策支持系统

10.1 生鲜农产年需求预测因素分析

10.1.1 生鲜农产品的需求特点分析

众所周知，生鲜农产品具有其特殊性，有以下几个特点。

- 容易腐烂。生鲜农产品是易腐烂的产品，寿命短，不易保存，容易受到环境中微生物的影响而腐烂，进而造成经济损失。为了保持新鲜度和品质，生鲜农产品在运输过程中需要保持低温环境，有时还需要一些加工处理以期存储更久。
- 品质差异大。大部分生鲜农产品（如蔬菜）生长在露天环境中，受自然条件的影响较大，统一生产的农产品在品质上也有很大差异。
- 价格波动较大。由于生鲜农产品本身的特性，其价格在一个季度、一个月甚至一周之内也可能出现大幅度变化。

生鲜农产品的特殊性决定了影响年需求预测的因素很多，从宏观的农产品需求来看，影响因素主要有以下几种类型：一是基础性因素，包括全国总人口的增长、居民人均收入的变化、农产品消费结构的调整引起需求的变化；二是周期性因素，包括节假日、农产品根据不同时令上市等；三是政策性因素，包括国家为了对资源进行宏观调控制定的一系列低价收购、产品市场流通、国际贸易等政策；四是价格因素，若价格高了会减少相应消费；五是强波动性因素，包括极端的天气条件、突发性事件、社会的恶意炒作等[1-2]。

10.1.2 影响生鲜农产品需求因素的选择

将我国农产品市场看作一个单一的整体，以蔬菜为例，选取的影响因素主要有整体的输入输出、外部环境和整体本身 3 个方面，用蔬菜历年出口数据指标表示对整体的输出。蔬菜出口数据直接反映了国际市场中果蔬类农产品的需求变化，国内生产总值（GDP）反映了国内经济状况和居民总体生活水平状况。菜类商品零售价格指数（PRI）反映了菜类农产品市场价格和农产品的生产成本，直接影响菜类产品需求量。蔬菜种植面积的大小也将影响果蔬类农产品的需求量和价格。

参考以往学者的研究和对相关文献预测的总结分析，外部环境因素选取 GDP、PRI 和人口数目。整体本身因素主要选取蔬菜播种面积（A）和蔬菜消费总量（SQ）。在这个系统化模型中，将城市人口和城市人均蔬菜消费总量的乘积与农村人口和农村人均蔬菜消费总量的乘积的总和作为因变量，即年蔬菜消费总量。

对中国统计局统计年鉴中近二十年的统计结果进行数据采集，数据采集结果见表 10-1。

表 10-1　统计年鉴数据采集结果 1

年份	农村人均蔬菜消费/kg	城市人均蔬菜消费/kg	城市人口/万人	农村人口/万人	蔬菜消费总量/kg
1996 年	106.3	118.5	37304	85085	13465.059
1997 年	107.2	113.3	39449	84177	13493.346
1998 年	109	113.8	41608	83153	13798.667
1999 年	108.9	114.9	43748	82038	13960.584
2000 年	106.7	114.7	45906	80837	13890.726
2001 年	109.3	115.9	48064	79563	14266.853
2002 年	110.6	116.5	50212	78241	14503.152
2003 年	107.4	118.3	52376	76851	14449.878
2004 年	106.6	122.3	54283	75705	14708.963
2005 年	102.3	118.3	56212	74544	14292.594
2006 年	100.5	117.6	58288	73160	14207.248
2007 年	99	117.8	60633	71496	14220.671
2008 年	99.7	123.2	62403	70399	14706.829
2009 年	98.4	120.5	64512	68938	14557.795
2010 年	93.3	116.1	66978	67113	14037.788
2011 年	89.4	114.6	69079	65656	13786.099
2012 年	84.7	112.3	71182	64222	13433.342
2013 年	0	0	73111	62961	0
2014 年	0	0	74916	61866	0
2015 年	0	0	77116	60346	0

表 10-1 中对农村人均蔬菜消费量、城市人均蔬菜消费量、城市人口和农村人口进行了统计。2013—2015 年农村人均蔬菜消费和城市人均蔬菜消费的统计数据不完全，故 2013—2015 年这 3 年的统计结果不能作为训练集。表 10-1 已经根据相关统计结果统计出神经网络的期望输出，即蔬菜消费总量。单独分析农村人均蔬菜消费

量可以看出，农村人均蔬菜消费量有逐年减少的趋势，客观地反映了农村在食品消费结构方面的转变。分析城市人均消费量时可以看出，城市的蔬菜消费量波动相对平稳。根据第四列和第五列的统计结果，可以知道农村人口向城市人口转变的趋势显著。从第六列统计结果可以看出，近几年蔬菜消费总量略有下降。其他因素的统计结果见表 10-2。

表 10-2　统计年鉴数据采集结果 2

年份	蔬菜种植面积/千公顷	菜类商品零售价格指数	年末人口总量/万人	GDP	蔬菜出口总量/万吨	蔬菜消费总量/万吨
1996 年	10491	118.4	122389	70779.6	167	13465.059
1997 年	11288	99.5	123626	78802.9	167	13493.346
1998 年	122.93	—	124761	83817.6	201	13798.667
1999 年	13346.85	—	125786	89366.5	225	13960.583
2000 年	15237.27	—	126743	99066.1	245	13890.726
2001 年	16402.45	—	127627	109276.2	298	14266.853
2002 年	17352.93	100.8	128453	120480.4	360	14503.152
2003 年	17953.93	116.3	129227	136576.3	462	14449.878
2004 年	17560.42	95.2	129988	161415.4	470	14708.963
2005 年	17720.71	108.1	130756	185998.9	520	14292.594
2006 年	16639.14	108.1	131448	219028.5	568	14207.248
2007 年	17328.62	107.9	132129	270844	622	14220.714
2008 年	17875.94	110.4	132802	321500.5	624	14706.829
2009 年	18389.83	113.2	133450	348498.5	636	14557.795
2010 年	18999.89	119	134091	411265.2	655	14037.788
2011 年	19639.16	101	134735	484753.2	770	13786.099
2012 年	20352.57	113.5	135404	539116.5	741	13433.342
2013 年	20899.44	108.1	136027	590422.4	778	0
2014 年	21404.79	98.8	136780	644791.1	802.56	0
2015 年	21999.67	106.9	137462	686181.5	832.56	0

表 10-2 对蔬菜种植面积、菜类商品零售价格指数、年末人口总量、GDP、蔬菜出口总量、蔬菜消费总量进行了统计。统计结果表明，我国蔬菜种植面积逐年增加，显而易见，近几年蔬菜年生产总量呈增加趋势，蔬菜需求总量有下降趋势，进而可以初步判断出现蔬菜滞销、资源浪费的原因。由表 10-2 可知，近 20 年统计年鉴的

各项统计数据并不完整，其中 1998—2001 年菜类商品零售价格指数并没有进行统计，显然这组数据不符合要求，不能作为神经网络的输入训练集，故舍弃了这 4 年的统计结果。由于 1996 年和 1997 年统计时间较早，不能客观地反映近年来农村和城市的消费结构变化，考虑到各个因素的影响，舍去了 1996 年和 1997 年的统计结果[3-4]。

10.2　生鲜农产品需求预测模型的建立

神经网络模型是一种常见的用来逼近非线性函数的工具，具有非线性、深度学习、拟合曲线以及抗干扰的能力。BP 神经网络算法适用于建立非线性预测函数模型，而且能够达到较高的精度要求。回归分析是常用的确定预测属性与其他变量间的相互联系的定量关系的方法。通过建立模型研究各个变量之间联系的密切程度，定量分析各个变量对结果的影响因子，是一种预测的有效工具。多元线性回归对多个自变量进行建模，利用最小二乘原理进行逼近，求解模型的系数。本文采用了 BP 神经网络算法和多元线性回归方法两种算法对蔬菜长期需求预测建模[5-7]。

10.2.1　影响生鲜农产品需求量因素的数据确定

前文确定的 5 个自变量和 1 个因变量的相关数据主要从统计年鉴和中国农业信息网的相关数据统计整理而来，采用了近 20 年的数据统计，删减了一些缺失的统计年份，选用了 2002—2012 年影响蔬菜需求相关因素统计数据作为训练集[8]，采用 2013 年和 2014 年的相关统计数据作为预测集。本节进行预测过程时，不描述各个自变量相应的单位，各变量单位均以统计年鉴的统计表中的单位为准。

10.2.2　模型中相关参数的确定

本节使用的 BP 神经网络模型采用典型的三层神经网络预测模型（输入层、隐藏层、输出层）。输入层有 5 个节点，即有 5 个自变量输入，取蔬菜种植面积作为 x_1，出口总量作为 x_2，菜类商品零售价格指数作为 x_3，年末人口总量作为 x_4，国民生产总值作为 x_5，选取年蔬菜消费总量为 y。对统计年鉴中的数据进行整理，删除了一些数据，数据处理后的结果见表 10-3。

表 10-3 数据处理结果

x_1	x_2	x_3	x_4	x_5	y
17352.93	360	100.8	128453	120480.4	14503.15
17953.76	462	116.3	129227	136576.3	14449.88
17560.42	470	95.2	129988	161415.4	14708.96
17720.71	520	108.1	130756	185998.9	14292.59
16639.14	568	108.1	131448	219028.5	14207.25
17328.62	622	107.9	132129	270844	14220.67
17875.94	624	110.4	132802	321400.5	14706.83
18389.83	636	113.2	133450	348498.5	14577.2
18999.89	655	119	134091	411265.2	14037.79
19639.16	772	101	134735	484753.2	13786.1
20352.57	741	113.5	135404	539116.5	13433.34

在 BP 神经网络中，输入层设置了 5 个节点，隐藏层设置了 12 个节点，输出层设置了 1 个节点。采用 relu 函数作为激活函数[9]，对模型进行训练，学习 1000 次。先建立灰色预测模型，利用灰色预测函数得到 2013 年和 2014 年的 x_1、x_2、x_3、x_4、x_5 的预测值，然后将数据进行零均值标准化，将标准化的数据代入蔬菜预测的三层神经网络预测模型进行训练，得到相应的 2013 年、2014 年蔬菜需求总量的预测值。同样地，建立了多元线性回归模型，将 5 个自变量和 1 个因变量的数值代入模型进行训练，利用最小二乘原理得到相应的影响因子，进而可以确定多元线性函数，并代入 2013 年和 2014 年的相应数值进行预测。

10.2.3 蔬菜需求预测程序流程

采用灰色预测和 BP 神经网络对蔬菜需求量进行预测[10-13]，预测步骤分为以下 3 步。

- 利用灰色预测函数[14-17]，编写灰色预测程序，利用灰色预测模型预测出 2013 年、2014 年 5 个自变量的预测值。
- 将 2002—2012 年的数据进行标准化处理，设置 5 个节点的输入层、12 个节点的隐含层和 1 个节点的输出层。将自变量作为特征数据、因变量作为标签数据，对模型进行训练。

- 保存训练模型，将 2013 年、2014 年灰色预测的因变量的值代入模型，得到相应的预测值。

由上述预测步骤绘制灰色预测和 BP 神经网络组合预测模型流程，如图 10-1 所示。

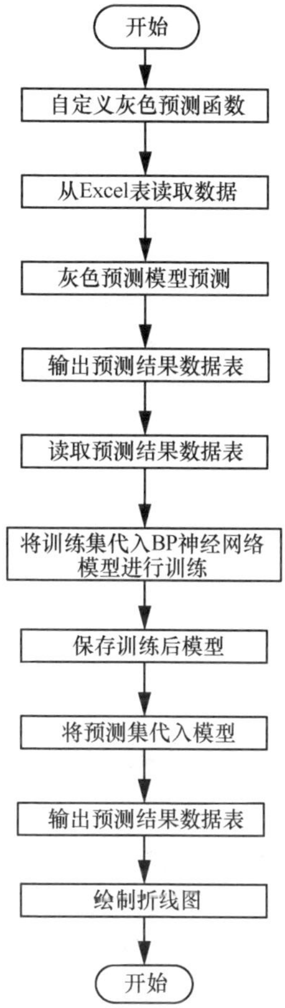

图 10-1　灰色预测和 BP 神经网络组合预测算法流程

将经过处理的统计年鉴数据作为灰色预测模型的输入，灰色预测算法流程如图 10-2 所示。将经过灰色预测的结果作为 BP 神经网络的预测模型中数据的输入，取前 11 组的数据进行训练，训练 1000 次，然后用训练好的模型对各组数据进行预测，得到相应的预测结果，输出新的数据表，其流程如图 10-3 所示。

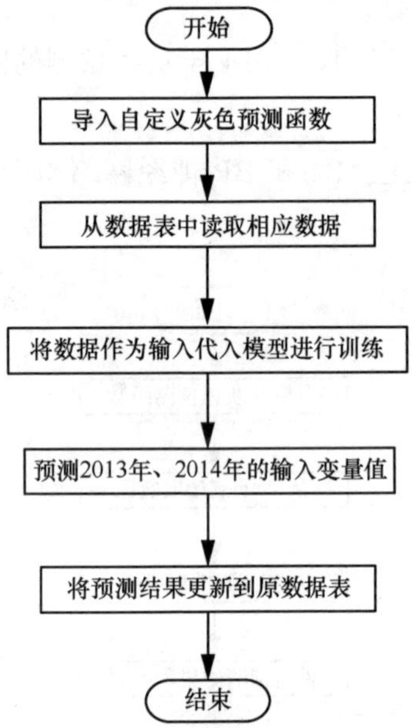

图 10-2　灰色预测算法流程

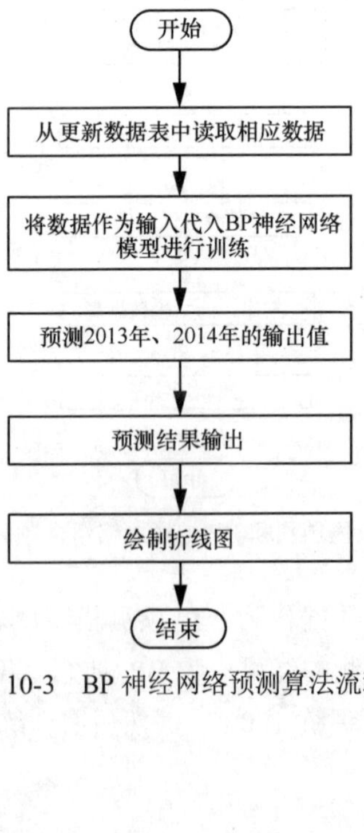

图 10-3　BP 神经网络预测算法流程

10.2.4　蔬菜需求预测模型的 Python 语言实现

Python 具有强大的功能，而且具有强大的各种机器学习的库，方便初学者学习且兼容性特别好，可以兼容多种语言。利用 Python 语言结合相应的学习算法探索数据之间的相互内在联系，并根据客观规律进行科学预测，是近几年多数学者关注的焦点[18-19]。

多元线性回归模型和 BP 神经网络模型均采用 Python 语言编写。在建立两种模型之前，先采用灰色预测模型，预测出 2013 年和 2014 年因变量的值，然后在此数值基础上，进行两种模型预测。在多元线性回归模型中，采用 linear_model. LinearRegression 模型库对因变量和自变量进行预测。在 BP 神经网络中采用 Keras 学习库对数据进行建模训练。

10.2.5　生鲜农产品需求预测结果

利用 Python 语言编写灰色预测函数，表 10-3 中数据处理后的结果作为函数的输入，输出为 2013 年和 2014 年的各个变量 x_1、x_2、x_3、x_4、x_5 的预测值，灰色预测结果见表 10-4。

表 10-4　灰色预测结果

年份	x_1	x_2	x_3	x_4	x_5	y
2002 年	17352.93	360	100.8	128453	120480.4	14503.1526
2003 年	17953.93	462	116.3	129227	136576.3	14449.8782
2004 年	17560.42	470	95.2	129988	161415.4	14708..9639
2005 年	17720.71	520	108.1	130756	185998.9	14292.5944
2006 年	16639.14	568	108.1	131448	219028.5	14207.2488
2007 年	17328.62	622	107.9	132129	270844	14220.6714
2008 年	17875.94	624	110.4	132802	321500.5	14706.8299
2009 年	18389.83	636	113.2	133450	348498.5	14557.7952
2010 年	18999.89	655	119	134091	411265.2	14037.7887
2011 年	19639.16	772	101	134735	484753.2	13786.0998
2012 年	20352.57	741	113.5	135404	539116.5	13433.342
2013 年	19956.77	809.54	112.23	136178.8	641667.6	—
2014 年	20289.12	854.94	112.77	136879.6	745011	—

将灰色预测模型预测出的预测结果和统计结果进行对比，见表 10-5。

表 10-5　统计实际值与灰色预测结果对比

自变量数值	2013 年统计值	2013 年灰色预测值	2014 年统计值	2014 年灰色预测值
x_1	20899.44	19956.77	21404.79	20289.12
x_2	778	809.54	802.56	854.94
x_3	108.1	112.23	98.8	112.77
x_4	136027	136178.82	136782	136879.57
x_5	590422.4	641667.64	644791.1	745011.02

由表 10-5 可知，2013 年和 2014 年的蔬菜种植面积预测值相比统计值偏小，蔬菜出口量、菜类商品零售价格指数、年末总人口数以及国民生产总值的灰色预测结果比实际统计值偏高。总体看来，预测值与实际统计值相差不大，符合要求。

以表 10-4 灰色预测结果中 2002—2012 年的数据集作为 BP 神经网络的训练集，将 2013 年和 2014 年的自变量预测值作为预测数值输入。将对应数据代入 BP 神经网络模型，对数据进行 1000 次训练，进而进行预测，预测结果见表 10-6，将预测结果和统计结果用折线图表示，如图 10-4 所示。

表 10-6　BP 神经网络预测结果

年份	x_1	x_2	x_3	x_4	x_5	y	y_pred
2002 年	17352.9	360	100.8	128453	120480	14503.1	14509.03
2003 年	17953.93	462	116.3	129227	136576.3	14449.88	14430.33
2004 年	17560.42	470	95.2	129988	161415.4	14708.96	14693.11
2005 年	17720.71	520	108.1	130756	185998.9	14292.59	14347.75
2006 年	16639.14	568	108.1	131448	219028.5	14207.25	14167.07
2007 年	17328.62	622	107.9	132129	270844	14220.67	14301.26
2008 年	17875.94	624	110.4	132802	321500.5	14706.83	14634.42
2009 年	18389.83	636	113.2	133450	348498.5	14557.2	14532.05
2010 年	18999.89	655	119	134091	411265.2	14037.78	14097.4
2011 年	19639.16	772	101	134735	484753.2	13786.1	13814.75
2012 年	20352.57	741	113.5	135404	539116.5	13433.34	13395.06
2013 年	19956.77	809.54	112.23	136178.8	641667.6	—	13420.58
2014 年	20289.12	854.94	112.77	136879.6	745011	—	13138.57
2013 年	19956.77	809.54	112.23	136178.8	641667.6	—	13420.58
2014 年	20289.12	854.94	112.77	136879.6	745011	—	13138.57

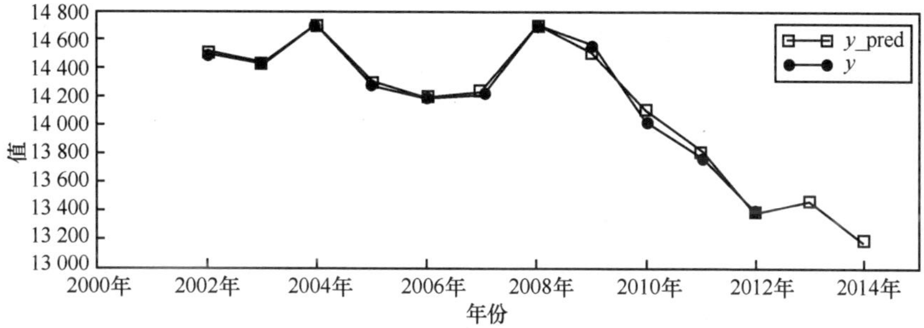

图 10-4　BP 神经网络蔬菜总量预测

由表 10-6 可知，灰色预测和 BP 神经网络组合预测在进行 1000 次训练后，结果在 2007 年时误差值最大，约为 81.4，在 2002 年时误差值最小，约为 5.9。由此可知，灰色预测和 BP 神经网络组合预测结果和实际值之间的偏差值浮动较大，且预测效果存在差异，还需对模型进行进一步优化。

利用多元线性回归模型进行预测，将 2002—2012 年的数据集进行训练，得到多元线性回归相应的预测模型。模型的各个自变量系数见表 10-7。

表 10-7　自变量系数

变量	x_1	x_2	x_3	x_4	x_5
系数	5.18391650×10^{-2}	−3.10002303	−8.81943272	4.81619053×10^{-1}	-7.25977355×10^{-3}

利用多元线性回归模型对蔬菜年需求量进行预测，得到相应的预测结果，预测结果通过折线图的方式表示出来，如图 10-5 所示。

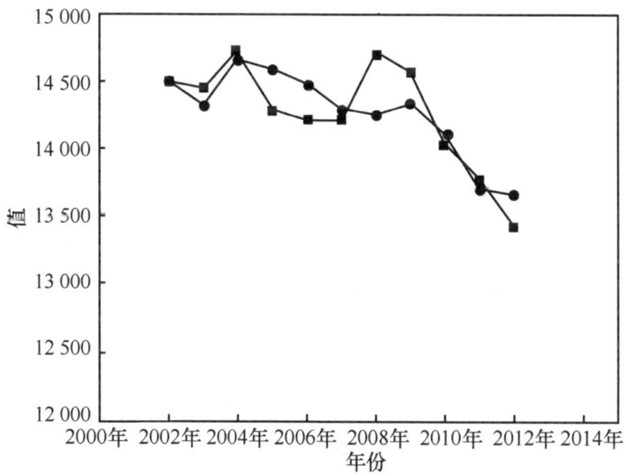

图 10-5　多元线性回归模型预测结果

由图 10-5 可知，多元线性回归模型预测结果在 2008 年与实际统计值相差较大，在 2002 年时预测值与实际值达到一致，但随后两者差值存在较大的波动，可以直观地看出，利用多元线性回归模型进行预测时拟合效果不理想。

10.2.6 预测结果对比和分析以及模型优化

利用多元线性回归模型和 BP 神经网络模型进行蔬菜年需求总量的预测均得出一组相应的预测值。2013 年和 2014 年的预测结果见表 10-8。

表 10-8 模型预测结果

年份	BP 神经网络模型	回归分析模型
2013 年	13420.58	13554.96
2014 年	13138.57	13555.96

由表 10-8 可知，两种模型的预测结果相差较大。尚不能对预测结果的优劣进行评判，因此需要进一步分析两种模型的预测结果优劣。

将两种不同预测模型的预测结果进行汇总，方便进一步进行对比，由上述预测结果可知，将数据代入相应模型完成训练之后，又将各个因变量的值代入已经训练好的模型中得到相应的预测值，因而对应同一因变量值，不同的预测模型得到两组不同的预测结果值。为了对预测结果有一个更为直观的观察，将这两组数据以及历年统计值汇总在一个表格中，汇总后的结果见表 10-9。

表 10-9 预测结果汇总

年份	实际统计值	BP 神经网络模型预测值	多元线性回归模型预测值
2002 年	14503.15	14509.03	14495.19
2003 年	14449.88	14430.33	14329.36
2004 年	14708.96	14693.11	14656.44
2005 年	14292.59	14347.75	14587.39
2006 年	14207.25	14167.07	14476.01
2007 年	14220.67	14301.26	14297.94
2008 年	14706.83	14634.42	14254.43
2009 年	14577.20	14532.05	14355.269
2010 年	14037.79	14097.40	14109.89
2011 年	13786.10	13814.75	13715.729
2012 年	13433.34	13395.06	13666.12

由表 10-9 中预测值与实际值之间的偏差波动情况可以看出，BP 神经网络预测模型能够基本吻合实际值的趋势，但多元线性回归模型误差值波动较大，且预测值趋势与实际趋势存在差异。在将 2002—2012 年这 11 组数据作为训练集预测结果的同时，选取 2005—2010 年 6 组数据作为测试集，利用预测模型优劣的评价方法，选取误差分析的综合指标作为评价指标，则测试集各项指标结果见表 10-10。

表 10-10　模型评价结果

模型指标	MAE	MSE	RMSE	MAPE
BP 神经网络	58.85	3672.60	60.60	0.0041
线性回归	231.21	70704.45	265.90	0.016

根据选取的 6 组测试集，利用相应的评价指标定义得出表 10-10，由表 10-10 可知，BP 神经网络模型的各项指标均远优于多元线性回归模型，利用 BP 神经网络模型对蔬菜年需求总量进行预测，结果明显优于采用多元线性回归模型进行预测的值。

经过 1000 次预测的神经网络模型预测的结果仍存在 58.85 万吨的绝对误差，BP 神经网络模型虽明显优于多元线性回归模型，但 BP 神经网络模型的预测结果并不理想。因此需要对模型进行优化处理，更改训练次数，分别将训练次数提高为 3000 次、5000 次和 8000 次，对 BP 神经网络模型进行训练，训练结果见表 10-11。

表 10-11　不同训练次数训练结果对比

年份数值	实际值	1000 次预测值	3000 次预测值	5000 次预测值
2002 年	14503.153	14509.03	14503.209	14503.152
2003 年	14449.878	14430.33	14449.868	14449.878
2004 年	14708.964	14693.11	14708.909	14708.964
2005 年	14292.594	14347.75	14292.588	14292.595
2006 年	14207.249	14167.07	14207.25	14207.249
2007 年	14220.672	14301.26	14221.077	14220.678
2008 年	14706.831	14634.42	14706.64	14706.830
2009 年	14577.195	14532.05	14577.19	14577.195
2010 年	14037.789	14097.40	14037.884	14037.789
2011 年	13786.100	13814.75	13786.132	13786.100
2012 年	13433.342	13395.06	13433.291	13433.342
2013 年	—	13420.58	13268.486	13521.881
2014 年	—	13138.57	12917.089	13273.592

由表 10-11 可知，BP 神经网络模型进行 3000 次训练时，误差值比 1000 次时明显减小，且与实际值相差很小，当训练次数为 5000 次时，误差值几乎为 0，因此可以得出结论，当对 BP 神经网络模型进行 1000 次训练时，预测结果存在较大的误差，将训练次数提高到 3000 时，误差相对较小，但当模型的训练次数增加到 5000 时误差更小，几乎可以达到完全拟合。

综合上述的模型对比以及 BP 神经网络的模型优化过程，可以得到以下结论。

- 在蔬菜年需求总量预测模型中，BP 神经网络预测模型性能高于多元线性回归模型，因此可以初步猜测这 5 个自变量之间相互联系、相互影响。
- BP 神经网络模型进行预测时拟合度较高，而且随着训练次数的增加，其拟合度越来越高，但训练时间也随之增加。
- 根据不同训练次数的对比，进行 5000 次训练的预测结果更为精确，因此可以确定 2013 年蔬菜年需求总量约为 13521.88 万吨，2014 年蔬菜年消费需求约为 13273.59 万吨。

参考文献

[1] 肖婷, 庄义庆, 糜林, 等. 物联网传感技术在大棚草莓生产中的应用[J]. 江苏农业学报, 2014, 18(5): 1185-1187.

[2] 熊必成, 金鑫. VBScript、VB、VB. NET 语言优势比较分析[J]. 河南科技, 2014, 16(24):11-12.

[3] 黄述杰. VB 语言在多参数数据采集中的应用[J]. 电子技术与软件工程, 2015, 16(22): 182-183.

[4] 陈洁. 基于 ADO 技术的数据库访问研究与实现[J]. 科技风, 2015, 15(12): 51-52.

[5] 李晓喆, 张晓辉, 李祥胜. SQL Server 2000 管理及应用系统开发[M]. 北京: 人民邮电出版社, 2002.

[6] 鹿应荣, 杨印生, 刘红霞, 基于 BP 神经网络的非线性组合预测模型在粮食物流需求预测中的应用[J]. 吉林大学学报(工学版), 2008, 6(2): 61-64.

[7] WANG X R, YAO X S , WEI J G. Logistics demand of agricultural products-a case of Zhengzhou City of Henan Province [J]. Asian Agricultural, 2009, 1(2): 34-36, 41.

[8] 朱信凯, 李萌, 王丹. "十一五"期间我国棉花供给与需求预测分析[J]. 农业技术经济, 2005(2): 58-65.

[9] PAI P K, PRIYA K, MALIK M. Election of appropriate growth model for prediction of sugarcane area, production and productivity of India[J]. Sugar Tech, 2012, 14(2): 118-191.

[10] 曾鸣, 程文明, 林磊. 状态空间时间序列的区域物流需求预测研究[J]. 计算机学报, 1997, 21(3):31-37.

[11] PRAINESHU K P. Computation main numbers of great huge growth rates in agriculture: regression[J]. Journal of Indian in Society Agricultural Statistics, 2004(57): 382-392.

[12] 王新利, 赵琨. 基于神将网络的农产品物流需求预测研究[J]. 农业技术经济, 2010(2): 62-68.

[13] 姚冠新, 徐静, 周正嵩. 基于 BP 神经网络的我国蔬菜供需预测及对策研究[J]. 吉林师范大学学报(自然科学版), 2015, 7(2): 4-6.

[14] 市场与经济信息司信息化推进处. 国内外农业物联网发展现状[J]. 农业信息化, 2015(4): 14-15.

[15] KOMINAKIS A P, ABAS Z, MALTARIS I, et al. A preliminary study of the application of artificial neural networks to prediction of milk yield in dairy sheep[J]. Computers and Electronics in Agriculture, 2002, 35(1): 35-38.

[16] TARRANT P V. Some recent advances and future priorities in research for the meat industry[J]. Meat Science, 1998, 49(1): 1-16.

[17] ABURTO L, WEBER R. Improved supply chain management based on hybrid demand forecasts [J]. Applied Soft Computing, 2007, 7(5): 136-144.

[18] 何忠伟. 中国粮食供求模型及其预测[J]. 北京电子科技学院学报, 2005, 1(3): 45-47.

[19] 纪业, 阮怀军. 农业物联网体系结构与应用领域研究进展[J]. 中国农业科学, 2017, 50(4): 657-668.

第11章

生鲜农产品供应链集成系统管理平台设计

11.1 管理平台总体功能设计

生鲜农产品供应链管理平台至少要有 6 个顶级菜单，以实现大田信息、仓储信息、物流信息、客户信息、员工信息、订单信息的汇总功能。生鲜农产品供应链管理平台总体功能设计如图 11-1 所示。

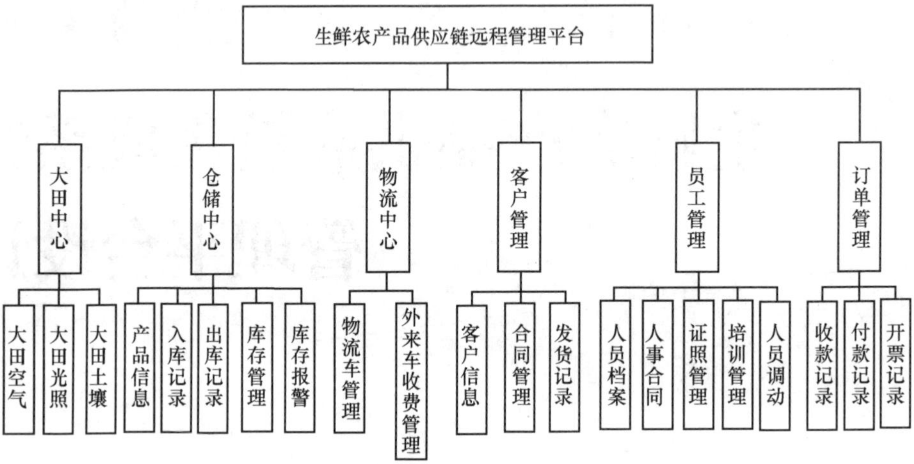

图 11-1 生鲜农产品供应链管理平台功能

11.1.1 大田中心功能设计

大田中心功能设计如图 11-2 所示。大田中心主要收集田间空气、光照、土壤的基本数据，每隔 10min 做一次采集，数据仅在数据库通过 SQL 文件导入，不在管理平台手动添加修改。

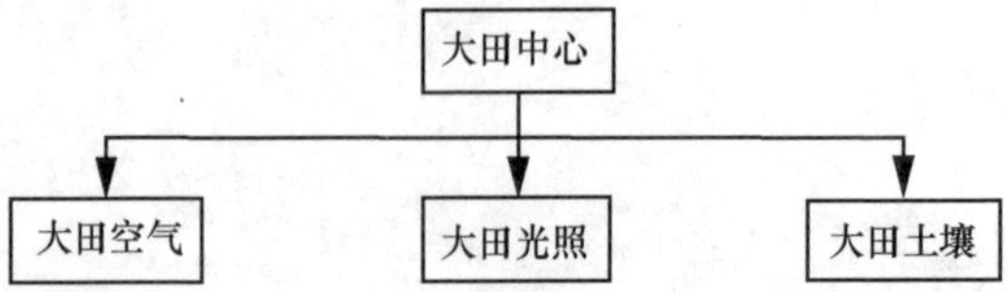

图 11-2 大田中心功能

11.1.2　仓储中心功能设计

仓储中心模块包含产品信息，入、出库信息以及库存报警提醒。仓储中心功能设计如图 11-3 所示。

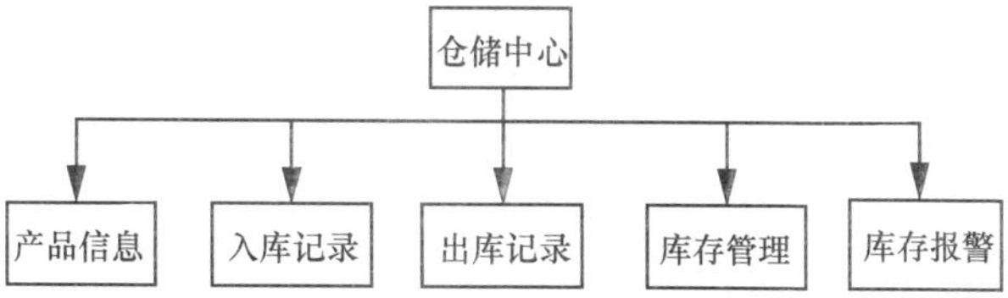

图 11-3　仓储中心功能

11.1.3　物流中心功能设计

物流中心模块包括物流车辆管理、外来车辆停车收费管理。其功能设计如图 11-4 所示。

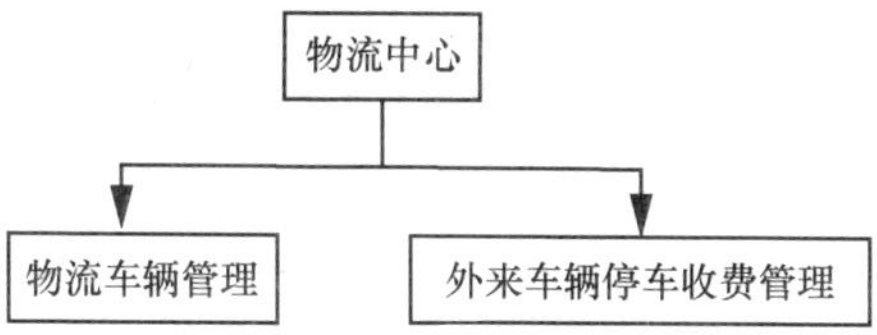

图 11-4　物流中心功能

11.1.4　客户管理功能设计

客户管理模块包括客户信息、合同信息、发货记录。客户管理功能设计如图 11-5 所示。

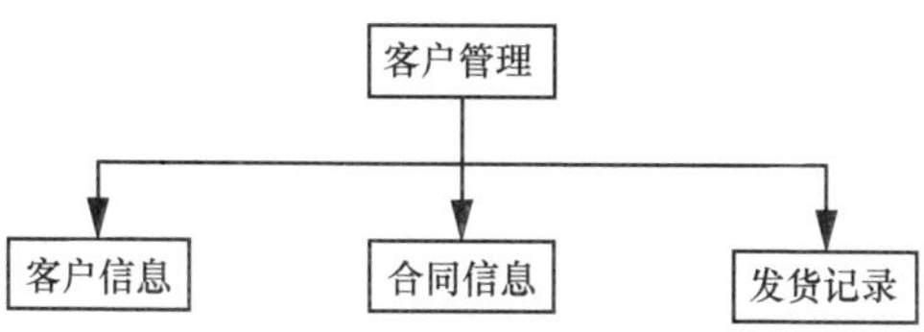

图 11-5　客户管理功能

11.1.5 员工管理功能设计

员工管理模块包括员工的基本信息、合同信息以及证照、人事调动等信息。员工管理功能设计如图 11-6 所示。

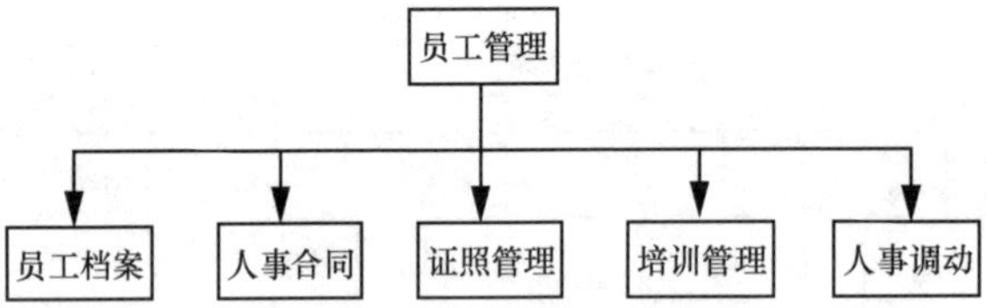

图 11-6 员工模块功能

11.1.6 订单管理功能设计

订单管理功能包括收款记录、付款记录和开票记录。

11.2 生鲜农产品供应链展示平台功能设计

前台部分由一个主页和其他展示页面、功能页面组成，利用超链接实现各个页面的跳转。前台部分由首页以及云仓、大田基地、物流、信息服务、服务支持组成。细化来说，由首页、仓储、产品介绍、大田监控、产地直销、鲜运、线路规划、查件 8 个主要的 HTML 文件组成。展示平台功能设计如图 11-7 所示。

HTML 文件如下。

仓储：cangchu.html。

产品介绍：chanpinjieshao.html。

大田监控：datian.html。

产地直销：chandizhix.html。

鲜运：xianyun.html。

线路规划：ditu.html。

查件：danhaochxwucai.php。

服务流程：liuch.html。

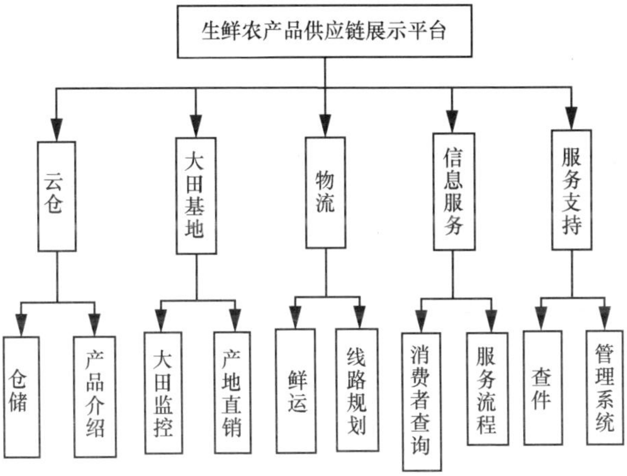

图 11-7　生鲜农产品供应链展示平台功能

11.3　生鲜农产品供应链管理平台功能实现

11.3.1　用户登录

管理平台可以看作一个应用。应用下面有多个模块，每个模块中有多个控制器，每个控制器又包含多个操作方法[1]。应用文件的结构如图 11-8 所示。

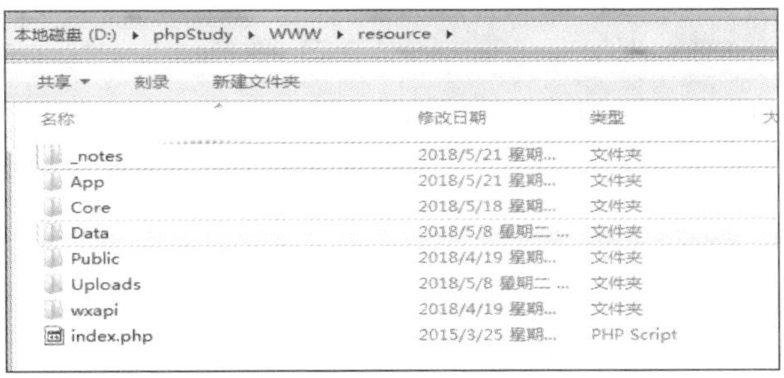

图 11-8　应用文件结构

图 11-8 中 Resource 可以称为应用，在此应用下，index.php 就是一个默认的应用入口文件。

生鲜农产品供应链管理平台的登录页面如图 11-9 所示。

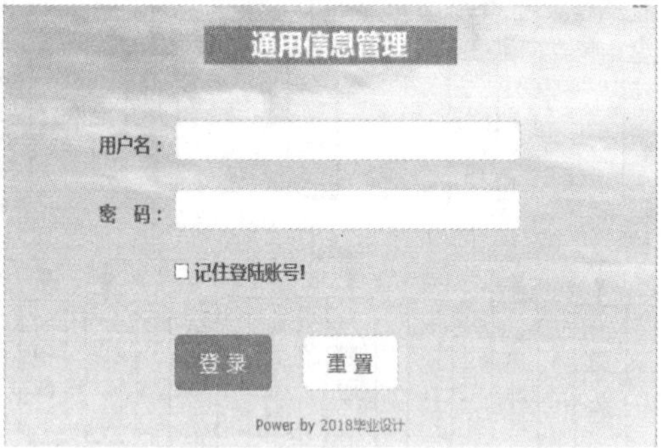

图 11-9　后台登录页面

在用户访问管理系统时，首先要进行身份验证，login.html 模板文件为：

```
<div class="login_form">
<input type="hidden" value="${randomKey }"id="j_randomKey"/>
<form action="{:U（'Login'）}" name="frmlogin" id="login_form" method="post">
        <input type="hidden" name="jfinal_token" id="KeyID" value="" />
<div class="form-group">
<label for="j_username" class="t">用户名：</label>
<input id="j_username" value="" name="username" type="text" class="form-control x319 in" autocomplete="off">
</div>
<div class="form-group">
        <label for="j_password" class="t">密码：</label>
<input id="j_password" value="" name="password" type="password"
</div>
login 方法：
public function login（）{
       if（IS_POST）{
           $admin = I（'post.'）;
           $rs = D（'Admin', 'Service'）->login（$admin）;
//操作状态判断
        if （!$rs['status']） {
//错误页面的默认跳转页面是返回前一页，通常不需要设置
                  $this->error（$rs['data']）;
            }
//跳转提示信息，跳转地址，跳转时间 1 秒
        $this->success（'登录成功，正在跳转...', __APP__, 1）;
       }
       else{
```

对应的用户数据结构表和用户数据表如图 11-10 和图 11-11 所示。

localhost » oatest » xy_user

浏览　结构　SQL　搜索　插入

#	名字	类型	整理	属性
1	id	int(11)		
2	username	char(20)	utf8_general_ci	
3	password	char(32)	utf8_general_ci	
4	memo	varchar(50)	utf8_general_ci	
5	depname	varchar(50)	utf8_general_ci	
6	posname	varchar(50)	utf8_general_ci	
7	truename	char(30)	utf8_general_ci	
8	sex	char(5)	utf8_general_ci	
9	tel	varchar(20)	utf8_general_ci	
10	phone	char(11)	utf8_general_ci	
11	neixian	varchar(50)	utf8_general_ci	
12	email	varchar(200)	utf8_general_ci	
13	qq	varchar(20)	utf8_general_ci	
14	logintime	datetime		
15	loginip	char(15)	utf8_general_ci	
16	logins	int(11)		
17	status	tinyint(4)		
18	update_time	int(11)		
19	bian	text	utf8_general_ci	

图 11-10　用户表数据结构

id	username	password	memo	depname	posname	truename	sex	tel
1	wuyiqing1	14e1b600b1fd579f474	74870e1114ddb042052b1	技术部	办公室主任	吴XX	女	188*******
3	wuyiqing3	14e1b600b1fd579f474	a48dfea1c806d4a03b850f	大田部	技术员	王XX	男	131*******
2	wuyiqing2	14e1b600b1fd579f474	a48dfea1c806d4a03b850f	运输部	组长	李XX	男	130*******
4	wuyiqing4	14e1b600b1fd579f474	a48dfea1c806d4a03b850f	市场部	科员	王XX	女	131*******
5	wuyiqing5	14e1b600b1fd579f474		综合办公室	科员	东XX	男	555****
7	wuyiqing6	14e1b600b1fd579f474		运输部	科员	李XX	男	131*******

图 11-11　用户数据表

11.3.2　基本功能实现

基本功能包括显示数据、新增数据、编辑数据、查询数据等，下面列举产品信息功能实现的流程图[2]。

产品信息功能对应的 MVC 文件分别是 ProController.class.php 控制器文件、ProModel. class.php 模型文件、Pro 模板文件。产品信息显示功能实现流程如图 11-12 所示。

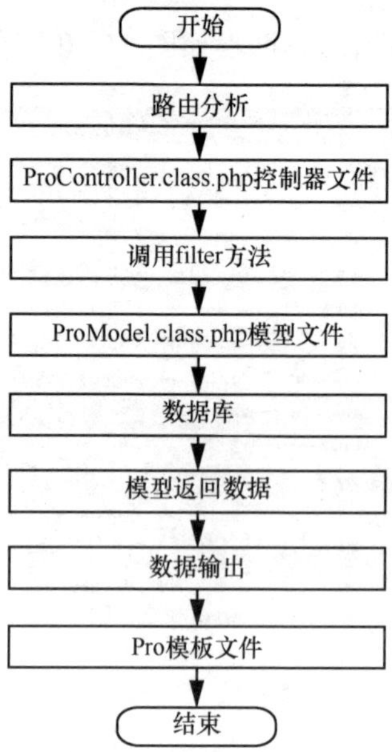

图 11-12　产品信息显示数据流程

产品信息新增数据的功能：产品信息功能对应的 MVC 文件分别是 ProController.class.php 控制器文件、ProModel.class.php 模型文件、Pro 模板文件。产品信息新增数据流程如图 11-13 所示。

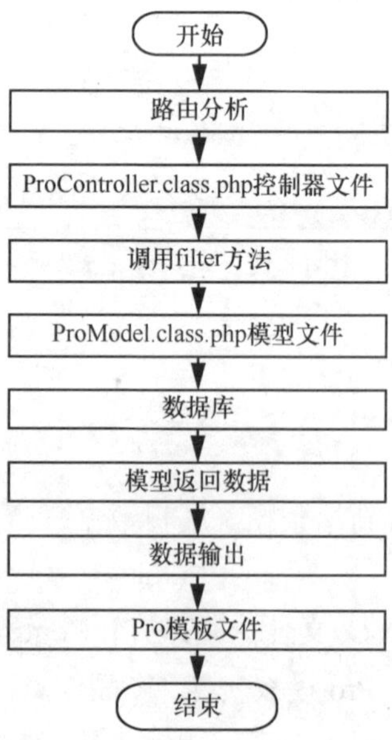

图 11-13　产品信息新增数据流程

产品信息编辑数据的功能：产品信息功能对应的 MVC 文件分别是 ProController.class.php 控制器文件、ProModel.class.php 模型文件、Pro 模板文件。产品信息编辑数据流程如图 11-14 所示。

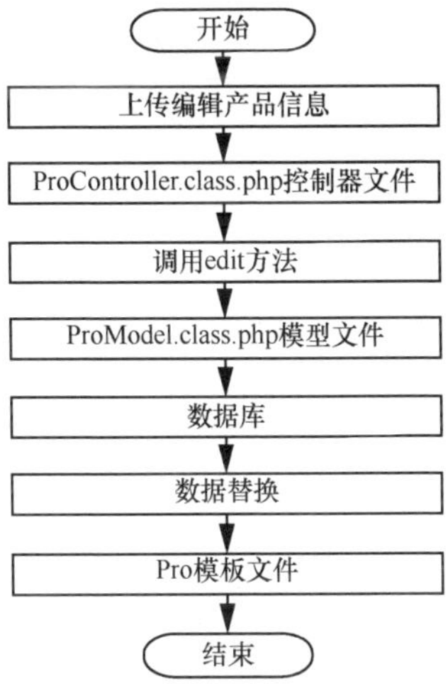

图 11-14　产品信息编辑数据流程

产品信息查询数据的功能：产品信息功能对应的 MVC 文件分别是 ProController.class.php 控制器文件、ProModel.class.php 模型文件、Pro 模板文件。产品信息编辑数据流程如图 11-15 所示。

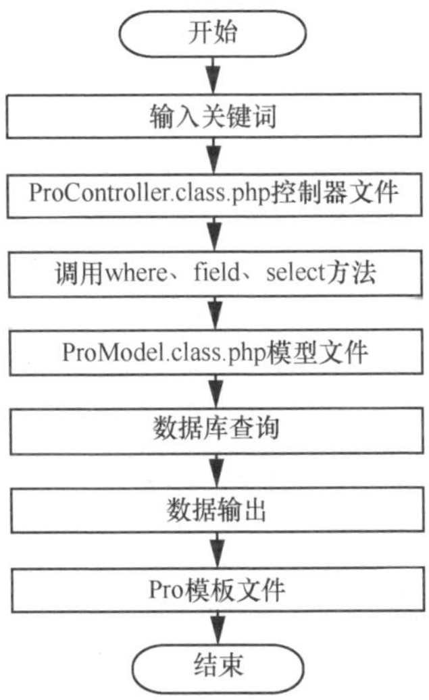

图 11-15　产品信息查询数据流程

11.3.3 大田监控管理

大田监控分为 3 个子菜单，分别为空气、光照、土壤。3 个子菜单的创建基本一样，只取光照记录来说明操作主要步骤。先分别在 MVC 3 个文件里创建对应名的文件。

建立数据表，定义数据表的结构，然后插入数据。光照记录数据结构见表 11-1，具体显示如图 11-16 所示。

表 11-1 光照记录数据结构

字段描述	字段名	数据结构
物质	title	varchar（200）
数值	jine	int（11）
状态	status	varchar（200）
更新时间	updatetime	datetime
备注	beizhu	varchar（200）
更新人	uuname	varchar（200）
年月记录	addm	varchar（20）

id	title	jine	beizhu	uuid	uuname	updatetime	status	addm
1	光照	771		0		2018-05-22 09:00:00		2018-05
2	光照	1114		0		2018-05-22 09:10:00		2018-05
3	光照	800		0		2018-05-22 09:20:00		2018-05
4	光照	900		0		2018-05-22 09:30:00		2018-05
5	光照	1000		0		2018-05-22 09:40:00		2018-05
6	光照	900		0		2018-05-22 09:50:00		2018-05
7	光照	1000		0		2018-05-22 10:00:00		2018-05

图 11-16 光照记录数据表示意图

导出光照控制器（DatiangzhController.class.php）文件中的数据有很多方法，其中 outxls 方法是将数据表里需要传递出来的字段名称以及对应的数据传递出来[3]。

Datiangzh 控制器主要代码如下：

```
public function outxls（） {
        $moclel= D（$this->dbname）;
        $map=$this->_search（）;
              if （method_exists（$this， '_filter'）） {
                    $this->_filter（$map）;
```

```
                }
                $list=$model->where（$map）->field（'id，title，jine，status，updatetime，beizhu，
uuname，addm'）
      ->select（）；
              $headArr=array（'ID'，'物质'，'数值'，'状态'，'更新时间'，'备注'，'更新人'，'年月
记录',）；
              $filename='光照记录';
                $this->xlsout（$filename，$headArr，$list）；
      }
```

Datiangzh 模板文件主要代码：

```
     <volist id="v" name="list">
              <tr>
                     <td>{$v.id}</td>
<td>{$v.title|msubstr=###，0，20}</td>
<td>{$v.jine|msubstr=###，0，20}</td>
<td>{$v.status|msubstr=###，0，20}</td>
<td>{$v.updatetime|substr=###，0，50}</td>
<td>{$v.beizhu|msubstr=###，0，20}</td>
<td>{$v.uuname|msubstr=###，0，20}</td>
<td>{$v.addm|msubstr=###，0，20}</td>
```

在管理平台中的显示效果如图 11-17 所示。

图 11-17　显示效果

11.3.4　产品信息管理

产品信息管理是仓储中心最基础的一部分，如果没有在此录入水果信息，是不可以直接进行入库信息录入的。

在产品管理控制器（ProController.claas.php）中有段代码是这样的：

```
//在产品信息页添加水果，水果会获到一个 id 号
 public function _befor_edit（）{
//调用同名的模型文件
      $model = D（$this->dbname）；
      $info = $model->find（I（'get.id'））；
```

```
        $attid=$info['attid'];
    //以数组形式传递
        $this->assign（'attid'，$attid）;
    }
```

产品管理的数据结构见表 11-2。

产品管理的数据表的部分截图如图 11-18 所示。

在管理平台中产品管理界面的效果如图 11-19 所示。

表 11-2　产品管理数据结构

字段描述	字段名	数据类型
产品名称	name	varchar（50）
所在仓库	fenlei	varchar（20）
库存数量	jiage	int（11）
计量单位	type	varchar（20）
条形码编码	title	varchar（50）
添加人	uname	varchar（50）
添加时间	addtime	datetime
更新时间	updatetime	datetime
状态	status	tinyint（1）
入库数量	ruku	int（11）
出库数量	chuku	int（11）

id	name	fenlei	jiage	type	title	uid	uname	addtime	uuid	uuname	updatetime	status
1	樱桃	保鲜库2	40000	吨	37482752893	1	陈高明	2018-05-07 15:39:21	0	李芳	2018-05-16 00:00:00	1
2	西瓜	保鲜库1	1000	吨	1234567890	1	陈高明	2018-05-07 17:15:03	0	李芳	2018-05-07 17:18:00	1
3	哈密瓜	低温库2	2000	吨	jdiaoe848484	1	陈高明	2018-05-08 10:37:29	0	李芳	2018-05-08 10:39:00	1
4	苹果	低温库1	2000	吨	78dd743uyr	1	陈高明	2018-05-10 11:00:00	0	李芳	2018-05-10 11:02:00	1

图 11-18　产品管理数据表示意

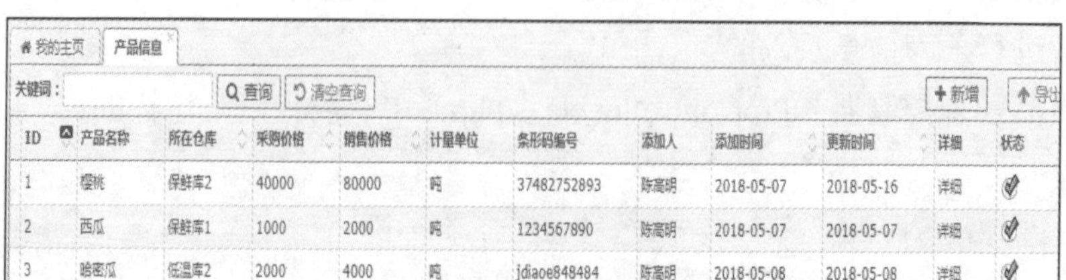

ID	产品名称	所在仓库	采购价格	销售价格	计量单位	条形码编号	添加人	添加时间	更新时间	详细	状态
1	樱桃	保鲜库2	40000	80000	吨	37482752893	陈高明	2018-05-07	2018-05-16	详细	
2	西瓜	保鲜库1	1000	2000	吨	1234567890	陈高明	2018-05-07	2018-05-07	详细	
3	哈密瓜	低温库2	2000	4000	吨	jdiaoe848484	陈高明	2018-05-08	2018-05-08	详细	

图 11-19　产品信息界面效果

11.3.5　库存管理

入库记录和出库记录以及库存管理 3 个子菜单相互之间是有关联的，而且库存管理本身是没有数据表的，它是靠 pro 表传递的数据得到数据输出的，而 pro 表是靠自己先录入基本信息，然后靠入库和出库的输入改变 ruku（入库）、chuku（出库）、kucun（库存）3 个字段[4]。

比如：

```
入库记录控制器（ProinController.claas.php）:
public function _befor_insert（$data）{
//某一 ID 的水果入库，它对应的入库数和库存数都会累加，然后数据传给 pro 表
    M（"pro"）->where（'id='.I（"jpid"））->setInc（'ruku'，I（"shuliang"））;
    M（"pro"）->where（'id='.I（"jpid"））->setInc（'kucun'，I（"shuliang"））;
出库记录控制器（ProoutController.claas.php）:
 public function _befor_insert（$data）{
//某 ID 水果出库，它所对应的出库数会增加，库存数会减少，然后数据都传给 pro 表
    M（"pro"）->where（'id='.I（"jpid"））->setInc（'chuku'，I（"shuliang"））;
    M（"pro"）->where（'id='.I（"jpid"））->setDec（'kucun'，I（"shuliang"））;
库存管理控制器（StockController.claas.php）的报警方法：
public function baojing（）  {
        $model = D（$this->dbname）;
        $map = $this->_search（）;
        if （method_exists（$this，  '_filter'））  {
            $this->_filter（$map）;
        }
//库存小于 10 时，会出现在报警表中
        $list = $model->where（"kucun<10"）->select（）;
          $this->assign（'list'，$list）;
        $this->display（"index"）;
```

入库记录部分见表 11-3，示意图如图 11-20 所示。

表 11 3　入库记录数据结构

字段描述	字段名	数据类型
产品名称	jpname	varchar（50）
产品价格	jpjiage	int（11）
计量单位	jpdanwei	varchar（20）
规格	jpguige	varchar（50）
入库数量	shuliang	int（11）
说明	title	varchar（100）

（续表）

字段描述	字段名	数据类型
经办人	uname	varchar（50）
操作人	juname	varchar（50）
入库时间	addtime	datetime

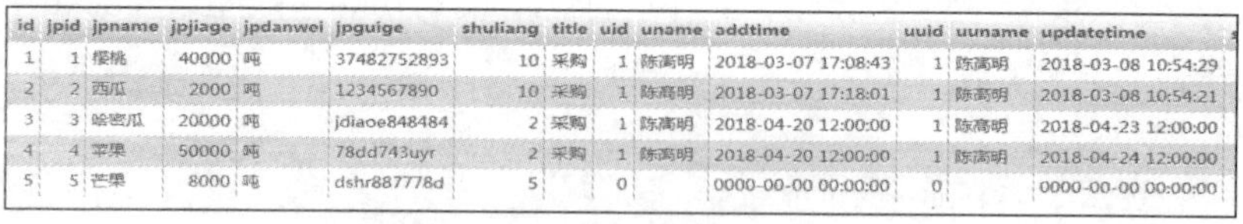

id	jpid	jpname	jpjiage	jpdanwei	jpguige	shuliang	title	uid	uname	addtime	uuid	uuname	updatetime
1	1	樱桃	40000	吨	37482752893	10	采购	1	陈高明	2018-03-07 17:08:43	1	陈高明	2018-03-08 10:54:29
2	2	西瓜	2000	吨	1234567890	10	采购	1	陈高明	2018-03-07 17:18:01	1	陈高明	2018-03-08 10:54:21
3	3	哈密瓜	20000	吨	jdiaoe848484	2	采购	1	陈高明	2018-04-20 12:00:00	1	陈高明	2018-04-23 12:00:00
4	4	苹果	50000	吨	78dd743uyr	2	采购	1	陈高明	2018-04-20 12:00:00	1	陈高明	2018-04-24 12:00:00
5	5	芒果	8000	吨	dshr887778d	5		0		0000-00-00 00:00:00	0		0000-00-00 00:00:00

图 11-20　入库记录数据表示意图

入库记录控制器（ProinController.class.php）主要代码如下：

```
public function outxls（）  {
    $model = D（$this->dbname）;
        $map = $this->_search（）;
        if （method_exists（$this，  '_filter'））  {
            $this->_filter（$map）;
        }
        $list=$model->where（$map）->field（'id，jpname，jpjiage，jpdanwei，jpguige，shuliang，title，uname，addtime'）->select（）;
        $headArr=array（'ID'，'产品名称'，'产品价格'，'计量单位'，'规格型号'，'入库数量'，'说明'，'操作人'，'入库时间'）;
        $filename='入库记录';
        $this->xlsout（$filename，$headArr，$list）;
}
```

界面效果如图 11-21 所示，出库记录部分见表 11-4，示意图如图 11-22 所示。

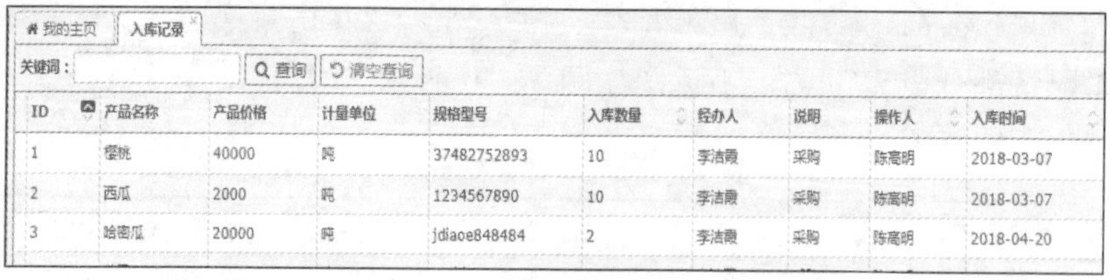

ID	产品名称	产品价格	计量单位	规格型号	入库数量	经办人	说明	操作人	入库时间
1	樱桃	40000	吨	37482752893	10	李洁霞	采购	陈高明	2018-03-07
2	西瓜	2000	吨	1234567890	10	李洁霞	采购	陈高明	2018-03-07
3	哈密瓜	20000	吨	jdiaoe848484	2	李洁霞	采购	陈高明	2018-04-20

图 11-21　入库记录界面效果

表 11-4　出库记录数据结构

字段描述	字段名	数据类型
产品名称	jpname	varchar（50）
产品价格	jpjiage	int（11）

（续表）

字段描述	字段名	数据类型
计量单位	jpdanwei	varchar（20）
规格	jpguige	varchar（50）
出库数量	shuliang	int（11）
说明	title	varchar（100）
经办人	uname	varchar（50）
操作人	juname	varchar（50）
出库时间	addtime	datetime

id	jpid	jpname	jpjiage	jpdanwei	jpguige	shuliang	title	uid	uname	addtime
1	2	西瓜	1000	吨	含包装	6	合同需要	1	陈高明	2018-03-07 19:3
3	1	樱桃	80000	吨	10包/箱	5		0		0000-00-00 00:0

图 11-22　出库记录数据表示意图

出库记录控制器（ProoutController.class.php）主要代码如下：

```
public function outxls（） {
        $model = D（$this->dbname）;
        $map = $this->_search（）;
        if （method_exists（$this， '_filter'）） {
            $this->_filter（$map）;
        }
        $list=$model->where（$map）->field（'id，juname，jpname，jpjiage，jpdanwei，jpguige，
shuliang，title，jhname，uname，addtime'）->select（）;
          $headArr=array（'ID'，'经办人'，'产品名称'，'产品价格'，'计量单位'，'规格型号'，'
出库数量'，'说明'，'关联合同'，'操作人'，'入库时间'）;
          $filename='出库记录';
        $this->xlsout（$filename，$headArr，$list）;
    }
```

出库记录界面效果和库存管理界面分别如图 11-23、图 11-24 所示。

我的主页　出库记录

关键词：　查询　清空查询

ID	产品名称	产品价格	计量单位	规格型号	出库数量	经办人	说明	关联合同	操作人	入库时间
3	樱桃	80000	吨	10包/箱	5	王晓丹				0000-00-00
1	西瓜	1000	吨	含包装	6	王冬冬	合同需要		陈高明	2018-03-07

图 11-23　出库记录界面效果

图 11-24　库存管理界面效果

11.3.6　物流管理

物流管理部分分为物流园自配冷链车的管理和外来车辆的停车收费管理，包括车牌号、司机、联系电话等基本信息的记录。

物流车辆管理的数据结构见表 11-5。

物流车辆管理效果如图 11-25 所示。

表 11-5　物流车辆管理数据结构

字段描述	字段名	数据类型
车牌号	carid	varchar（50）
司机	driver	varchar（20）
电话	tel	bigint（11）
经度	lng	int（3）
纬度	lat	int（3）
出发点	start	text
中转点	freight	text
抵达点	end	text
货物	goods	text
状态	status	tinyint（1）

图 11-25　物流车辆管理效果

物流车辆管理控制器（CarrController.class.php）主要代码如下：

```
public function outxls（）{
        $model = D（$this->dbname）;
        $map = $this->_search（）;
        if（method_exists（$this，'_filter'））{
            $this->_filter（$map）;
        }

    $list=$model->where（$map）->field（'id，carid，driver，tel，lng，lat，start，freight，end，goods，uname，addtime，updatetime'）->select（）;
    $headArr=array（'ID'，'车牌号'，'司机'，'电话'，'经度'，'纬度'，'出发点'，'中转站'，'抵达点'，'货物'，'添加人'，'添加时间'，'更新时间'）;
        $filename='物流车辆管理';
            $this->xlsout（$filename，$headArr，$list）;
    }
```

外来车辆收费管理的数据结构见表 11-6。

外来车辆收费管理的数据表截图如图 11-26 所示。

外来车辆收费管理效果如图 11-27 所示。

外来车辆收费控制器（CarrController.class.php）主要代码如下：

```
public function outxls（）{
        $model = D（$this->dbname）;
        $map = $this->_search（）;
        if（method_exists（$this，'_filter'））{
            $this->_filter（$map）;
        }
    $list=$model->where（$map）->field（'id，juname，title，bianhao，type，sxrq，jsrq，qzrq，danwei，addtime，updatetime'）->select（）;
            $headArr=array（'ID'，'车主名'，'联系电话'，'车牌号'，'车辆类型'，'入园时间'，'出园时间'，'停留时间'，'金额'，'详细'，'状态'）;
            $filename='外来车辆管理';
            $this->xlsout（$filename，$headArr，$list）;
```

表 11-6 外来车辆收费管理数据结构

字段描述	字段名	数据类型
车主姓名	juname	int（11）
联系电话	title	varchar（50）
车牌号	bianhao	varchar（50）
车辆类型	type	varchar（20）
入园时间	sxrq	datetime
出园时间	jsrq	datetime
停留时间	qzrq	int（11）
金额	danwei	varchar（20）

id	juid	juname	title	bianhao	type	sxrq	jsrq	qzrq	danwei
1	2	汪X	130********	豫A-*****	普通	2018-05-01 06:00:00	2018-05-01 09:00:00	3	300
2	3	王X	130********	豫A-*****	大型	2018-05-01 07:00:00	2018-05-01 10:00:00	3	600
3	0	张X	139*******	豫A-*****	普通	2018-05-01 00:00:00	2018-05-01 05:00:00	5	500
4	0	李X	131********	豫A-*****	大型	2018-05-04 07:00:00	2018-05-04 09:00:00	2	400

图 11-26　外来车辆收费数据表示意图

ID	车主姓名	联系电话	车牌号	车辆类型	入园时间	出园时间	停留时间	金额
4	李X	131********	豫A-*****	大型	2018-05-04 07:00:00	2018-05-04 09:00:00	2	400
3	张X	139********	豫A-*****	普通	2018-05-01 00:00:00	2018-05-01 05:00:00	5	500
2	王X	130********	豫A-*****	大型	2018-05-01 07:00:00	2018-05-01 10:00:00	3	600
1	汪X	130********	豫A-*****	普通	2018-05-01 06:00:00	2018-05-01 09:00:00	3	300

图 11-27　外来车辆停车收费管理效果

11.3.7　客户管理

客户管理包含客户的详细信息、合同信息以及订单的收付款信息。同样地，多个表格之间互有关联。效果如图 11-28 所示。

ID	公司名称	进展	下次联系	联系人	手机号码	QQ	客户来源	添加人
5	石家庄佳佳菜市场	成交客户	2018-05-17	王XX	152********			
4	保定金辉市场	成交客户	2018-03-18	李X	152********	165**	电话营销	
3	南阳二机场菜市场	成交客户	2018-05-16	王XX	135********		主动联系	陈XX
2	南阳武侯菜市场	他人签单	2018-05-26	汪XX	138********		电话营销	陈XX

图 11-28　客户信息效果

11.3.8　员工管理

员工管理部分包括员工档案、人事合同、证照管理等。效果如图 11-29 所示。

图 11-29　员工档案效果

11.4　生鲜农产品供应链展示平台功能实现

11.4.1　文件构成

前端文件结构如图 11-30 所示。

图 11-30　前端文件结构

11.4.2　网页基础设计

网页设计的原则是从整体到局部。首先将页面划分为几个区域，拉起大框架。

页面划分可以用表格套表格的方式[5]。

下面简单叙述一些细节操作，垂直式菜单导航条样式示意图如图 11-31 所示。

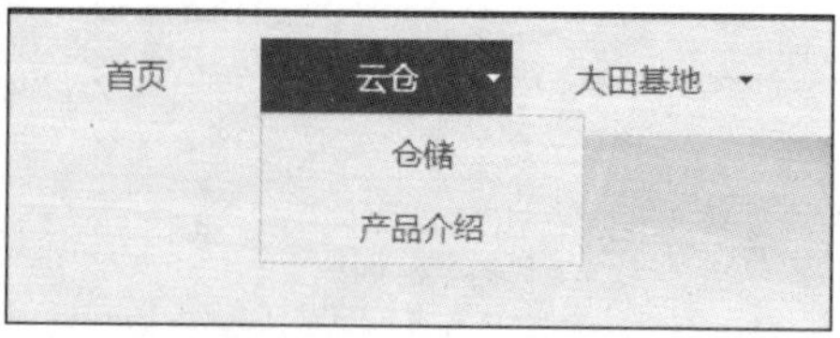

图 11-31 样式效果

垂直式菜单导航条用到了 Dreamweaver 自带的 spry 菜单栏，头部自动引入一个外链式 CSS 和外链式 JavaScript 文件。

Head 部分的代码如下：

```
<link href="SpryAssets/SpryMenuBarHorizontal.css" rel="stylesheet" type="text/css" />
<script src="SpryAssets/SpryMenuBar.js" type="text/javascript"></script>
```

编辑菜单栏可以直接在代码上编辑，也可以通过 Dreamweaver 的快速标签编辑器操作，如图 11-32 所示。

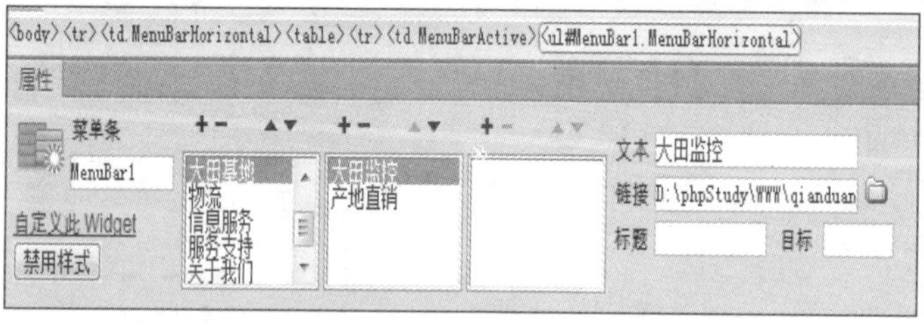

图 11-32 DW 编辑菜单栏

整个页面用到了大量的超链接，但是超链接是默认有下划线的，为了美观，可在头部定义 CSS 样式。

```
<style type="text/css">
//超链接的文本下划线：无
a{text-decoration: none;}
//文档主体：背景颜色：浅灰色
body{background-color: #EEEEEE}
</style>
```

网页设计部分代码重复部分比较多，此处不做赘述，对其中两个不一样的部分做重点介绍。HTML 部分代码如下：

```
<head>
    <title>生鲜农产品供应链平台</title>
```

```
            <style type="text/css">
                    a{text-decoration: none;}
                    body{background-color: #EEEEEE}
            </style>
            <link     href="SpryAssets/SpryMenuBarHorizontal.css"
    rel="stylesheet" type="text/css" />
            <script src="SpryAssets/SpryMenuBar.js" type="text/javascript"></script>
    </head>
    <body>
            <table width="100%" align="center">
                    <tr height="30px" bgcolor="#126536">
                            <td colspan="3">
                                    <table width="100%"   >
                                            <tr>
    <td width="1000px" align="left">
    <font color="#FBFBFB">  ☎188××××××××</td>
    <td align="center"><a href="http:\\www.kxgy.com\danhaochxwucai.php"   target="_blank"><font
color="#FBFBFB">单号查询</font></a></td><td align="center"><a href="http:\\www.kxgy.com"
target="_blank"><font color="#FBFBFB"> 供应商系统</td>
                                            </tr>
                                    </table>
                            </td>
                    </tr>
                    <tr height="1px"><img src="D:\phpStudy\WWW\qianduan\image\loge2.png"
width="1330px" height="150px"></tr>
                <tr height="1px" bgcolor="#EEEEEE" align="center">
                        <td class="MenuBarHorizontal" width="100%" align="center">
                                <table width="100%" height="48" align="center"><tr><td align="center"
valign="middle" nowrap="nowrap" class="MenuBarActive"><ul id="MenuBar1"
class="MenuBarHorizontal">
                <li><a href="D:\phpStudy\WWW\qianduan\webindex.html">首页</a></li>
                <li><a class="MenuBarItemSubmenu" href="#">云仓</a>
                <ul>
                <li><a href="D:\phpStudy\WWW\qianduan\cangchu.html">仓储</a></li>
                <li><a href="D:\phpStudy\WWW\qianduan\chanpinjieshao.html">产品介绍</a></li>
                        </ul>
                        </li>
                <li><a class="MenuBarItemSubmenu" href="#">大田基地</a>
                <ul>
                <li><a href="D:\phpStudy\WWW\qianduan\datian.html">大田监控</a></li>
                <li><a href="D:\phpStudy\WWW\qianduan\zhix.html">产地直销</a></li>
                        </ul>
                        </li>
                <li><a class="MenuBarItemSubmenu" href="#">物流</a>
                <ul>
```

```
<li><a href="D:\phpStudy\WWW\qianduan\xianyun.html">鲜运</a></li>
<li><a href="D:\phpStudy\WWW\qianduan\ditu.html">线路规划</a></li>
        </ul>
        </li>
        <li><a class="MenuBarItemSubmenu" href="#">信息服务</a>
<ul>
<li><a href="http:\\www.kxgy.com\danhaochxwucai.php"  target="_blank">消费者查
询</a></li>
<li><a href="D:\phpStudy\WWW\qianduan\liuch.html">服务流程</a></li>
        </ul>
        </li>
        <li><a class="MenuBarItemSubmenu" href="#">服务支持</a>
<ul>
<li><a href="http:\\www.kxgy.com\danhaochxwucai.php"  target="_blank">查件
</a></li>
<li><a href="http:\\www.kxgy.com"  target="_blank">管理系统</a></li>
        </ul>
```

11.4.3 单号查询

查件和消费者查询是同一个文件：danhaochxwucai.php。

单号查询采用混合编程，即将 PHP 代码和 HTML 代码写在一个文件里。这种方法虽然可以提高效率，但是缺点是不易于维护。

数据库的连接和查询语言的代码如下：

```
 <?php
$keywords = isset（$_GET['keywords']） ? trim（$_GET['keywords']） : '';
$conn = @mysql_connect（"localhost", "root", "YES"） or die（"数据库链接错误"）;
mysql_select_db（"oatest", $conn）;
mysql_query（"set names 'utf8'"）; //使用 utf-8 中文编码;
//PHP 查询
$sql="SELECT * FROM xy_a WHERE num = '{$keywords}'";
$rs= mysql_query（$sql）;
$users = array（）;//保存所以得查询到的用户
if（!empty（$keywords））{
 while （$row=mysql_fetch_assoc（$rs））{
 $users[] = $row;
 }
}
?>
数据的输出形式的代码如下：
<?php
if （$keywords）{
```

```
    echo '<h3 align="center">查询关键词：<font color="red">'.$keywords.'</font></h3>';
  }
  if （$users）{
    echo '<table width="500" cellpadding="5"   align="center">';
    echo '<tr><th>查询码</th><th>产品</th><th>数量（kg）</th><th>始发地</th><th>终点站
</th>';
    foreach （$users as $key=>$value）{
    echo '<tr>';
    echo '<td>'.$value['num'].'</td>';
    echo '<td>'.$value['name'].'</td>';
    echo '<td>'.$value['shuliang'].'</td>';
    echo '<td>'.$value['chu'].'</td>';
    echo '<td>'.$value['zhong'].'</td>';
    echo '</tr>';
    }
  }else{
    echo '';
  }
  ?>
```

单号查询效果如图 11-33 所示。

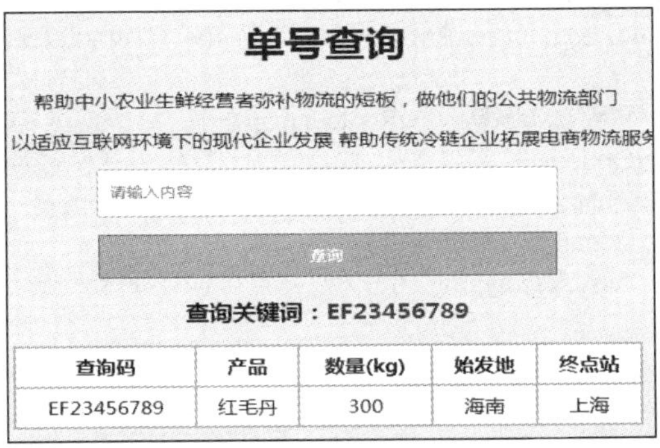

图 11-33　单号查询效果

11.4.4　线路规划

在物流运输中，及时了解物流车辆信息是很重要的。通过车辆上的 GPS 系统能实时地了解车辆的地理信息，得到一串坐标位置。将这一串坐标连起来，就可以得到车辆的历史路径[6]。可以选择调用百度地图 API 实现其功能，百度地图 JavaScript API 是一套使用 JavaScript 语言编写的应用程序编程接口，可在网站中通过连接 API，构建功能强大、人机交互的地图应用，且对大多数用户是自由开放的。如果需要将自己的数据库与百度地图对接，就需与百度地图进行商业合作。如果作为免费用户调用百度地图，只可使用百度地图的开发功能。比如调用百度地图 API，将两个不同的地址作为输入，实现两地点之间路径距离的计算，并给出一个优化的路线，预测驾车时间[7]。这对本次设计也是有用的，首先需要先申请密钥（AK），履行百度地图开放平台服务条款，通过 HTTP/HTTPS 形式发起检索请求，获取以 JSON 或 XML 格式返回的检索数据[8]。调用百度地图 API 部分代码如下：

```
<script   type=" text/javascript "
src="http://api.map.baidu.com/api?v=2.0&ak=3LLn4GIjDNEgrSTboYQqxocGOnTzkbj3">
</script>
        <title>起终点可拖拽的驾车导航</title>
</head>
<body>
        <div id="l-map"></div>
        <div id="r-result"></div>
</body>
</html>
<script type="text/javascript">
        // 百度地图 API 功能
        var map = new BMap.Map（"l-map"）;
        map.centerAndZoom（new BMap.Point（116.404， 39.915）， 12）;

         var transit = new BMap.DrivingRoute（map， {
                renderOptions: {
                        map: map，
                        panel: "r-result"，
                        enableDragging : true //起终点可进行拖拽
                },
        })；
        transit.search（"周口市黄淮大市场"，"华北水利水电大学花园校区"）;
</script>
```

11.5 系统测试

在将网站发布到网络服务器之前，要对网站的整体功能进行测试，看显示和运行是否正常、功能有没有实现、运行有没有报错，然后再上传网站[9]。测试流程如图 11-34 所示。

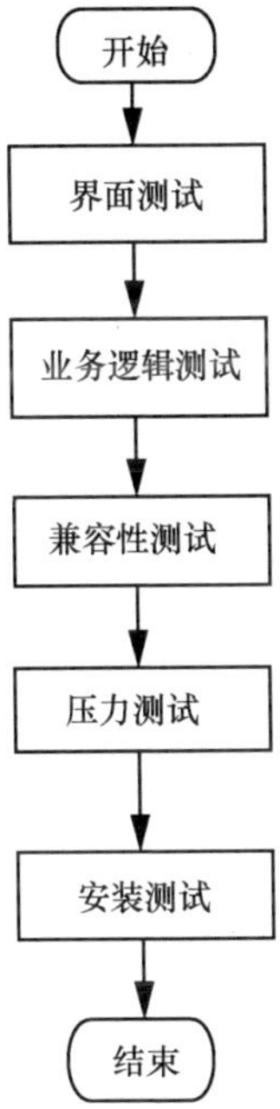

图 11-34 测试流程

界面测试：管理平台登录页面如图 11-35 所示，此过程测试成功。也可通过展示平台的超链接转到登录页面，此过程也测试成功。输入正确的账号和密码，即进入生鲜农产品供应链管理平台，平台界面如图 11-36 所示，此过程测试成功。

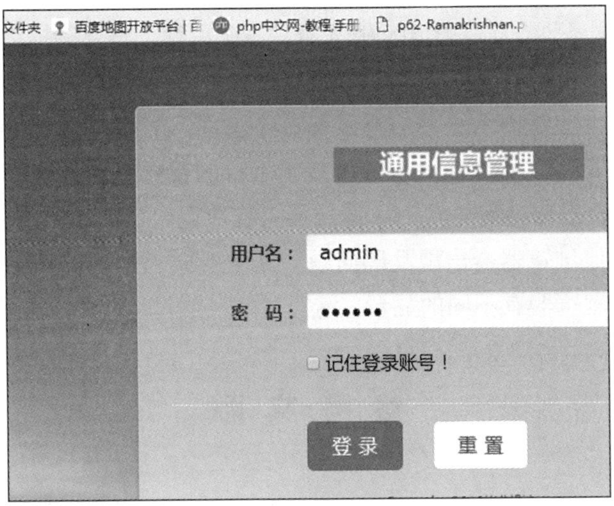

图 11-35 本地站点测试

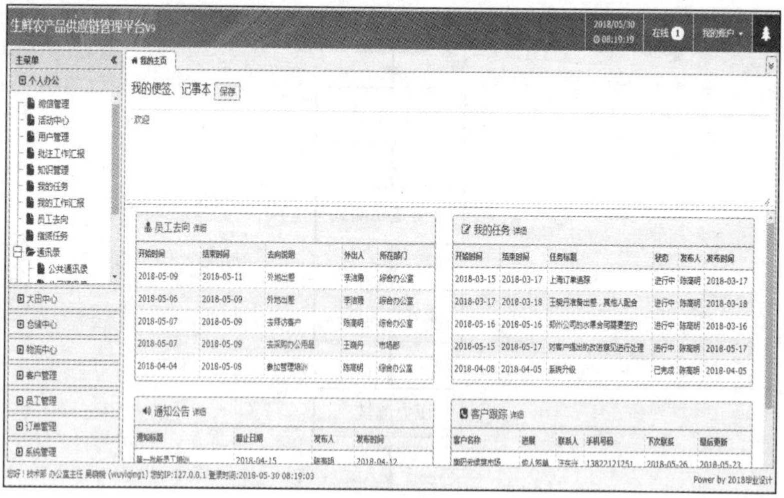

图 11-36　生鲜农产品供应链管理平台页面效果

业务逻辑测试：生鲜农产品供应链管理平台的各个模块的显示功能、新增功能、编辑功能、查询功能基本实现。在获得权限的条件下，通过操作管理平台能同步更改数据库；直接更改数据库也会改变管理平台数据，基本通过测试。

兼容性测试：在不同浏览器都能正常打开，并运行此管理平台，通过测试。

压力测试：在长时间和连续执行操作之后，应用缓存会爆满，这时管理平台会停止工作，解决方法是删掉项目文件下的整个 Runtime 文件夹，基本通过测试。

安装测试：在其他电脑上安装此应用，完成数据库对接，可以正常使用。若电脑上已开启 IIS 服务器，需关闭 IIS 服务器。首次运行，需要删掉 Runtime 文件。通过测试。

生鲜农产品供应链展示平台的测试有 3 个方面。一是完成各个页面和管理平台的连接。图 11-36 是生鲜农产品供应链展示平台的首页页面效果。二是实现消费者查询功能的运行。三是兼容性测试，此方面存在不足，HTML 文件只能用 cent 浏览器打开，使用其他浏览器会出现乱码问题。其主要原因是框架和层次结构风格的不同，导致在不同浏览器有不同的显示。

参 考 文 献

[1] 高望，廖春琼.《PHP 动态网站制作》课程项目驱动教学法的应用研究[J]. 现代职业教育，2018(8): 166-167.

[2] 王芳. 基于 PHP& ApacheMySQl 用户管理系统开发[J]. 数字技术与应用, 2014(3): 162.
[3] 赵勃, 王征. 基于 PHP 和 MySQL 的网站设计与开发[J]. 信息与电脑(理论版), 2014(2): 35-36.
[4] 王鑫, 黑龙. 基于 PHP+MySQL 的网站系统的设计与实现[J]. 黑龙江科技信息, 2013(34):161.
[5] 王象刚. 浅析 PHP 在动态网站开发中的优势[J]. 计算机光盘软件与应用, 2013, 16(23): 103-105.
[6] 张磊. 校园二手交易网的设计与实现[D]. 成都: 电子科技大学, 2013.
[7] 杜雅杉. 基于 PHP 及 MySQL 数据库的行业网站建设研究[J]. 电脑开发与应用, 2013, 26(7): 24-26.
[8] 陈秉恒, 钟涨宝. 基于物联网的农产品供应链安全监管问题研究[J]. 华中农业大学学报(社会科学版), 2013(4): 49-55.
[9] 朱小燕, 安容宇. 浅谈 PHP 语言在网站后台建设中的优势[J]. 电子制作, 2013(9): 100.